中国物价及城镇居民
家庭收支调查统计年鉴

1998

国家统计局城市社会经济调查总队 编

中国统计出版社

(京)新登字 041 号

图书在版编目(CIP)数据

中国物价及城镇居民家庭收支调查统计年鉴 1998/国家统计局城市社会经济调查总队编. -北京:中国统计出版社,1998.8
ISBN 7-5037-2804-3

Ⅰ.中…
Ⅱ.国…
Ⅲ.①价格-统计资料-中国-1998-年鉴
②城镇-家庭-收支调查-统计资料-中国-1998-年鉴
Ⅳ.F726-66

中国版本图书馆 CIP 数据核字(98)第 19343 号

中国统计出版社出版
(北京复外三里河月坛南街 75 号 100826)
新华书店经销
科伦克三莱印务有限公司印刷
787×1092毫米 16开本 15 印张 35 万字
1998年8月第1版 1998年8月北京第1次印刷
印数:1—1500 册
定价:43.00 元

中国物价及城镇居民家庭

收支调查统计年鉴—1998

编　辑　人　员

主　　编: 任才方

副 主 编: 汪小青　孟庆欣

编辑人员: 物价调查部分:

庞晓林　万　良　帅　蓉　阙小清

城镇居民家庭收支调查部分:

张翠娜　王有捐　王人代　李红伟

编 者 说 明

《中国物价及城镇居民家庭收支调查统计年鉴—1998》全面反映了1997年中国国内市场商品零售价格、居民消费价格、农产品收购价格和城镇居民家庭生活的现况及变动情况。全书包括三部分内容：(一)专文；(二)物价调查资料；(三)城镇居民家庭收支调查资料。

居民消费价格是指城乡居民用于支付所购买的生活消费品和获得服务项目的价格。

商品零售价格是指工业、商业、餐饮业以及其他零售业向城乡居民、机关团体出售生活消费品和办公用品的价格。

农业生产资料价格是指工业、商业以及其他单位和个人向农民出售农业生产资料的价格。

农产品收购价格是指工业、商业及个人直接从农村集体农业生产单位、农民个人、国有农业生产单位收购农产品的价格。

价格指数是反映一定时期内价格变动趋势和变动程度的相对数。

可支配收入是指居民家庭在支付个人所得税等项后，所余下的实际收入。计算公式为：可支配收入＝实际收入－个人所得税－家庭副业生产支出－记帐补贴。

中国物价调查资料和城镇居民家庭收支调查资料是采用分类随机抽样方法收集、整理、汇总的，收录了全国、各省(区、市)、36个大中城市的资料。

国家统计局城市社会经济调查总队

目　录

第一部分　专　文

第二部分　物价调查资料

第三部分　城镇居民家庭收支调查资料

(一)综合资料

(二)分省、自治区、直辖市调查资料

第一部分

专　　文

1997年全国居民消费价格总水平比上年上涨2.8%

1997年，在稳中求进的经济方针指导下，继续深化经济体制改革，市场化进程进一步加快，初步形成了由过去的卖方市场向现在的买方市场转化的格局，市场价格总水平持续走低。1997年全国商品零售价格比上年仅上涨0.8%，居民消费价格比上年上涨2.8%，价格涨幅是改革开放近20年以来的最低点。

一、市场价格变动特点及成因

1997年全国市场价格变动，呈现了涨幅低、波动小的总体特征。从同比价格变动情况来看，各月居民消费价格涨幅1月最高，达到5.9%，以后逐月下降，12月仅为0.4%；商品零售价格由1月上涨3.3%，至12月则下降1.2%。从环比价格变动情况来看，商品零售和居民消费价格出现上涨的月份分别是1、2、8、9、12五个月，其中升幅最大的是2月，当月商品零售和居民消费价格分别上涨1.7%和2%。其它各月价格环比均出现下降，降幅最大的6月，商品零售和居民消费价格分别下降1.7%。

1997年市场价格低位运行，其主要成因表现在：

（一）农业基础地位加强，主要农产品产量增长较快，有力保障了市场供应，出现了前所未有的农产品价格稳中有降的局面。近几年来，加强农业基础地位一直放在国家经济工作的首位，各地政府相继加大了对农业基础设施的投入，制定了支持农村经济发展的优惠政策，提高了农民的生产积极性，以粮食为主的农产品产量增长较快。1997年，在上年粮食产量创历史最高记录的基础上，又是一个大丰收年，市场粮食供应充足，全年粮食价格比上年下降了8.9%，市场粮食价格的下降幅度和长达10多个月的下降是从未有过的；鲜菜生产受到各级政府的广泛重视，市场供应比较稳定，虽有一些季节性因素的影响，但价格总体上与上年持平；肉禽市场供需基本平衡，价格从年初的高位逐月回落，12月价格已与上年同月持平，全年仅上涨5.5%；鲜蛋生产由于饲料价格稳定、成本投入相对减少，产量增长较快，全年市场价格下降了22.4%。所有这些，促使占居民消费比重近50%的食品价格比上年下降了0.1%，从而带动市场价格总水平在低价位上运行。

（二）市场化进程进一步加快，买方市场初步形成，竞争性产品的价格由市场供求均衡状况决定。随着经济体制改革的深入，市场导向日益明显，相当一部分企业及产品，参与到市场竞争（包括价格竞争）中，已不能适应市场需求的变化，库存增加，生产能力放空，过去的卖方市场逐渐转为现在的买方市场。据调查，1997年交通运输能力出现了一定的闲置，电力生产也出现了负增长，全年原材料、燃料、动力购进价格比上年仅上涨1.3%，以前所谓的“瓶颈”制约已基本消除；工业品市场供需宽松、库存充足、价格平稳。全年工业品出厂价格比上年略涨0.3%；消费品市场受总量过剩、结构不合理以及需求拉动不足等多方面因素影响，大部分商品价格出现稳中有降。与上年12月相比，居民日常消费的六大类商品（居住和服务项目除外）

中，食品、家庭设备及用品、交通与通讯工具和娱乐教育文化用品四大类价格均有所下降；其它两大类，衣着和医疗保健用品也仅上涨1.9%和3%。

(三)货币供应情况趋于合理，财政支出增幅低于财政收入增幅，通货膨胀压力大为减缓。1997年以来国家继续采取了紧中有松、适度微调的货币信贷和财政政策，创造了一个更为宽松的宏观经济环境。据统计，全国广义货币供应量M2比上年末增长17.3%，而且各月增幅呈下降趋势，狭义货币供应量M1比上年末增长16.5%，现金流通量M0增长15.6%，M1和M0均呈上升趋势，各层次货币供应正处于合理的增长区间；1997年全国财政收支执行情况良好，全国财政收入(不含债务收入)8642亿元，比上年增长16.7%，财政支出(不含债务收入)9197亿元，增长15.9%。

二、低通胀下的发展机遇和存在的问题

1997年市场价格持续走低，既不同于计划经济短缺时期的物价冻结，也与三年治理整顿时期力度过大的行政干预结果不同。目前正处于低通胀、宏观经济高速增长的良性循环，为今后几年的经济发展创造了一些有利条件。

(一)市场约束强化，有利于促进企业的优胜劣汰和产业结构调整。目前及今后，企业的生产状况基本上取决于需求力度的大小和结构的变化，一切不适应这种变化的企业必然会被淘汰，其资金、劳动力等生产要素将重新予以配置，使同等要素产生更大的作用。实际上，面对现在市场上日益激烈的低价位竞争，部分化工、纺织、汽车以及彩电、冰箱、洗衣机、VCD机等大型生产企业已相继进行了强强联合和资产重组，而部分经营水平不高、效益低下的企业也陆续实现了关、停、并、转，促使资金向效益高的项目和企业集聚，实现资源配置的相对优化。

(二)加快农产品流通体制改革，完善流通机制。汲取以往流通渠道混乱、约束机制不健全造成农产品生产和价格波动过大的教训，应针对农产品流通周期较长、不同产品自然差异较大的特点，积极探索新的流通手段和流通形式，如建立农产品连锁经营方式、代理制营销制度，提高农产品流通现代化水平；积极推进流通组织制度的创新，发展大规模的农产品经营企业，提高规模效益，降低流通成本和费用，以建立适应社会主义市场经济体制需要的多渠道、少环节的农产品流通体制。

(三)出口成本稳定，有利于扩大外贸需求。近年来，原材料价格受供求关系的影响比较平稳，加上工资成本上升势头减弱，人民币汇率坚挺，出口成本上升得到抑制，促进了外贸出口的稳定增长。据海关统计，1997年前三个季度全国出口商品贸易价格分别下降2.1%、2.6%和1.5%，而出口商品数量却分别增长了28.4%、29.9%和22.4%，其中谷物出口价格分别下降了8.7%、30.3%和31%，出口数量分别增长了2.1倍、12.3倍和4.5倍。今后一段时期内，原材料价格和出口成本仍会保持相对稳定，有利于巩固对外贸易的良好发展态势。

(四)利率下调空间较大，有利于发挥利率杠杆的调节作用。继1996年5月和8月中国人民银行两次降低金融机构存贷款利率，1997年10月23日再次下调利率，其中贷款利率平均下调1.5个百分点，存款利率平均下调1.1个百分点。其主要依据是市场价格涨幅明显低于当时的利率水平。利率的调整，为今后加快直接融资步伐，改善企业资金环境创造了比较有利的条件。

需要指出的是，市场价格在较长时间内持续走低，也给经济发展带来了一些值得注意的问

题，表现在：

第一，目前农产品价格信号对农业生产的稳定发展可能产生不利的影响。我国农业生产、经营规模较小，农户构造十分相似，加上存贮能力较低，农户对价格信号的反应高度一致。1997年农产品价格的长时间下降和“卖难”的出现，已使农户普遍感到增产所带来的价格和仓贮压力，有可能影响后期农户生产决策和行为。

第二，垄断性的服务项目收费居高不下，不利于建立适应市场经济需要的公平竞争机制。多年来，以服务业为主体的第三产业发展较快，对促进国民经济增长和满足居民生活需要发挥了重要作用，其收费标准也一路上涨。其中部分垄断性的服务项目收费，已不是补偿成本、获取合理利润的问题，而是获取高额利润，客观上推动整个市场的服务成本扩张。其危害是，既增加了居民生活支出和企业的生产费用，也不能体现市场经济下公平竞争原则。

1997 年城镇居民家庭收支平稳增长

但收入增长不平衡，差距扩大

1997 年随着国民经济的正常发展，城镇居民生活继续改善，实际收入增加，消费领域不断拓宽，消费结构日趋合理，居民储蓄持续增长。但不同地区、不同收入层次的居民收入增长不平衡，差距继续扩大。

一、居民收入增长，增幅回落

据全国 3.8 万户城镇居民家庭调查资料显示，1997 年全国城镇居民家庭可支配收入人均 5160 元，比上年增长 6.6%，增幅比上年回落 6.4 个百分点，扣除物价因素影响，实际增长 3.4%。从 1997 年各季度看，居民收入增速逐季减小，人均收入与上年同期比，一季度增长 7.7%，二季度增长 6.2%，三季度增长 6.1%，四季度增长 6%。城镇居民收入变化特点：

1. 不同收入来源增长幅度差异显著。

在收入来源中，居民家庭从国有、集体经济单位获得的收入仍占主体，为 69.8%。其中来自国有、集体经济单位职工收入人均 3602 元，比上年增长 2.5%，扣除价格因素影响，实际下降 0.6%；来自其他经济类型单位职工收入人均 133 元，比上年增长 35.5%，来自个体经营者收入人均 168 元，比上年增长 45.1%，扣除价格因素影响，分别比上年实际增长 31.4%、40.7%，大大高出国有、集体经济单位职工收入的增长。国有、集体经济单位职工收入下降的主要原因：一是一些关、停、并、转企业拖欠职工工资现象严重；二是企业生产效益下滑，影响了职工的收入。

2. 居民财产性收入平稳增长。

1997 年居民财产性收入增长平稳，全年人均收入 124 元，比上年增长 11.1%，比上年回落 12.7 个百分点，扣除价格因素影响，实际增长 7.8%。红利一直处于负的增长状态，比上年下降 23.1%；受利息下调的滞后影响，利息比上年下降 4.4%。居民财产租金收入发展较为迅猛，比上年增长 56.9%。

3. 不同收入档次的居民家庭收入增长不平衡，高低收入户差距拉大

1997 年，城镇居民的收入平稳增长，但不同收入档次的居民家庭收入差距拉大。据调查，占调查户 10% 的最高收入户平均人均收入 10251 元，比上年增长 11%，10% 的最低收入户平均人均收入 2430 元，同比下降 0.6%，增幅相差 11.6 个百分点，收入差距拉大。高低收入组人均收入比由上年的 3.8 倍扩大到 4.2 倍。而低收入户中占 5% 的困难户人均收入 2161 元，同比下降 3%，其收入只相当于高收入户收入的 21%（详见表一）。

分地区看，东部地区收入最高，西部收入超过中部地区，东中西部地区人均收入分别为 6276 元、4318 元、4484 元，分别比上年增长 6.9%、7.4%、8.9% 。以中部地区为 1，三者之比

表一: 不同收入组收入对比

	最低收入户	其中:困难户	低收入户	中等偏下户	中等户	中等偏上户	高收入户	最高收入户
比值(注)	1	0.9	1.3	1.6	2	2.5	3.1	4.2
增幅(%)	−0.6	−3	2.5	5	7	8	9.4	11

注:以低收入户人均收入为1,其他各组与之比值。

1.45:1:1.04。从各省市看,可支配收入最高的前三位集中在东部地区,是广东、上海、北京,人均收入分别为8562元、8439元、7813元;收入最低的后三位省市集中在中西部地区,是甘肃、宁夏、内蒙古,分别比广东少4970元、4725元、4617元,分别比全国平均水平少1568元、1323元、1215元。

从35个大中城市看,收入较高的城市主要集中在东南沿海地区,前五位的城市是深圳、广州、宁波、厦门、上海,人均收入分别为19067元、10290元、9069元、8980元、8439元,分别比上年增长12.4%、3.5%、8.4%、6.2%和3.4%;最高的深圳市比全国平均水平高出13907元,比35个大中城市平均水平高出12421元;而后五位收入较低的城市分别是兰州,人均收入3906元;西宁为4010元;哈尔滨为4233元;呼和浩特为4435元;银川为4471元,分别比上年增长2.7%、3.2%、3.4%、12.7%和5.1%。

收入增长减缓的原因:

1. 就业人口减少,就业面下降。

改革日益深入,部分企业关、停、并、转,国有、集体企业下岗人数不断增加,一些企业效益不好,部分职工提前离退休,就业人口明显减少。据统计,1997年每百户城镇居民家庭就业人口为183人,比上年下降1.6%。其中,国有、集体企业就业人数比上年下降3.4%;离退休人员比上年增长6.1%。居民家庭就业面由上年的58%降至57%(不含离退休人员),负担系数由上年的1.72上升到1.74,直接影响了居民家庭的收入。

2. 部分企业生产经营不景气,经济效益差,亏损面大,拖欠职工工资现象严重,使居民家庭实际收入减少。

3. 国家降低银行存款利率,使居民家庭的资本收入增速减缓。

二、城镇居民金融投资意识加强

受银行调整利率的影响,城镇居民的存款热情有所削减,投资发生转向,一些投资性强的股票、债券、储蓄性保险等迅速增长,1997年城镇居民存入储蓄款平均每人777元,比上年增长1%,增幅比上年减少12.2个百分点,提取储蓄存款每人730元,比上年增长17.6%,存取差额47元,比上年减少了31.8%。而购买各种股票、债券等有价证券比上年增长80.8%。养老保险金、医疗保险等储蓄性保险支出比上年增长51.9%。1997年末人均手存现金421元,比上年增长6.4%,扣除物价因素影响,实际增长3.2%。

三、居民消费水平不断提高,支出与收入同步增长

调查表明,1997年城镇居民消费性支出人均4186元,比上年增长6.8%,略高于收入的增

长，扣除物价因素，实际增长 3.6%。城镇居民生活质量进一步提高，消费支出构成发生变化。医疗保健、交通、娱乐教育文化、居住支出大幅度增长，所占比重逐步增加。食品支出比重(恩格尔系数)明显下降，消费结构改善(详见表二)。

表二: 消费支出构成变化表

单位: %

	1997 年	1996 年
消费支出	100	100
1.食品	46.41	48.6
2.衣着	12.45	13.47
3.家庭设备用品及服务	7.57	7.61
4.医疗保健	4.29	3.66
5.交通与通信	5.56	5.08
6.娱乐教育文化服务	10.71	9.57
7.居住	8.57	7.68
8.杂项商品及服务	4.44	4.35

1.恩格尔系数继续下降，饮食结构进一步改善。

近几年，恩格尔系数连年下降，由 1995 年的 49.9% 下降到 1997 年的 46.4%，下降 3.5 个百分点，1997 年比 1996 年下降 2.2 个百分点。其主要原因，一方面是 1997 年食品总体价格平均水平与上年持平，其中粮食、蛋类价格出现了下降趋势，城镇居民在食品消费上得到了更多的实惠；另一方面，城镇居民的消费水平确有提高，饮食结构有了很大的改善，人们更注重营养性消费。1997 年，居民用于粮食、淀粉及薯类、糖类、糕点类、菜类的消费支出比上年明显减少，分别下降 12.3%、6.9%、2.6%、0.6%、1.3%；而一些高蛋白、低脂肪的肉禽及其制品、水产品、干鲜瓜果类、奶及奶制品的支出一直保持较高增长势头，分别比上年增长 4.7%、6.9%、7.9%、13.2%。

从消费量上看，1997 年居民家庭平均每人粮食消费 88.6 千克，比上年下降 6.4%。其中细粮人均年消费 86.1 千克，比上年下降 6.7%；粗粮人均年消费 2.5 千克，比上年增长 3.4%。猪肉人均年消费 15.3 千克，比上年下降 10.1%；牛羊肉人均年消费 3.7 千克，比上年增长 12.1%；蛋类人均年消费 11.7 千克，比上年增长 15.6%；鲜乳品人均年消费 5.1 千克，比上年增长 4.97%。

快捷的生活节奏使城镇居民饮食消费更趋于社会化，在外用餐、对快捷食品和食品加工服务的消费迅速增长，分别比 1996 年高出 9.3%、10.4%、13.7%。

2.衣着消费支出减少。

1997 年第 2 季度以来，衣着消费出现负的增长势头，是近几年来衣着消费大幅增长之后，首次出现减少的现象，1997 年人均消费 521 元，比上年减少 1.3%，扣除物价因素影响，实际比上年减少 4.4%，所占消费支出比重由上年的 13.47% 下降到 12.45%。反映了居民消费不满足于吃饱、穿暖的阶段，消费热点转移。

3.医疗保健及交通通信支出高速增长。

生活改善，人们更注重自身的保健。随着医疗改革的深入，医疗费自理比重加大，居民用在医疗保健的消费大幅度增长。1997 年人均医疗保健支出 180 元，比上年增长 25.4%，所占消费比重由上年的 3.66% 升为 4.29%。

现代的生活需要便利的交通通信。近几年城镇居民用在交通通信的消费支出一直以较高的速度增长。1997 年城镇居民用于交通和通信的人均消费支出 233 元，比上年增长 17%，加之 1997 年交通和通信工具价格下降，居民消费实际比上年增长了 20.4%。其中用于交通的消费支出比上年增长 15.8%，用于通信支出比上年增长 18.1%。

4.娱乐、教育、文化服务的精神消费成为热点。

人们在满足了生活最基本需求后，更注重精神文化消费。近几年城镇居民用在娱乐、教育、文化服务的消费支出日益增多。1995 年消费比重为 8.84%，1996 年为 9.57%，1997 年为 10.7%。消费支出 1997 年人均 448 元，比 1995 年增长 43.1%，比 1996 年增长 19.6%，其中用于娱乐用耐用消费品的支出年人均 112 元，比上年增长 25.3%；用于教育的支出年人均 238 元，比上年增长 16.5%；用于文化娱乐的支出年人均 98 元，比上年增长 21.1%。

5.居住消费迅速增长，成为居民的又一消费热点。

随着住房改革的深入，住房逐渐向商品化过渡，居民居住的公房比重日渐减小，自有房或部分产权自有房显著增加。从近 3 年看，1995 年公房比重为 63.1%，1996 年为 58.3%，1997 年为 42.9%，而自有房或部分产权自有房的比重，1995－1997 年分别为 35.4%、40.4%、55.8%。用于居住的消费支出也不断增长，1997 年人均消费 359 元，比上年增长 19.2%，扣除物价因素实际增长 5.5%，其中住房消费支出年人均 149 元，比上年增长 19.8%，用于水、电、燃料及其它的消费支出年人均 210 元。年人均消费水 30 吨、电 203 度，比上年分别增长 2.6%、8.4%。

四、减收面扩大，低收入户生活水平下降问题不可忽视

据调查，1997 年全国城镇居民家庭减收面达 39%，比上年扩大了 3 个百分点，其中绝对减收户为 34%，受物价因素影响，相对减收户为 5%。按收入分组，占调查总体的 20% 低收入户减收面达 60%，增幅比上年高出 6.3 个百分点，占调查总体的 20% 高收入户减收面为 20%，比上年减少 3.8 个百分点。也就是说，收入越低，减收越严重。虽然目前有一百多个大中城市建立了最低生活保障线，使这些城市的贫困户生活得到了基本保障，但目前仍有一些城市尚未建立最低生活保障线，这些城市的贫困户生活仍很艰难，各级政府应予以高度重视（详见表三）。

表三：　　**1997 年全国城镇居民家庭减收情况**

	总体 (100%)	低收入组 (20%)	较低收入 (20%)	中等收入 (20%)	较高收入 (20%)	高收入组 (20%)
各组减收户比重	100%	30%	29%	16%	16%	9%
减收面	39%	60%	53%	33%	39%	20%

第二部分

物价调查资料

历年全国各种物价总指数

(以上年价格为100)

年份	商品零售价格指数	居民消费价格指数	农产品收购价格指数	农村工业品零售价格指数	工农业商品综合比价指数	
					农产品收购价格指数=100	农村工业品零售价格指数=100
1958	100.2		102.2	99.4	97.3	102.8
1959	100.9		101.8	100.9	99.1	100.9
1960	103.1		103.5	102.8	99.3	100.7
1961	116.2		128.0	104.9	82.0	122.0
1962	103.8		99.4	104.5	105.1	95.1
1963	94.1		97.2	99.0	101.9	98.2
1964	96.3		97.5	98.1	100.6	99.4
1965	97.3		99.2	96.3	97.1	103.0
1966	99.7		104.2	97.1	93.2	107.3
1967	99.3		99.9	99.2	99.3	100.7
1968	100.1		99.8	99.7	99.9	100.1
1969	98.9		99.8	98.5	98.7	101.3
1970	99.8		100.1	99.8	99.7	100.3
1971	99.3		101.6	98.5	96.9	103.1
1972	99.8		101.4	99.5	98.1	101.9
1973	100.6		100.8	100.0	99.2	100.8
1974	100.5		100.8	100.0	99.2	100.8
1975	100.2		102.1	100.0	97.9	102.1
1976	100.3		100.5	100.1	99.6	100.4
1977	102.0		99.8	100.1	100.3	99.7
1978	100.7		103.9	100.0	96.2	103.9
1979	102.0		122.1	100.1	82.0	122.0
1980	106.0		107.1	100.8	94.1	106.3
1981	102.4		105.9	101.0	95.4	104.9
1982	101.9		102.2	101.6	99.4	100.6
1983	101.5		104.4	101.0	96.7	103.4
1984	102.8		104.0	103.1	99.1	100.9
1985	108.8	109.3	108.6	103.2	95.0	105.2
1986	106.0	106.5	106.4	103.2	97.0	103.1
1987	107.3	107.3	112.0	104.8	93.6	106.9
1988	118.5	118.8	123.0	115.2	93.7	106.8
1989	117.8	118.0	115.0	118.7	103.2	96.9
1990	102.1	103.1	97.4	104.6	107.4	93.1
1991	102.9	103.4	98.0	103.0	105.1	95.1
1992	105.4	106.4	103.4	103.1	99.7	100.3
1993	113.2	114.7	113.4	111.8	98.6	101.4
1994	121.7	124.1	139.9	117.2	83.8	119.4
1995	114.8	117.1	119.9	114.7	95.7	104.5
1996	106.1	108.3	104.2	106.2	101.9	98.1
1997	100.8	102.8	95.5	101.1	105.9	94.5

1997年全国各种物价总指数

	商品零售价格指数	居民消费价格指数	农产品收购价格指数	农村工业品零售价格指数	工农业商品综合比价指数	
					农产品收购价格指数＝100	农村工业品零售价格指数＝100
1950年＝100	517.7		1142.8	324.0	28.4	352.7
1952年＝100	463.3		939.3	294.9	31.4	318.5
1957年＝100	426.5		781.9	288.9	36.9	270.6
1962年＝100	339.4		570.9	256.0	44.8	223.0
1965年＝100	383.9		608.3	273.5	45.0	222.4
1970年＝100	393.1		585.6	289.6	49.5	202.2
1975年＝100	392.5		547.9	295.4	53.9	185.5
1978年＝100	380.8		525.3	294.8	56.1	178.2
1980年＝100	352.5		402.1	292.1	72.6	137.7
1985年＝100	297.3	337.1	315.0	265.0	84.1	118.9
1990年＝100	183.5	204.2	191.8	171.3	89.3	112.0
1995年＝100	106.9	111.3	99.5	107.4	107.9	92.6
上年＝100	100.8	102.8	95.5	101.1	105.9	94.5

1997年各地区居民消费价格指数和商品零售价格指数

(以上年价格为100)

	居民消费价格指数			商品零售价格指数		
	全省(区、市)	城 市	农 村	全省(区、市)	城 市	农 村
全国平均	102.8	103.1	102.5	100.8	100.8	100.7
北 京	105.3			103.8		
天 津	103.1			100.7		
河 北	103.5	103.7	103.4	102.1	102.0	102.1
山 西	103.1	103.1	103.0	101.3	100.9	101.7
内 蒙 古	104.5	104.6	104.3	102.3	102.4	101.9
辽 宁	103.1	103.8	102.1	101.0	101.0	100.5
吉 林	103.7	103.7	103.7	101.8	101.7	102.0
黑 龙 江	104.4	104.5	103.8	102.2	102.0	102.6
上 海	102.8			98.8		
江 苏	101.7	101.3	102.0	99.3	99.1	99.5
浙 江	102.8	104.1	102.1	100.3	100.9	99.4
安 徽	101.3	101.9	100.7	99.4	100.1	98.9
福 建	101.7	102.5	101.3	99.8	99.6	100.1
江 西	102.0	103.0	101.2	99.6	100.1	99.3
山 东	102.8	103.2	102.4	100.8	100.8	100.7
河 南	103.5	102.4	103.9	100.5	99.8	101.2
湖 北	103.2	102.6	103.6	101.5	100.8	102.2
湖 南	102.8	103.0	102.5	100.3	100.6	99.8
广 东	101.9	102.1	101.5	99.8	99.8	99.8
广 西	100.8	100.7	100.8	99.6	99.9	99.4
海 南	100.8	101.5	100.3	99.4	99.6	99.1
重 庆	103.1			101.6		
四 川	105.1	105.1	105.0	102.9	102.8	102.9
贵 州	103.4	103.4	103.4	101.5	101.4	101.7
云 南	104.3	104.6	103.9	102.3	101.6	103.2
西 藏						
陕 西	104.8	105.2	104.0	101.6	101.3	101.8
甘 肃	102.9	102.8	102.9	101.6	101.4	101.9
青 海	104.8	105.1	104.2	103.0	103.2	102.7
宁 夏	103.8	103.9	103.5	102.2	102.2	102.1
新 疆	103.7	103.5	103.9	101.8	101.3	102.5

1997年全国及各地区居民消费价格分类指数(一)

(以上年价格为100)

	总指数	一、食品类	1.粮　食	① 细　粮	② 粗　粮	2.淀粉及薯类
全国平均	102.8	99.9	91.1	90.9	94.2	96.3
北　京	105.3	102.2	96.8	96.9	94.6	94.4
天　津	103.1	102.1	93.4	93.6	87.0	96.2
河　北	103.5	100.8	90.8	90.6	92.5	92.1
山　西	103.1	100.0	94.5	95.0	91.2	90.4
内蒙古	104.5	100.4	92.7	93.3	89.0	96.0
辽　宁	103.1	99.9	91.1	91.5	85.6	97.0
吉　林	103.7	101.3	93.5	93.4	95.1	103.0
黑龙江	104.4	101.2	96.8	96.0	107.2	105.6
上　海	102.8	99.3	84.6	84.6		94.4
江　苏	101.7	98.8	80.0	79.8	95.2	95.8
浙　江	102.8	99.2	86.4	86.2	107.2	94.7
安　徽	101.3	97.3	86.6	86.5	91.4	88.9
福　建	101.7	98.6	85.7	85.7		98.4
江　西	102.0	97.4	90.6	90.6		93.7
山　东	102.8	100.7	90.0	90.4	84.0	89.4
河　南	103.5	100.4	90.6	90.7	89.6	89.7
湖　北	103.2	101.1	92.5	92.5	93.1	94.2
湖　南	102.8	99.3	93.5	92.9	108.1	97.1
广　东	101.9	99.3	94.2	94.2	94.6	98.7
广　西	100.8	98.3	92.3	92.3	95.5	97.6
海　南	100.8	96.4	90.4	90.3	101.8	108.3
四　川	105.1	103.1	96.0	96.1	95.6	103.0
贵　州	103.4	100.4	92.5	92.3	100.1	99.5
云　南	104.3	102.4	91.4	91.9	85.7	105.8
西　藏						
陕　西	104.8	100.5	94.3	94.5	88.9	92.4
甘　肃	102.9	99.7	94.7	94.8	92.8	95.9
青　海	104.8	102.0	104.1	104.2	99.6	105.8
宁　夏	103.8	100.3	100.8	101.1	86.3	98.9
新　疆	103.7	99.1	105.4	105.6	97.1	94.0

1997年全国及各地区居民消费价格分类指数(二)

(以上年价格为100)

	3.干豆类及豆制品	4.油脂类	5. 肉禽及其制品	6. 蛋　类	7. 水产品	8. 菜　类
全国平均	106.0	101.5	105.5	79.3	100.2	100.0
北　京	104.0	100.7	107.0	76.7	109.7	96.0
天　津	106.3	100.1	107.9	76.8	103.7	103.1
河　北	109.2	104.1	113.7	76.9	106.7	100.2
山　西	109.2	97.5	110.2	76.0	102.9	104.2
内蒙古	109.8	101.1	102.7	79.5	110.5	107.1
辽　宁	106.0	101.1	109.1	76.5	106.7	100.2
吉　林	108.0	98.9	108.9	84.2	108.0	102.1
黑龙江	108.5	97.2	107.9	83.2	109.2	103.8
上　海	104.0	99.0	106.3	72.9	95.9	98.3
江　苏	106.1	101.5	106.6	77.5	101.6	95.1
浙　江	102.4	99.0	101.6	78.2	103.6	101.7
安　徽	103.5	101.8	106.4	78.3	102.0	89.4
福　建	106.2	103.2	101.7	82.7	99.9	109.0
江　西	107.0	98.6	100.9	79.1	97.2	98.9
山　东	107.3	105.8	114.3	75.4	107.5	93.4
河　南	104.7	103.7	113.4	76.3	105.7	88.1
湖　北	106.1	102.2	109.9	82.5	99.4	93.9
湖　南	103.9	98.9	102.0	83.8	98.7	95.8
广　东	102.0	102.8	99.7	83.3	94.1	109.0
广　西	106.7	101.6	97.9	79.0	91.5	99.9
海　南	106.6	97.4	94.1	94.2	94.4	98.3
四　川	111.8	103.0	111.0	87.1	102.7	101.0
贵　州	105.0	99.8	104.2	89.7	99.5	97.9
云　南	104.8	99.5	103.4	85.7	102.6	111.6
西　藏						
陕　西	106.3	99.8	105.7	76.3	104.0	103.0
甘　肃	106.5	97.9	104.0	79.6	98.2	105.6
青　海	108.4	99.2	101.3	78.0	103.6	104.7
宁　夏	110.1	94.2	100.8	77.5	105.6	104.7
新　疆	116.5	103.4	97.2	81.5	104.2	92.3

1997年全国及各地区居民消费价格分类指数(三)

(以上年价格为100)

	① 鲜 菜	② 干 菜	③ 菜制品	9. 调味品	10. 糖 类	① 食 糖
全国平均	100.0	97.5	103.2	103.1	100.4	97.8
北 京	95.0	103.2	114.0	105.5	100.7	97.9
天 津	103.2	102.4	100.0	102.0	100.3	100.4
河 北	100.1	100.2	102.3	104.1	102.2	96.9
山 西	104.7	98.4	104.3	107.5	99.0	96.1
内蒙古	107.5	102.3	102.2	102.6	101.1	95.5
辽 宁	99.5	106.4	106.1	102.4	102.9	98.4
吉 林	101.5	103.4	116.9	102.6	102.1	100.5
黑龙江	103.2	116.6	104.3	103.3	102.8	100.4
上 海	97.6	107.7	102.1	100.4	99.9	97.8
江 苏	93.8	102.2	105.4	103.1	98.0	96.8
浙 江	101.2	102.8	106.9	102.1	98.9	97.1
安 徽	88.4	97.1	98.7	104.2	100.0	98.2
福 建	110.4	103.9	100.8	103.9	97.7	96.2
江 西	99.9	90.9	100.9	102.0	99.2	95.0
山 东	93.2	91.6	102.2	106.5	102.8	98.5
河 南	87.0	94.9	104.1	101.3	99.9	98.5
湖 北	93.5	94.3	99.8	103.8	102.1	98.2
湖 南	97.5	85.4	106.1	101.6	100.1	99.6
广 东	110.5	100.6	99.3	102.6	99.6	96.7
广 西	99.9	99.1	100.7	104.2	102.1	100.9
海 南	98.0	95.3	106.4	104.7	101.0	99.4
四 川	102.8	91.0	100.1	101.2	101.0	98.6
贵 州	101.9	70.9	103.2	103.5	99.4	94.2
云 南	114.3	91.5	108.5	103.9	100.7	98.7
西 藏						
陕 西	103.4	94.5	105.7	103.7	101.2	97.5
甘 肃	106.5	95.5	103.2	103.4	98.0	95.4
青 海	105.6	96.5	101.8	105.1	101.6	99.4
宁 夏	105.0	100.7	102.3	102.4	101.7	96.6
新 疆	91.7	100.6	102.5	109.0	99.3	95.2

1997年全国及各地区居民消费价格分类指数(四)

(以上年价格为100)

	② 糖　果	11. 烟草类	12. 酒和饮料	13. 干鲜瓜果	① 鲜　果	② 干　果
全国平均	103.1	99.2	102.3	94.4	91.7	106.7
北　京	101.7	113.3	100.6	98.2	94.0	112.9
天　津	100.1	107.2	99.6	99.9	97.3	109.7
河　北	105.9	104.3	102.7	94.5	92.5	108.3
山　西	101.7	99.6	100.5	99.6	96.7	115.9
内蒙古	105.2	101.0	103.8	95.9	92.8	110.8
辽　宁	106.1	100.1	101.6	97.0	93.4	115.9
吉　林	103.8	101.5	104.9	94.4	92.1	114.5
黑龙江	105.0	99.8	101.0	95.8	92.8	114.6
上　海	101.1	86.5	99.1	92.5	90.8	99.2
江　苏	99.8	96.1	100.9	93.7	90.8	106.3
浙　江	101.4	95.0	103.0	95.1	91.3	103.3
安　徽	101.2	96.4	100.2	90.7	86.4	105.8
福　建	101.5	103.4	102.6	91.1	89.4	102.4
江　西	102.9	94.6	100.7	91.8	89.8	97.2
山　东	105.9	104.7	102.0	93.3	90.6	108.0
河　南	102.1	100.3	101.4	90.3	86.3	110.7
湖　北	108.0	99.8	104.0	91.3	88.6	102.0
湖　南	100.3	100.0	102.9	92.6	90.3	104.9
广　东	101.7	99.3	103.2	92.8	90.4	104.1
广　西	103.1	102.9	101.0	97.8	97.1	101.1
海　南	102.6	95.0	100.7	101.5	101.5	100.9
四　川	103.9	96.8	104.6	97.7	93.6	110.6
贵　州	103.3	96.0	102.7	97.4	92.0	110.3
云　南	103.4	99.9	105.1	99.4	97.7	106.2
西　藏						
陕　西	103.9	105.4	102.4	99.4	96.1	112.2
甘　肃	100.3	97.6	103.2	97.2	94.8	106.2
青　海	102.9	97.6	104.9	98.6	96.3	106.9
宁　夏	108.3	101.4	102.1	94.1	91.7	104.7
新　疆	102.2	101.6	107.5	91.2	87.2	104.6

1997年全国及各地区居民消费价格分类指数(五)

(以上年价格为100)

	14. 糕　点	15. 奶及奶制品	16. 其他食品	17. 饮食业	① 主　食	② 炒　菜
全国平均	103.8	104.1	103.9	104.7	104.6	104.5
北　京	104.5	117.7	100.5	102.9	106.5	101.4
天　津	101.2	108.9	103.3	110.0	114.1	102.4
河　北	103.9	102.8	105.3	104.7	105.1	103.9
山　西	100.9	101.1	103.4	106.0	102.9	106.9
内蒙古	101.0	101.1	101.9	104.9	105.4	104.5
辽　宁	103.9	103.2	103.7	101.3	101.1	101.3
吉　林	105.2	104.8	108.0	106.4	103.5	109.6
黑龙江	100.5	103.1	106.0	105.0	102.9	106.0
上　海	102.1	111.7	103.3	109.6	116.2	106.9
江　苏	105.2	104.3	101.1	104.4	102.9	104.1
浙　江	101.6	102.0	103.5	105.3	103.3	104.3
安　徽	104.6	100.6	101.3	104.3	101.5	105.4
福　建	102.3	104.4	105.5	101.0	102.0	100.4
江　西	102.9	100.9	104.0	103.7	103.8	103.0
山　东	105.7	102.8	104.6	103.6	102.6	105.1
河　南	104.5	102.3	103.6	105.1	102.5	106.7
湖　北	103.8	99.5	105.5	107.4	104.9	108.5
湖　南	104.0	105.4	104.4	105.3	104.4	106.2
广　东	102.3	102.4	105.8	101.8	102.4	101.0
广　西	102.5	105.7	101.1	105.1	104.4	105.1
海　南	102.3	97.3	96.6	105.6	109.0	104.3
四　川	107.8	99.1	105.3	107.7	109.6	106.4
贵　州	109.4	105.2	100.1	109.0	105.7	113.1
云　南	103.4	109.0	104.7	108.8	102.8	113.8
西　藏						
陕　西	102.7	102.1	102.1	106.1	104.5	108.2
甘　肃	106.0	100.0	103.7	102.2	103.8	101.1
青　海	105.1	107.2	102.1	103.7	102.8	105.6
宁　夏	107.6	106.4	103.1	101.5	99.6	104.2
新　疆	104.5	103.2	101.0	105.3	106.0	103.0

1997年全国及各地区居民消费价格分类指数(六)

(以上年价格为100)

	③地方小吃	二、衣　着	1. 服　装	2. 衣着材料	①棉　布	②棉花化纤混纺布
全国平均	105.2	103.0	103.1	101.4	102.9	101.7
北　京	103.9	102.9	102.6	101.3	100.6	104.8
天　津	107.8	99.2	98.2	97.8	100.9	99.4
河　北	105.1	105.5	105.4	104.1	105.5	108.8
山　西	109.2	104.0	106.0	100.7	103.1	105.6
内蒙古	104.7	105.7	105.3	102.1	100.7	101.4
辽　宁	101.7	102.9	102.8	100.6	101.4	99.7
吉　林	101.9	103.3	102.9	101.0	97.5	104.4
黑龙江	103.9	104.1	104.4	101.9	104.1	100.8
上　海	101.4	101.0	101.3	98.8	102.4	84.2
江　苏	108.5	102.7	103.8	101.1	102.5	101.5
浙　江	109.9	103.8	103.6	102.7	102.4	101.8
安　徽	105.9	101.5	101.0	100.8	103.6	101.6
福　建	101.0	101.0	101.1	100.0	100.6	100.7
江　西	105.1	102.9	103.3	101.4	101.4	104.1
山　东	103.0	101.9	102.3	100.1	101.8	98.8
河　南	108.9	103.7	104.9	100.8	103.9	101.9
湖　北	111.5	102.6	102.9	102.1	102.7	102.3
湖　南	105.2	102.8	101.9	100.9	102.3	96.3
广　东	102.9	102.0	101.9	100.0	102.9	99.5
广　西	106.4	100.4	99.7	102.6	108.5	102.3
海　南	106.1	103.2	101.9	103.8	101.2	111.4
四　川	107.2	103.8	104.1	101.8	103.2	105.5
贵　州	113.3	102.1	102.7	101.4	105.7	107.6
云　南	105.1	104.1	104.3	101.6	104.8	99.0
西　藏						
陕　西	104.4	104.7	107.0	100.2	103.9	102.4
甘　肃	101.7	104.0	103.8	104.5	100.8	103.1
青　海	101.8	106.7	105.1	101.5	104.1	100.2
宁　夏	104.4	107.1	104.1	107.3	101.1	101.6
新　疆	107.7	103.7	104.3	101.6	102.9	104.0

1997年全国及各地区居民消费价格分类指数(七)

(以上年价格为100)

	③ 化纤布	④ 呢　绒	⑤ 绸　缎	⑥ 毛　线	3. 鞋袜帽及其他	① 鞋　类
全国平均	100.8	102.2	100.9	100.8	104.0	103.9
北　京	100.5	103.1	101.7	98.8	104.5	104.5
天　津	100.0	90.3	100.2	100.0	102.1	101.8
河　北	103.2	104.5	103.4	102.8	106.9	107.6
山　西	100.6	102.5	101.9	98.0	101.0	100.5
内蒙古	102.3	104.1	102.3	101.0	109.5	110.3
辽　宁	96.9	101.3	103.3	102.2	104.2	103.6
吉　林	100.0	101.4	101.2	101.5	106.0	106.3
黑龙江	99.5	105.3	100.2	100.9	104.9	104.8
上　海	99.2	97.0	100.7	100.1	101.0	101.1
江　苏	99.8	101.6	100.3	102.0	102.2	102.0
浙　江	103.6	105.0	103.4	99.2	104.9	104.8
安　徽	100.2	102.1	99.1	100.3	103.0	102.8
福　建	100.0	101.2	98.6	98.6	101.7	101.0
江　西	99.3	105.5	100.6	100.4	103.5	104.2
山　东	99.0	100.8	100.6	100.5	102.6	102.5
河　南	99.7	101.9	100.5	100.3	104.7	104.8
湖　北	104.3	104.2	98.3	99.5	102.3	101.4
湖　南	103.2	103.2	100.6	99.6	105.1	105.0
广　东	99.6	99.6	100.6	99.6	103.0	103.1
广　西	102.3	101.3	98.6	101.7	101.0	100.5
海　南	100.0	100.0	100.0	93.9	107.6	108.9
四　川	101.6	101.1	100.6	99.4	105.2	105.3
贵　州	98.6	102.2	99.3	102.6	101.1	100.9
云　南	96.7	102.4	102.1	105.0	105.3	103.7
西　藏						
陕　西	98.5	104.2	99.7	99.1	103.2	103.4
甘　肃	110.9	103.1	101.2	100.1	103.2	103.4
青　海	98.8	101.3	99.9	103.9	114.2	116.5
宁　夏	112.2	108.5	101.5	100.9	113.0	114.0
新　疆	100.2	101.4	101.4	102.1	105.2	105.8

1997年全国及各地区居民消费价格分类指数(八)

(以上年价格为100)

	②袜子	③帽子	④其他衣着	三、家庭设备及用品	1.耐用消费品	①家具
全国平均	103.9	104.0	104.9	100.7	98.5	101.0
北京	100.7	100.0	106.1	105.4	105.9	116.3
天津	99.5	101.3	107.9	97.6	94.2	100.0
河北	102.0	102.1	105.7	102.0	101.0	102.8
山西	98.3	109.5	105.6	101.5	100.5	101.9
内蒙古	105.5	107.0	106.5	102.4	101.8	103.1
辽宁	109.5	103.8	106.5	101.2	99.3	99.1
吉林	104.1	98.0	108.2	101.8	100.5	102.2
黑龙江	106.3	102.5	105.3	101.4	98.4	101.6
上海	100.0	100.0	100.4	92.4	87.3	95.7
江苏	102.8	101.1	103.7	99.9	97.7	98.4
浙江	102.8	107.5	107.1	100.9	99.0	99.8
安徽	105.0	102.2	102.8	100.3	98.5	100.3
福建	105.9	106.9	102.9	100.6	98.4	99.2
江西	100.3	111.2	101.5	100.8	98.7	102.2
山东	101.3	99.2	103.8	100.9	99.9	101.4
河南	104.3	105.9	104.3	100.6	98.9	101.3
湖北	108.7	102.6	105.1	102.2	97.0	98.7
湖南	103.3	105.8	106.7	102.9	100.2	102.2
广东	100.3	107.7	103.9	99.6	97.6	100.4
广西	101.0	101.1	104.7	100.4	98.7	99.4
海南	101.3	97.9	104.6	101.8	99.3	100.3
四川	105.8	107.7	103.0	102.5	101.0	103.7
贵州	99.1	107.3	104.1	101.1	100.0	102.5
云南	121.8	103.6	106.7	102.1	100.0	101.3
西藏						
陕西	100.7	99.9	103.9	100.0	97.7	100.9
甘肃	101.6	102.0	103.3	102.8	103.9	106.9
青海	105.2	100.4	102.4	101.8	100.6	102.5
宁夏	101.1	105.9	113.0	102.8	100.4	100.5
新疆	104.5	97.4	103.0	101.2	100.2	102.6

1997年全国及各地区居民消费价格分类指数(九)

(以上年价格为100)

	② 家庭设备	2. 室内装饰品	3. 床上用品	4. 家庭日用杂品	5. 其他日用品	四、医疗保健用品
全国平均	97.4	101.6	102.3	103.5	101.5	104.7
北京	101.6	122.2	104.2	103.8	104.8	105.2
天津	91.2	106.3	97.4	103.3	99.8	101.4
河北	99.9	103.0	103.7	103.6	102.3	103.0
山西	99.8	103.2	103.8	102.3	101.6	104.1
内蒙古	101.0	99.8	103.3	103.1	103.5	105.4
辽宁	99.4	104.4	103.1	102.4	101.4	103.7
吉林	99.5	101.0	101.6	103.9	102.6	102.4
黑龙江	97.1	102.9	103.3	105.4	102.4	105.1
上海	85.6	89.9	103.1	102.2	98.9	103.3
江苏	97.4	100.9	104.0	103.3	101.1	103.8
浙江	98.8	100.1	102.9	103.7	101.0	105.8
安徽	97.8	102.1	101.5	104.0	100.5	103.9
福建	98.1	101.1	102.9	103.2	100.7	104.8
江西	97.6	98.6	102.8	102.4	103.0	108.6
山东	98.9	100.2	102.3	102.6	101.3	103.9
河南	97.6	100.9	101.9	102.6	102.5	101.5
湖北	96.5	106.4	103.6	108.0	103.6	105.4
湖南	99.4	105.6	100.9	104.5	104.6	106.4
广东	96.3	102.7	101.9	102.8	100.8	105.2
广西	98.3	100.1	100.3	103.1	101.8	108.1
海南	98.6	100.4	107.1	104.5	101.8	102.6
四川	99.6	101.9	101.4	104.3	103.7	104.3
贵州	98.7	99.8	99.3	102.8	102.9	105.8
云南	99.1	105.5	102.3	103.9	102.6	104.9
西藏						
陕西	96.1	100.7	100.4	102.5	102.1	105.1
甘肃	99.7	102.1	101.6	102.8	101.7	103.3
青海	99.5	100.8	101.0	104.4	103.2	102.6
宁夏	100.4	103.1	104.5	104.9	104.2	104.3
新疆	99.3	99.0	105.9	101.5	101.9	107.0

1997年全国及各地区居民消费价格分类指数(十)

(以上年价格为100)

	1. 医疗器具及保健用品	2. 中药材及中成药	3. 西　药	五、交　通和通讯工　具	1. 交通工具	2. 通讯工具
全国平均	103.9	108.7	101.8	97.4	97.8	96.3
北　京	101.2	112.2	101.5	100.3	100.6	99.9
天　津	98.2	103.6	99.8	96.8	97.3	95.0
河　北	103.2	106.5	100.4	97.6	97.9	97.1
山　西	104.2	108.2	100.5	95.8	96.4	94.1
内蒙古	103.5	107.7	103.8	96.8	97.3	96.1
辽　宁	103.7	106.9	101.6	97.4	98.3	95.4
吉　林	102.9	106.1	99.9	97.3	97.1	97.6
黑龙江	104.3	110.8	101.1	97.8	100.1	92.5
上　海	100.9	108.5	99.3	99.5	100.0	98.7
江　苏	104.1	105.6	102.4	96.9	96.7	97.7
浙　江	104.5	109.9	102.7	97.6	98.3	95.7
安　徽	105.0	107.6	100.6	97.5	97.3	98.0
福　建	104.7	109.4	101.1	95.9	97.2	93.3
江　西	102.2	112.6	106.8	97.7	97.8	97.5
山　东	105.9	108.9	100.5	97.1	97.7	95.4
河　南	102.9	106.1	99.0	96.7	96.7	96.9
湖　北	104.5	106.6	104.9	100.0	98.6	102.4
湖　南	102.5	116.3	98.3	99.0	99.2	98.6
广　东	104.2	105.0	105.4	97.0	97.5	95.8
广　西	102.8	111.1	105.9	95.6	97.0	91.3
海　南	104.4	104.2	100.5	96.2	100.6	93.0
四　川	104.8	108.8	100.9	99.2	99.8	97.3
贵　州	109.0	112.1	102.5	97.6	98.5	96.2
云　南	103.1	108.5	102.8	97.0	97.7	94.2
西　藏						
陕　西	106.0	107.7	103.1	96.8	97.3	94.7
甘　肃	103.1	107.3	100.4	97.6	96.6	98.7
青　海	104.6	105.6	101.1	99.8	99.2	100.9
宁　夏	102.3	112.4	99.3	98.7	98.1	100.6
新　疆	101.6	113.5	103.9	100.8	101.6	99.4

1997年全国及各地区居民消费价格分类指数(十一)

(以上年价格为100)

	六、娱乐教育文化用品	1. 文娱用耐用消费品	2. 教材及参考书	3. 文化娱乐用品	①文娱用品	②报纸杂志
全国平均	100.9	93.8	117.1	104.5	102.7	106.9
北京	98.1	89.3	130.7	102.4	100.9	104.0
天津	110.5	90.5	165.3	116.8	100.4	140.9
河北	101.6	96.6	112.3	108.3	104.0	113.5
山西	104.0	95.6	130.5	105.5	102.4	108.6
内蒙古	101.7	96.2	110.6	106.3	107.0	105.6
辽宁	102.4	94.4	123.4	103.8	102.9	104.7
吉林	101.5	92.4	121.6	104.3	105.2	103.0
黑龙江	103.4	95.1	127.7	102.4	101.5	103.4
上海	96.9	89.2	124.0	100.0	100.1	100.0
江苏	98.9	94.5	110.6	102.2	101.2	103.7
浙江	100.2	96.6	111.3	100.3	103.0	96.5
安徽	100.7	94.5	114.3	104.0	102.2	106.1
福建	98.2	94.2	109.6	103.5	105.8	100.1
江西	100.5	93.2	111.7	103.7	102.7	104.9
山东	102.5	94.7	118.6	103.9	101.8	106.4
河南	97.1	90.8	115.0	103.4	103.6	103.0
湖北	97.1	91.7	108.6	101.6	100.3	103.3
湖南	103.0	92.1	119.6	106.9	108.7	103.6
广东	100.1	92.9	115.1	105.2	101.9	111.0
广西	102.1	91.0	117.9	107.6	99.2	117.3
海南	107.0	99.5	123.1	114.8	104.2	131.6
四川	101.3	95.4	110.3	104.8	106.8	100.6
贵州	99.1	91.3	115.6	103.8	104.0	103.5
云南	102.1	94.3	126.9	103.9	103.9	103.8
西藏						
陕西	104.4	92.6	122.1	107.4	101.8	114.5
甘肃	102.7	96.0	117.9	105.3	107.3	102.3
青海	112.2	96.4	118.5	119.2	104.0	134.1
宁夏	99.6	92.8	120.3	103.5	105.4	100.0
新疆	106.3	95.2	131.5	111.3	102.8	119.3

1997年全国及各地区居民消费价格分类指数(十二)

(以上年价格为100)

	七、居 住	1. 住 房	① 建筑材料	② 房 租	2. 水、电、燃料	八、服务项目
全国平均	108.3	104.3	98.3	121.5	112.2	116.5
北 京	121.2	104.0	109.2	100.0	142.0	117.5
天 津	118.4	115.2	99.7	124.6	121.9	105.1
河 北	107.4	104.8	98.9	115.8	109.8	120.1
山 西	114.7	105.8	99.0	115.7	120.6	115.2
内 蒙 古	109.1	100.6	99.7	102.5	116.9	123.2
辽 宁	114.6	116.4	98.6	133.9	113.7	114.1
吉 林	110.6	113.3	100.1	124.4	109.3	116.0
黑 龙 江	114.3	117.0	100.1	131.4	112.8	119.2
上 海	120.3	111.7	93.1	135.0	123.9	122.9
江 苏	104.4	100.6	96.2	118.3	112.0	116.7
浙 江	106.2	101.2	98.2	113.0	114.4	118.9
安 徽	110.2	107.5	98.0	119.7	112.3	116.0
福 建	109.5	105.3	96.7	136.6	113.0	119.0
江 西	107.4	105.6	97.4	126.6	109.0	124.0
山 东	108.9	107.0	97.9	124.1	110.3	114.1
河 南	108.0	102.7	97.6	126.1	115.3	124.6
湖 北	113.5	107.0	99.0	119.1	117.6	108.9
湖 南	104.0	102.1	98.3	116.1	106.0	112.5
广 东	105.2	105.1	98.9	120.2	105.3	114.5
广 西	105.7	103.6	96.8	116.3	108.0	107.2
海 南	111.3	112.8	94.9	137.7	110.8	112.1
四 川	112.3	107.8	99.1	125.9	118.2	115.0
贵 州	107.7	102.7	97.9	112.7	110.9	117.5
云 南	111.0	100.0	97.2	108.0	123.9	114.9
西 藏						
陕 西	112.2	110.8	99.5	122.6	113.2	126.9
甘 肃	108.8	102.7	99.9	108.1	113.0	112.4
青 海	112.6	104.1	102.6	105.8	116.6	116.0
宁 夏	112.4	105.7	97.6	124.7	119.3	112.7
新 疆	111.6	104.3	102.4	107.0	116.8	122.3

1997年全国及各地区居民消费价格分类指数(十三)

(以上年价格为100)

	1. 电讯费	2. 邮　费	3. 交通费	4. 洗　理美容费	5. 文娱费	6. 学　杂保育费	7. 修　理及其他服务费	8. 医疗保健服务
全国平均	118.8	203.5	106.5	110.6	113.8	119.0	108.1	122.9
北　京	130.2	232.5	101.0	100.6	117.2	121.5	110.9	156.5
天　津	100.7	190.5	101.6	111.3	100.5	106.9	106.8	103.3
河　北	106.5	198.0	111.0	118.5	112.7	123.4	111.6	131.1
山　西	110.5	204.5	106.1	113.4	110.6	115.0	107.6	122.6
内蒙古	119.0	199.2	107.1	109.1	110.2	141.3	106.5	104.1
辽　宁	136.2	198.5	107.5	105.1	112.7	110.6	107.9	110.8
吉　林	122.1	201.0	103.5	107.1	110.0	115.9	106.1	132.4
黑龙江	100.7	209.8	101.9	107.1	115.2	140.9	107.4	104.5
上　海	170.5	193.4	109.8	100.0	117.6	117.5	122.8	132.2
江　苏	106.6	208.8	107.7	111.5	114.9	122.1	108.9	121.6
浙　江	133.0	201.0	103.3	109.5	117.7	113.0	103.6	183.8
安　徽	118.9	193.8	103.1	111.8	113.2	119.3	107.7	116.6
福　建	138.0	200.1	106.7	113.1	121.2	121.4	106.1	106.0
江　西	119.1	206.6	104.7	110.1	108.5	137.4	108.5	103.8
山　东	104.1	196.0	102.8	108.4	113.9	116.0	106.5	119.7
河　南	119.3	212.3	105.2	109.3	113.1	134.0	107.4	132.2
湖　北	112.4	204.7	103.2	105.5	110.9	101.7	108.6	159.3
湖　南	112.8	214.8	105.7	105.9	107.9	112.5	109.2	134.5
广　东	109.2	177.1	109.0	109.5	109.8	121.3	108.8	109.8
广　西	100.1	202.7	104.9	115.1	108.4	105.8	104.7	114.1
海　南	118.7	195.2	104.5	102.8	111.0	109.2	100.3	121.1
四　川	95.8	210.6	114.7	118.7	116.6	110.6	108.9	113.9
贵　州	95.8	207.9	107.4	115.8	115.2	128.6	107.7	111.6
云　南	120.5	211.3	105.4	114.4	131.3	117.1	109.7	101.9
西　藏								
陕　西	139.4	201.7	106.3	109.0	109.7	138.1	106.8	154.5
甘　肃	105.9	207.0	104.1	107.9	115.1	117.2	108.7	103.0
青　海	122.1	213.3	105.0	111.7	105.6	123.4	104.8	102.7
宁　夏	115.5	223.7	105.0	106.5	112.1	120.3	105.0	101.0
新　疆	105.1	184.3	113.2	110.2	133.5	134.3	110.8	107.8

1997年全国及各地区城市居民消费价格分类指数(一)

(以上年价格为100)

	总指数	一、食品类	1.粮　食	①细　粮	②粗　粮	2.淀粉及薯类
全国平均	103.1	100.0	92.2	92.2	94.0	97.6
北　京	105.3	102.2	96.8	96.9	94.6	94.4
天　津	103.1	102.1	93.4	93.6	87.0	96.2
河　北	103.7	101.4	91.4	91.3	94.1	93.9
山　西	103.1	100.2	94.8	94.9	92.8	93.3
内蒙古	104.6	100.8	95.3	95.4	95.0	97.4
辽　宁	103.8	100.2	92.5	92.8	84.3	97.7
吉　林	103.7	100.9	93.0	92.7	98.0	102.1
黑龙江	104.5	100.9	96.4	96.2	102.1	106.6
上　海	102.8	99.3	84.6	84.6		94.4
江　苏	101.3	98.2	79.7	79.6	94.3	94.3
浙　江	104.1	100.6	86.7	86.5	114.4	98.0
安　徽	101.9	96.8	83.8	83.7	92.0	85.9
福　建	102.5	98.4	86.5	86.5		96.0
江　西	103.0	98.6	91.9	91.9		100.1
山　东	103.2	101.4	93.5	93.9	84.4	91.1
河　南	102.4	99.0	92.7	92.9	87.1	90.3
湖　北	102.6	100.2	93.6	93.6	103.8	93.8
湖　南	103.0	100.3	94.2	94.1	106.9	99.0
广　东	102.1	99.6	97.0	97.0	97.2	99.3
广　西	100.7	98.1	94.2	94.2	94.2	98.5
海　南	101.5	96.4	91.0	91.0		116.4
四　川	105.1	103.6	99.1	98.9	108.8	101.1
贵　州	103.4	100.9	94.3	94.1	103.2	98.1
云　南	104.6	101.6	88.4	88.3	94.5	106.4
西　藏						
陕　西	105.2	100.4	96.3	96.5	85.0	95.1
甘　肃	102.8	100.3	94.9	95.0	91.5	98.0
青　海	105.1	102.3	105.2	105.3	95.2	106.1
宁　夏	103.9	100.4	101.3	101.4	89.0	98.2
新　疆	103.5	98.4	104.7	104.9	95.0	93.0

1997年全国及各地区城市居民消费价格分类指数(二)

(以上年价格为100)

	3.干豆类及豆制品	4.油脂类	5.肉禽及其制品	6.蛋类	7.水产品	8.菜类
全国平均	105.9	101.0	105.5	78.6	100.0	100.2
北京	104.0	100.7	107.0	76.7	109.7	96.0
天津	106.3	100.1	107.9	76.8	103.7	103.1
河北	106.9	103.2	112.2	75.2	106.9	100.9
山西	107.2	94.8	109.2	76.4	102.8	105.4
内蒙古	111.3	102.4	103.1	78.9	110.5	106.3
辽宁	105.4	100.2	108.3	76.5	107.2	100.3
吉林	107.4	99.0	108.5	84.6	107.7	99.7
黑龙江	108.5	97.0	107.5	82.4	108.9	103.4
上海	104.0	99.0	106.3	72.9	95.9	98.3
江苏	106.0	100.1	106.7	77.0	100.6	94.4
浙江	102.8	97.6	102.0	78.8	106.2	106.6
安徽	103.2	102.2	107.1	76.5	102.5	87.9
福建	104.0	102.1	101.5	81.6	99.9	105.2
江西	112.3	98.3	102.0	78.4	97.8	100.3
山东	106.7	108.8	114.1	75.1	107.4	93.6
河南	103.2	102.1	111.3	74.8	106.2	88.5
湖北	104.9	101.1	109.6	79.0	96.6	91.7
湖南	107.9	99.4	103.1	83.3	98.9	99.8
广东	100.4	101.9	99.9	81.9	95.0	109.0
广西	104.6	102.6	96.0	77.4	92.3	100.8
海南	103.2	94.9	94.6	94.0	89.8	102.5
四川	111.8	102.5	109.9	84.2	104.3	103.0
贵州	106.8	99.1	105.1	88.7	100.7	97.4
云南	101.3	99.5	102.7	83.4	102.5	110.9
西藏						
陕西	105.8	99.4	104.3	75.0	103.8	100.5
甘肃	105.3	99.6	105.3	77.6	97.1	106.7
青海	105.0	99.5	103.0	76.9	102.6	104.8
宁夏	111.4	95.1	101.5	77.3	106.2	105.3
新疆	113.5	100.4	98.4	80.2	106.2	91.0

1997年全国及各地区城市居民消费价格分类指数(三)

(以上年价格为100)

	①鲜 菜	②干 菜	③菜制品	9.调味品	10.糖 类	①食 糖
全国平均	100.0	100.6	104.1	103.1	101.4	98.5
北 京	95.0	103.2	114.0	105.5	100.7	97.9
天 津	103.2	102.4	100.0	102.0	100.3	100.4
河 北	100.9	98.2	103.2	103.9	101.7	97.8
山 西	105.5	100.2	105.5	106.5	98.8	97.5
内蒙古	106.4	105.4	105.3	102.4	101.3	94.9
辽 宁	99.9	105.8	106.9	101.6	103.9	99.2
吉 林	99.2	104.7	111.5	100.7	102.8	102.3
黑龙江	102.6	122.9	104.4	103.8	103.8	100.8
上 海	97.6	107.7	102.1	100.4	99.9	97.8
江 苏	93.3	103.9	107.9	104.5	98.7	97.3
浙 江	106.3	106.9	110.8	101.1	97.9	95.8
安 徽	86.9	94.7	105.4	103.3	98.9	95.8
福 建	105.9	100.4	102.5	105.0	98.0	96.9
江 西	100.6	92.8	104.9	102.4	102.4	99.2
山 东	93.3	96.1	101.6	105.6	105.3	100.0
河 南	87.5	97.8	102.7	101.3	99.9	97.1
湖 北	91.6	91.3	94.2	105.0	102.1	99.4
湖 南	100.2	89.4	102.0	101.1	101.3	98.7
广 东	110.2	100.8	98.2	102.9	100.3	96.7
广 西	100.3	101.9	106.8	103.9	103.6	102.7
海 南	102.6	100.7	103.5	103.8	103.4	101.7
四 川	103.3	95.2	105.6	103.4	104.9	103.8
贵 州	99.2	68.0	107.1	103.9	98.1	94.4
云 南	111.7	87.8	111.0	102.9	101.6	98.8
西 藏						
陕 西	100.5	96.9	104.5	103.9	101.6	98.9
甘 肃	107.7	97.7	103.1	100.9	99.1	95.2
青 海	104.9	100.7	101.1	106.3	101.3	101.1
宁 夏	105.3	105.8	100.8	101.8	100.3	94.4
新 疆	90.5	101.1	103.8	106.8	99.2	95.2

1997年全国及各地区城市居民消费价格分类指数(四)

(以上年价格为100)

	②糖　果	11.烟草类	12.酒和饮料	13.干鲜瓜果	①鲜　果	②干　果
全国平均	103.3	98.2	102.8	94.5	92.1	107.0
北　京	101.7	113.3	100.6	98.2	94.0	112.9
天　津	100.1	107.2	99.6	99.9	97.3	109.7
河　北	103.6	105.0	104.3	93.4	91.4	109.6
山　西	99.7	99.0	100.5	96.9	94.3	110.8
内蒙古	104.2	99.0	104.3	95.4	92.6	111.6
辽　宁	106.3	99.9	101.4	96.7	93.8	115.5
吉　林	103.3	100.9	105.5	93.7	91.4	115.1
黑龙江	106.3	100.0	100.8	95.3	92.5	114.5
上　海	101.1	86.5	99.1	92.5	90.8	99.2
江　苏	100.0	95.5	101.7	94.4	91.4	106.4
浙　江	99.4	94.1	103.0	96.7	95.1	101.4
安　徽	100.8	95.1	102.0	90.7	87.0	106.1
福　建	101.0	99.6	103.7	91.1	90.0	99.3
江　西	104.8	93.9	101.8	92.6	91.1	98.5
山　东	107.6	102.4	103.4	94.5	92.1	106.7
河　南	101.7	99.6	103.8	90.7	86.2	112.4
湖　北	104.5	100.8	102.8	89.8	87.1	103.0
湖　南	102.3	100.2	104.6	96.3	94.2	106.5
广　东	102.6	98.4	103.9	91.9	89.6	106.1
广　西	104.1	102.7	102.4	101.3	101.1	101.8
海　南	104.6	88.6	97.2	98.3	98.2	98.6
四　川	105.5	94.4	103.6	96.7	93.8	112.7
贵　州	100.5	99.1	101.5	95.5	91.4	110.9
云　南	103.9	92.3	102.7	97.2	96.5	103.2
西　藏						
陕　西	102.9	104.8	100.4	97.6	94.6	109.2
甘　肃	101.1	96.2	105.2	97.9	95.3	106.3
青　海	101.5	95.5	105.8	98.6	97.1	108.9
宁　夏	104.6	96.2	102.9	93.5	91.9	101.9
新　疆	102.3	102.2	110.8	92.4	88.7	105.8

1997年全国及各地区城市居民消费价格分类指数(五)

(以上年价格为100)

	14.糕　点	15.奶及奶制品	16.其他食品	17.饮食业	①主　食	②炒　菜
全国平均	103.7	104.8	104.4	104.7	105.5	104.2
北　京	104.5	117.7	100.5	102.9	106.5	101.4
天　津	101.2	108.9	103.3	110.0	114.1	102.4
河　北	107.2	104.7	106.1	106.0	107.0	104.3
山　西	98.8	100.1	105.0	105.7	101.6	106.7
内蒙古	101.9	101.8	102.4	104.8	106.1	103.5
辽　宁	105.0	103.3	107.2	101.1	102.0	100.1
吉　林	104.5	103.8	109.1	107.2	103.3	111.6
黑龙江	99.7	103.0	106.2	104.7	103.2	105.6
上　海	102.1	111.7	103.3	109.6	116.2	106.9
江　苏	104.6	105.7	100.0	105.3	103.2	105.0
浙　江	102.0	101.0	100.5	106.9	103.4	103.9
安　徽	104.9	99.5	102.7	103.7	102.0	104.2
福　建	103.6	102.1	100.7	101.5	101.2	101.8
江　西	104.6	101.1	103.2	103.5	103.6	102.7
山　东	106.8	101.4	107.2	104.7	105.2	104.8
河　南	104.3	102.6	104.0	104.8	103.0	104.0
湖　北	102.2	100.0	107.5	106.3	103.1	107.5
湖　南	102.8	101.5	105.2	105.4	107.0	104.7
广　东	102.6	103.2	107.7	101.6	102.5	100.9
广　西	103.1	107.6	101.8	104.1	103.4	104.1
海　南	100.8	102.3	94.6	109.3	112.8	110.5
四　川	111.3	103.7	104.2	107.6	110.8	106.0
贵　州	104.3	107.5	100.5	110.0	103.7	115.3
云　南	100.8	117.2	102.1	109.8	101.2	117.8
西　藏						
陕　西	101.0	100.6	103.2	106.7	104.9	109.2
甘　肃	106.4	100.3	101.9	101.6	103.0	100.9
青　海	105.3	107.6	100.1	103.6	101.9	105.5
宁　夏	110.2	107.8	102.8	101.2	99.1	104.1
新　疆	104.5	102.7	102.1	102.5	105.6	96.5

1997年全国及各地区城市居民消费价格分类指数(六)

(以上年价格为100)

	③地方小吃	二、衣　着	1. 服　装	2. 衣着材料	①棉　布	②棉花化纤混纺布
全国平均	104.8	103.2	103.3	101.3	101.9	101.0
北　京	103.9	102.9	102.6	101.3	100.6	104.8
天　津	107.8	99.2	98.2	97.8	100.9	99.4
河　北	103.6	104.5	104.2	101.9	102.7	103.5
山　西	109.7	103.9	106.2	101.1	103.6	104.0
内蒙古	105.8	106.9	105.6	103.2	100.1	102.4
辽　宁	101.9	103.7	103.7	101.6	101.9	98.3
吉　林	101.5	104.1	103.3	100.7	95.2	101.3
黑龙江	103.0	104.6	104.6	102.6	103.7	101.7
上　海	101.4	101.0	101.3	98.8	102.4	84.2
江　苏	110.5	102.7	103.2	101.5	101.7	98.9
浙　江	113.7	105.4	104.2	105.8	103.2	103.9
安　徽	106.2	103.9	103.7	102.8	103.6	101.8
福　建	101.3	103.6	103.4	102.2	101.9	103.5
江　西	105.3	103.4	103.8	101.2	103.9	102.4
山　东	101.7	101.8	102.3	100.8	102.3	100.2
河　南	110.9	102.5	103.0	100.4	105.9	103.5
湖　北	111.0	101.0	102.0	100.0	99.6	99.0
湖　南	103.6	103.3	103.3	102.9	103.4	98.5
广　东	102.3	101.9	101.7	99.4	99.8	96.3
广　西	105.6	100.7	100.7	100.3	105.6	101.7
海　南	106.3	108.9	108.6	107.3	101.1	112.5
四　川	108.5	103.6	104.0	101.6	104.6	106.9
贵　州	109.6	102.1	102.4	101.9	101.7	114.0
云　南	104.6	105.5	106.2	100.0	106.1	101.0
西　藏						
陕　西	102.7	106.4	109.1	99.9	100.4	99.8
甘　肃	100.7	103.4	103.8	104.6	100.6	102.6
青　海	102.1	108.5	105.1	100.0	103.3	101.1
宁　夏	104.8	106.1	102.4	105.8	101.5	96.1
新　疆	104.1	103.4	104.3	100.7	101.0	99.2

1997年全国及各地区城市居民消费价格分类指数(七)

(以上年价格为100)

	③ 化纤布	④ 呢　绒	⑤ 绸　缎	⑥ 毛　线	3. 鞋袜帽及其他	① 鞋　类
全国平均	100.8	102.6	100.9	101.0	104.0	103.8
北　京	100.5	103.1	101.7	98.8	104.5	104.5
天　津	100.0	90.3	100.2	100.0	102.1	101.8
河　北	99.6	103.0	100.8	103.3	107.2	107.6
山　西	104.6	103.5	101.0	97.2	99.6	98.9
内蒙古	104.3	105.4	101.3	101.8	112.3	113.8
辽　宁	96.9	103.5	102.9	103.2	104.1	102.7
吉　林	98.8	101.1	102.9	102.2	107.8	108.0
黑龙江	99.7	106.6	100.7	101.6	105.5	105.3
上　海	99.2	97.0	100.7	100.1	101.0	101.1
江　苏	103.5	101.2	99.4	100.6	102.1	101.8
浙　江	107.9	107.4	105.3	101.8	107.9	107.5
安　徽	104.5	105.1	99.5	100.7	104.9	104.7
福　建	100.1	105.7	100.7	100.6	105.2	104.6
江　西	99.4	100.8	102.3	102.5	104.0	104.0
山　东	99.3	101.8	100.4	101.4	101.4	101.3
河　南	98.1	102.4	100.8	99.9	103.0	103.1
湖　北	100.6	108.5	97.1	98.1	99.4	98.2
湖　南	105.0	101.9	100.5	100.4	103.6	103.7
广　东	100.9	99.8	100.6	99.0	103.1	103.5
广　西	100.9	101.2	100.6	95.2	100.9	100.1
海　南	100.0	100.0	100.0	99.2	109.8	112.4
四　川	100.9	102.0	100.0	101.0	103.1	103.2
贵　州	99.6	102.4	101.0	102.4	101.6	101.1
云　南	88.3	104.5	103.2	103.7	105.9	102.7
西　藏						
陕　西	97.9	106.3	98.1	100.6	104.0	103.9
甘　肃	111.9	105.1	99.3	100.4	101.8	101.9
青　海	96.9	99.3	102.0	102.4	121.4	122.9
宁　夏	108.6	109.7	102.1	100.8	114.8	115.5
新　疆	100.3	99.1	101.0	103.0	104.8	105.4

1997年全国及各地区城市居民消费价格分类指数(八)

(以上年价格为100)

	②袜子	③帽子	④其他衣着	三、家庭设备及用品	1.耐用消费品	①家具
全国平均	106.0	104.1	105.0	99.9	97.5	101.2
北京	100.7	100.0	106.1	105.4	105.9	116.3
天津	99.5	101.3	107.9	97.6	94.2	100.0
河北	105.7	101.6	105.4	101.4	101.1	103.0
山西	97.4	116.5	105.1	101.4	100.3	101.4
内蒙古	106.5	98.9	105.8	102.5	102.7	103.3
辽宁	123.2	102.7	106.7	101.5	99.3	99.4
吉林	106.0	102.2	108.3	101.7	100.0	101.1
黑龙江	107.4	102.9	107.1	101.1	97.5	101.6
上海	100.0	100.0	100.4	92.4	87.3	95.7
江苏	103.6	104.5	103.2	98.6	95.7	99.9
浙江	105.1	115.4	113.4	100.4	98.5	100.7
安徽	106.4	102.8	108.0	100.8	98.8	100.3
福建	110.8	110.5	102.7	100.7	98.9	98.1
江西	104.4	101.3	104.1	100.7	98.1	101.6
山东	102.1	100.6	102.1	100.6	99.9	102.0
河南	103.4	103.3	101.7	99.7	97.9	100.9
湖北	112.8	110.9	103.9	102.5	94.6	95.1
湖南	104.1	102.2	102.5	100.5	98.5	102.8
广东	100.3	112.0	102.2	98.9	96.7	100.5
广西	103.8	103.0	106.9	100.6	98.5	99.6
海南	89.4		105.1	100.5	98.7	100.3
四川	102.7	106.1	102.0	101.6	100.7	102.2
贵州	102.1	111.4	106.9	101.3	101.0	103.2
云南	143.9	103.9	110.0	100.4	98.6	98.1
西藏						
陕西	104.6	106.0	104.7	99.3	96.7	100.9
甘肃	99.1	100.0	102.8	104.0	108.2	112.2
青海	109.7	103.0	101.3	101.9	101.1	103.6
宁夏	99.7	100.7	118.3	103.4	101.2	101.2
新疆	102.5	95.2	102.5	100.7	99.5	102.9

1997年全国及各地区城市居民消费价格分类指数(九)

(以上年价格为100)

	②家庭设备	2.室内装饰品	3.床上用品	4.家庭日用杂品	5.其他日用品	四、医疗保健用品
全国平均	96.0	101.7	102.5	103.6	100.9	104.5
北京	101.6	122.2	104.2	103.8	104.8	105.2
天津	91.2	106.3	97.4	103.3	99.8	101.4
河北	99.9	101.4	102.2	104.3	99.9	105.1
山西	99.8	104.9	103.7	101.5	101.1	103.7
内蒙古	102.4	97.7	102.8	102.7	104.1	104.7
辽宁	99.3	104.5	104.2	102.3	101.5	103.2
吉林	99.4	102.4	102.9	103.9	101.9	102.8
黑龙江	95.9	103.1	104.1	106.4	102.1	105.5
上海	85.6	89.9	103.1	102.2	98.9	103.3
江苏	94.9	100.7	102.6	103.2	101.1	103.9
浙江	98.1	100.0	105.0	103.4	101.0	105.1
安徽	98.2	105.8	102.2	105.2	101.1	105.5
福建	99.2	100.6	106.8	102.5	100.3	104.4
江西	97.0	99.3	102.0	104.2	101.2	108.8
山东	98.6	100.9	102.6	102.0	100.3	105.1
河南	96.5	100.9	100.6	102.2	101.6	102.2
湖北	94.4	108.8	104.3	112.8	104.8	104.7
湖南	96.9	99.5	100.9	104.4	101.4	101.3
广东	95.0	104.8	102.1	102.7	100.5	104.3
广西	97.9	100.2	101.9	104.5	102.3	110.8
海南	97.2	100.7	104.9	103.2	100.9	104.8
四川	100.0	101.5	105.3	104.0	100.8	103.9
贵州	99.9	101.0	101.2	101.6	101.8	106.0
云南	98.8	106.3	97.0	103.2	101.1	105.3
西藏						
陕西	94.9	100.6	101.1	102.9	101.2	104.2
甘肃	101.3	97.6	102.6	103.6	99.9	102.6
青海	99.6	101.0	101.3	103.8	102.7	100.2
宁夏	101.1	104.2	104.1	105.7	104.8	104.7
新疆	98.4	97.8	108.3	100.2	102.3	108.4

1997年全国及各地区城市居民消费价格分类指数(十)

(以上年价格为100)

	1. 医疗器具及保健用品	2. 中药材及中成药	3. 西药	五、交通和通讯工具	1. 交通工具	2. 通讯工具
全国平均	103.5	108.5	101.8	97.2	97.8	95.9
北京	101.2	112.2	101.5	100.3	100.6	99.9
天津	98.2	103.6	99.8	96.8	97.3	95.0
河北	102.1	107.2	104.0	96.9	97.4	96.2
山西	100.6	107.5	100.4	94.8	96.3	91.9
内蒙古	103.7	108.6	101.1	96.6	99.3	93.8
辽宁	103.5	105.6	101.7	96.6	98.1	94.8
吉林	105.4	106.3	100.3	97.7	98.0	97.3
黑龙江	104.0	112.5	100.8	97.5	100.4	91.8
上海	100.9	108.5	99.3	99.5	100.0	98.7
江苏	103.3	105.8	102.6	96.3	95.6	97.6
浙江	101.9	108.5	102.8	97.9	99.6	95.9
安徽	108.3	110.4	101.5	98.2	97.8	99.1
福建	104.3	106.6	102.5	96.2	96.4	95.8
江西	101.2	112.9	106.7	97.6	98.8	95.6
山东	105.9	112.2	100.4	96.7	98.0	93.7
河南	102.5	109.5	98.3	95.8	95.6	96.5
湖北	104.8	106.1	104.2	101.3	100.0	103.2
湖南	103.1	107.7	96.9	95.9	94.5	97.7
广东	104.2	103.8	104.8	96.9	98.0	94.4
广西	104.2	118.4	103.2	94.2	96.0	90.1
海南	109.9	104.9	104.2	100.0	100.0	100.0
四川	103.4	105.5	102.9	97.6	98.8	96.3
贵州	102.6	115.1	101.2	96.3	99.9	93.4
云南	105.8	108.9	102.2	96.5	98.7	91.6
西藏						
陕西	105.7	107.8	101.0	97.2	97.4	96.2
甘肃	103.4	106.9	99.8	99.0	98.6	99.3
青海	104.5	100.5	100.0	100.2	99.9	100.6
宁夏	103.8	114.2	98.7	99.8	99.2	100.7
新疆	99.6	115.3	104.6	101.3	103.2	98.3

1997年全国及各地区城市居民消费价格分类指数(十一)

(以上年价格为100)

	六、娱乐教育文化用品	1.文娱用耐用消费品	2.教材及参考书	3.文化娱乐用品	①文娱用品	②报纸杂志
全国平均	100.5	93.3	119.2	103.7	101.9	105.9
北京	98.1	89.3	130.7	102.4	100.9	104.0
天津	110.5	90.5	165.3	116.8	100.4	140.9
河北	100.9	95.6	115.1	105.8	101.4	110.5
山西	103.1	97.6	121.0	103.9	102.5	105.3
内蒙古	102.3	98.4	106.3	106.2	107.6	104.4
辽宁	103.1	93.8	125.0	103.8	101.8	105.5
吉林	101.2	90.9	124.9	103.1	104.3	101.6
黑龙江	103.5	95.0	127.7	101.9	100.6	103.3
上海	96.9	89.2	124.0	100.0	100.1	100.0
江苏	98.1	89.8	112.0	101.8	100.8	102.9
浙江	101.2	96.0	113.2	102.4	103.7	100.6
安徽	103.1	96.6	121.2	105.6	101.9	109.9
福建	100.4	97.0	112.0	101.4	102.5	100.2
江西	102.7	96.8	115.4	103.7	101.9	105.5
山东	100.6	94.8	121.8	101.8	101.9	101.7
河南	97.5	91.8	115.9	103.2	103.5	102.8
湖北	95.1	88.8	110.4	100.6	99.1	102.6
湖南	103.2	94.8	119.4	104.0	102.3	105.8
广东	98.6	92.7	111.4	104.2	101.9	109.2
广西	102.2	91.2	119.3	107.3	100.6	115.2
海南	109.3	99.3	122.5	125.0	99.4	143.5
四川	100.3	95.6	112.7	103.2	104.4	101.0
贵州	100.0	91.0	120.2	102.7	101.8	104.1
云南	101.3	94.7	133.9	102.1	103.1	100.0
西藏						
陕西	104.3	94.1	121.4	107.9	101.1	117.7
甘肃	102.1	94.4	118.2	104.9	107.9	100.9
青海	112.9	96.3	119.2	118.8	103.6	135.7
宁夏	97.5	92.1	117.7	102.7	104.2	100.0
新疆	104.8	94.3	127.3	108.3	102.9	112.6

1997年全国及各地区城市居民消费价格分类指数(十二)

(以上年价格为100)

	七、居　住	1. 住　房	①建筑材料	② 房　租	2. 水、电、燃料	八、服务项目
全国平均	113.0	111.2	99.2	125.0	114.2	116.6
北　京	121.2	104.0	109.2	100.0	142.0	117.5
天　津	118.4	115.2	99.7	124.6	121.9	105.1
河　北	109.7	109.7	96.9	118.4	109.7	121.0
山　西	118.6	111.1	100.6	120.5	123.5	113.2
内蒙古	110.8	101.7	100.4	103.9	118.5	120.2
辽　宁	119.9	129.1	97.3	140.7	115.6	115.4
吉　林	111.5	117.4	100.7	127.0	109.0	114.3
黑龙江	116.1	121.9	101.0	134.6	113.1	120.3
上　海	120.3	111.7	93.1	135.0	123.9	122.9
江　苏	110.5	105.9	97.1	117.8	113.7	116.9
浙　江	112.6	109.7	97.5	126.5	114.9	120.6
安　徽	116.6	117.3	98.5	134.8	116.3	115.8
福　建	111.3	108.5	97.3	124.5	112.7	122.6
江　西	113.9	115.3	97.0	141.0	112.8	122.9
山　东	111.7	112.3	98.9	125.3	111.2	113.4
河　南	114.8	110.2	95.8	140.4	117.6	126.2
湖　北	120.0	112.6	96.9	121.7	122.6	107.4
湖　南	109.8	110.1	99.9	123.0	109.5	114.1
广　东	106.5	108.5	99.8	123.7	104.9	114.2
广　西	111.5	111.2	99.7	121.0	111.8	106.4
海　南	105.6	95.5	92.6	99.6	108.6	111.5
四　川	119.3	113.2	101.3	129.3	124.6	111.5
贵　州	105.7	104.5	95.8	121.7	106.7	114.4
云　南	118.1	100.2	97.1	103.6	130.5	121.6
西　藏						
陕　西	114.0	118.0	100.0	128.0	110.8	130.3
甘　肃	111.1	102.9	99.0	106.9	115.5	110.9
青　海	118.0	104.7	107.0	102.7	123.0	116.2
宁　夏	116.7	111.5	95.7	137.1	120.1	114.4
新　疆	117.9	105.5	100.6	110.9	125.4	128.5

1997年全国及各地区城市居民消费价格分类指数(十三)

(以上年价格为100)

	1. 电讯费	2. 邮　费	3. 交通费	4. 洗　理 美容费	5. 文娱费	6. 学　杂 保育费	7. 修　理 及其他 服务费	8. 医疗保 健服务
全国平均	120.6	201.3	105.8	110.2	113.7	121.5	108.2	121.6
北　京	130.2	232.5	101.0	100.6	117.2	121.5	110.9	156.5
天　津	100.7	190.5	101.6	111.3	100.5	106.9	106.8	103.3
河　北	102.7	202.3	108.1	113.5	113.2	128.4	109.8	143.8
山　西	104.6	214.4	106.3	115.2	109.8	115.3	104.4	112.5
内蒙古	122.7	197.6	100.2	108.3	112.0	132.8	107.2	104.6
辽　宁	146.6	199.4	109.6	104.3	117.7	109.6	110.4	117.4
吉　林	119.1	202.4	103.6	106.2	111.4	115.3	103.9	135.6
黑龙江	99.4	204.6	101.7	106.2	117.5	142.3	108.1	104.0
上　海	170.5	193.4	109.8	100.0	117.6	117.5	122.8	132.2
江　苏	106.9	210.1	106.9	112.6	115.3	128.1	107.7	120.8
浙　江	156.9	207.7	102.2	107.6	115.6	116.2	103.6	186.6
安　徽	119.7	190.2	102.3	114.1	110.4	119.4	109.9	121.2
福　建	137.5	199.3	108.7	111.4	114.2	129.7	108.2	106.8
江　西	124.9	208.1	103.9	111.3	111.0	136.4	104.7	102.8
山　东	104.2	200.0	100.2	108.1	114.4	120.3	106.0	114.2
河　南	129.8	213.6	100.6	110.8	116.5	141.2	109.3	129.5
湖　北	112.9	215.0	101.0	102.8	110.9	95.1	110.6	172.0
湖　南	113.2	217.2	106.5	108.5	110.0	115.4	106.8	136.5
广　东	106.3	171.5	108.4	109.7	108.3	123.9	108.9	108.2
广　西	99.6	206.1	108.8	109.5	109.3	104.5	104.1	115.3
海　南	116.1	197.7	105.7	105.7	107.0	110.3	99.2	116.3
四　川	96.1	204.8	108.5	123.8	118.0	109.1	104.1	115.2
贵　州	90.4	203.9	105.0	120.0	120.5	124.0	106.4	103.6
云　南	122.8	213.5	107.7	113.4	140.5	125.6	110.3	100.0
西　藏								
陕　西	141.4	201.3	107.3	103.1	110.5	148.5	104.1	177.4
甘　肃	105.9	206.1	106.7	107.8	112.6	115.5	106.0	101.8
青　海	10.7	231.6	105.1	113.9	107.1	122.6	104.3	106.1
宁　夏	118.8	221.3	106.1	103.6	113.5	122.0	105.1	100.0
新　疆	104.6	170.0	110.9	109.5	142.5	158.6	114.5	106.4

1997年全国及各地区农村居民消费价格分类指数(一)

(以上年价格为100)

	总指数	一、食品类	1.粮　食	①细　粮	②粗　粮	2.淀粉及薯类
全国平均	102.5	99.7	89.8	89.5	94.2	94.7
北　京						
天　津						
河　北	103.4	100.3	90.5	90.3	91.9	91.2
山　西	103.0	99.8	94.4	95.1	90.7	88.7
内蒙古	104.3	99.5	88.1	88.3	87.4	92.4
辽　宁	102.1	99.4	89.8	90.3	86.1	94.8
吉　林	103.7	102.3	94.7	94.9	94.0	104.7
黑龙江	103.8	102.4	98.8	95.3	113.0	99.2
上　海						
江　苏	102.0	99.4	80.2	79.8	95.5	97.2
浙　江	102.1	98.5	85.9	85.8	100.0	93.7
安　徽	100.7	97.8	89.2	89.1	91.2	91.9
福　建	101.3	98.7	85.1	85.1		99.4
江　西	101.2	96.4	89.7	89.7		91.8
山　东	102.4	100.1	86.5	86.8	83.7	88.0
河　南	103.9	101.5	87.2	86.8	91.3	89.0
湖　北	103.6	102.1	90.7	90.8	90.4	94.7
湖　南	102.5	98.8	93.0	92.1	108.6	96.1
广　东	101.5	98.7	89.9	89.8	93.6	98.2
广　西	100.8	98.5	90.2	90.1	106.4	96.7
海　南	100.3	96.5	90.5	90.3	101.3	102.7
四　川	105.0	102.6	92.4	92.3	92.9	104.5
贵　州	103.4	100.1	90.3	90.0	97.5	101.1
云　南	103.9	103.2	93.4	94.7	85.0	105.3
西　藏						
陕　西	104.0	100.7	87.8	87.6	90.1	90.5
甘　肃	102.9	99.0	94.4	94.5	93.6	94.3
青　海	104.2	101.2	100.1	100.0	103.3	105.0
宁　夏	103.5	100.4	100.1	100.7	85.9	100.5
新　疆	103.9	100.3	106.6	106.9	98.3	95.8

1997年全国及各地区农村居民消费价格分类指数(二)

(以上年价格为100)

	3.干豆类及豆制品	4.油脂类	5.肉禽及其制品	6.蛋　类	7.水产品	8.菜　类
全国平均	106.0	102.0	105.5	80.3	100.6	99.7
北　　京						
天　　津						
河　　北	111.5	104.8	115.0	77.9	106.9	99.7
山　　西	111.1	100.6	111.8	75.6	103.9	102.3
内 蒙 古	105.5	95.9	102.3	81.4	110.8	108.9
辽　　宁	107.1	102.7	111.0	76.5	105.7	99.8
吉　　林	110.4	98.5	110.0	82.9	108.8	108.4
黑 龙 江	108.6	98.2	109.8	87.2	110.7	105.4
上　　海						
江　　苏	106.2	102.6	106.5	78.7	102.8	95.9
浙　　江	102.3	99.7	101.5	77.9	100.8	99.5
安　　徽	103.8	101.2	105.7	80.0	101.5	90.9
福　　建	107.2	104.0	101.8	83.4	100.0	111.6
江　　西	102.0	98.8	100.1	79.6	96.8	97.4
山　　东	107.8	104.4	114.4	75.8	107.6	93.2
河　　南	106.5	105.0	115.3	79.9	105.2	87.5
湖　　北	107.6	103.4	110.5	88.1	102.8	97.6
湖　　南	101.7	98.2	101.3	84.4	98.6	93.2
广　　东	104.0	103.9	99.4	85.5	92.4	109.0
广　　西	108.5	100.8	99.4	80.8	91.1	98.8
海　　南	108.5	98.9	93.6	94.7	98.0	94.9
四　　川	111.8	103.4	111.6	91.3	101.2	98.0
贵　　州	103.3	100.5	103.0	91.1	98.0	99.0
云　　南	107.9	99.6	104.1	89.0	102.9	113.4
西　　藏						
陕　　西	107.0	100.3	108.4	78.6	104.4	105.8
甘　　肃	108.3	94.5	101.6	84.6	101.9	102.6
青　　海	118.0	98.1	96.7	82.2	106.9	105.1
宁　　夏	107.7	93.5	99.5	78.7	102.5	103.7
新　　疆	121.9	109.0	95.3	85.4	99.1	96.0

1997年全国及各地区农村居民消费价格分类指数(三)

(以上年价格为100)

	①鲜菜	②干菜	③菜制品	9. 调味品	10. 糖类	①食糖
全国平均	100.0	95.9	102.5	103.0	99.7	97.5
北京						
天津						
河北	99.5	101.0	101.7	104.2	102.3	96.4
山西	103.1	96.8	104.0	108.8	99.1	95.1
内蒙古	110.4	100.0	97.4	102.7	100.1	95.7
辽宁	98.2	107.0	105.1	103.2	101.5	97.8
吉林	108.1	101.9	124.9	108.4	101.0	97.6
黑龙江	105.5	103.5	105.4	102.1	99.8	99.0
上海						
江苏	94.7	101.3	103.1	102.3	97.6	96.5
浙江	98.6	101.6	105.3	102.3	99.0	97.4
安徽	89.9	98.9	94.7	105.0	100.7	99.6
福建	113.7	105.7	99.8	103.1	97.5	95.9
江西	98.8	89.8	98.4	101.7	97.3	93.1
山东	93.0	88.0	102.4	107.2	101.3	98.1
河南	86.3	92.4	106.5	101.3	99.6	98.8
湖北	97.0	97.4	105.4	103.0	102.0	97.6
湖南	94.6	84.5	109.2	101.9	99.6	99.8
广东	111.2	100.5	100.2	102.1	98.2	96.8
广西	99.4	97.7	96.1	104.5	100.5	99.6
海南	94.0	93.9	107.7	105.3	97.7	96.8
四川	101.4	88.1	97.8	100.7	99.4	97.9
贵州	105.7	73.5	98.6	103.1	100.3	94.0
云南	118.6	92.1	107.2	104.0	100.3	98.7
西藏						
陕西	107.7	89.9	106.8	103.6	100.7	96.5
甘肃	103.3	94.1	104.4	105.6	96.7	95.7
青海	108.2	96.0	103.0	103.0	102.1	96.4
宁夏	104.3	99.3	105.2	102.8	101.7	97.4
新疆	95.6	99.9	101.5	112.4	99.6	95.3

1997年全国及各地区农村居民消费价格分类指数(四)

(以上年价格为100)

	②糖　果	11.烟草类	12.酒和饮料	13.干鲜瓜果	①鲜　果	②干　果
全国平均	102.9	99.9	101.9	94.2	91.0	106.2
北　京						
天　津						
河　北	107.2	103.8	101.7	95.4	93.6	107.4
山　西	104.5	100.4	100.5	102.9	99.6	122.3
内蒙古	106.6	103.7	102.8	96.7	93.3	109.3
辽　宁	105.8	100.3	101.9	96.9	91.7	117.0
吉　林	104.8	103.0	103.3	97.3	95.1	113.3
黑龙江	100.6	99.0	101.6	97.9	94.5	114.8
上　海						
江　苏	99.6	96.4	100.5	93.0	90.1	106.3
浙　江	102.1	95.3	103.0	94.0	88.6	104.1
安　徽	101.5	97.4	98.9	90.6	85.6	105.5
福　建	101.9	105.3	102.1	91.1	88.8	105.0
江　西	101.6	95.4	100.0	91.0	88.2	96.6
山　东	104.7	105.5	101.3	92.3	89.3	109.3
河　南	102.5	100.9	99.8	90.1	87.1	107.4
湖　北	111.3	99.2	105.4	92.9	90.8	100.3
湖　南	99.5	99.9	102.2	88.9	86.1	103.6
广　东	99.8	100.6	102.1	94.7	92.9	100.6
广　西	101.7	103.5	100.1	91.7	90.1	100.0
海　南	98.9	97.7	103.3	104.5	105.0	100.5
四　川	102.8	99.0	104.8	98.1	93.2	108.6
贵　州	105.9	93.6	103.7	99.7	93.1	110.5
云　南	103.4	105.1	106.3	102.2	100.0	107.9
西　藏						
陕　西	105.1	106.7	104.6	103.0	99.1	117.5
甘　肃	98.3	99.2	100.8	95.6	93.6	105.4
青　海	105.2	102.9	103.1	97.8	92.8	105.0
宁　夏	114.5	108.9	100.7	95.3	91.5	108.9
新　疆	102.2	100.5	101.5	88.7	84.1	102.5

1997年全国及各地区农村居民消费价格分类指数(五)

(以上年价格为100)

	14. 糕　点	15. 奶及奶制品	16. 其他食品	17. 饮食业	①主　食	②炒　菜
全国平均	103.9	102.3	103.2	104.6	103.2	105.3
北　京						
天　津						
河　北	102.1	101.1	104.7	103.3	102.1	103.6
山　西	104.7	102.9	101.3	107.0	105.5	107.9
内蒙古	99.4	99.3	100.9	105.1	103.1	107.0
辽　宁	102.6	102.9	101.3	101.6	99.1	104.0
吉　林	107.1	108.6	106.5	103.8	104.4	103.8
黑龙江	104.2	102.9	105.8	106.2	101.7	108.5
上　海						
江　苏	105.7	100.6	103.3	102.5	102.4	102.5
浙　江	101.5	103.0	105.3	104.3	103.3	104.5
安　徽	104.3	102.2	100.1	104.9	100.5	106.6
福　建	101.4	106.9	108.4	100.4	102.6	98.7
江　西	101.7	100.7	104.6	104.0	104.1	103.4
山　东	104.8	104.9	102.4	102.1	99.6	105.6
河　南	104.6	102.3	103.2	105.2	101.4	110.2
湖　北	106.2	98.2	103.0	108.6	106.6	109.6
湖　南	105.5	111.7	103.3	105.2	102.3	108.0
广　东	101.4	100.5	101.0	102.6	101.9	101.7
广　西	101.7	105.2	100.2	106.1	105.5	106.0
海　南	102.5	93.0	98.6	101.8	102.8	100.0
四　川	104.0	93.3	105.9	107.7	108.8	107.1
贵　州	112.7	103.2	100.1	107.8	107.1	107.2
云　南	106.5	101.6	106.8	107.6	105.2	109.6
西　藏						
陕　西	106.0	104.8	99.5	105.9	104.2	107.2
甘　肃	105.0	99.4	105.6	105.4	105.6	107.0
青　海	104.6	104.8	106.7	104.2	104.8	105.8
宁　夏	101.6	105.7	103.6	102.3	101.1	104.6
新　疆	104.5	104.6	99.5	108.3	106.5	108.8

1997年全国及各地区农村居民消费价格分类指数(六)

(以上年价格为100)

	③地方小吃	二、衣着	1.服装	2.衣着材料	①棉布	②棉花化纤混纺布
全国平均	105.9	102.8	102.9	101.4	103.2	101.9
北京						
天津						
河北	106.5	106.1	106.3	105.2	106.0	110.0
山西	108.1	104.1	105.8	99.9	102.4	107.5
内蒙古	101.6	103.7	104.7	100.5	101.1	100.9
辽宁	101.5	101.5	100.6	99.7	101.2	100.0
吉林	103.0	101.9	102.2	101.3	100.7	105.8
黑龙江	105.9	102.3	102.9	100.9	104.6	100.0
上海						
江苏	103.1	102.8	104.6	100.9	102.7	102.0
浙江	105.5	102.9	103.2	101.6	102.1	100.7
安徽	105.6	99.3	98.0	99.8	103.6	101.5
福建	100.8	99.8	100.1	98.9	99.7	98.0
江西	104.9	102.6	102.9	101.6	100.7	105.0
山东	104.2	101.9	102.4	99.7	101.6	98.4
河南	106.5	104.7	106.9	101.2	103.5	101.5
湖北	112.0	104.6	104.1	104.3	104.0	104.7
湖南	107.1	102.4	100.8	99.7	101.6	95.6
广东	106.5	102.2	102.4	100.9	106.3	104.5
广西	107.2	100.3	98.8	103.9	109.4	102.6
海南	105.8	97.9	94.8	101.7	100.4	110.8
四川	106.1	103.9	104.3	102.0	102.9	104.3
贵州	126.6	102.0	103.1	101.0	108.1	103.4
云南	105.4	102.9	102.1	102.2	104.5	98.5
西藏						
陕西	106.1	102.5	103.6	100.6	106.0	104.1
甘肃	104.4	104.2	103.8	104.4	100.9	103.4
青海	100.9	103.5	105.0	102.9	104.7	100.0
宁夏	103.0	108.5	107.3	109.0	101.0	103.4
新疆	110.0	104.3	104.6	102.9	103.9	106.7

1997年全国及各地区农村居民消费价格分类指数(七)

(以上年价格为100)

	③ 化纤布	④ 呢 绒	⑤ 绸 缎	⑥ 毛 线	3. 鞋袜帽及其他	① 鞋 类
全国平均	100.8	101.8	100.9	100.6	104.0	104.0
北 京						
天 津						
河 北	105.3	105.5	104.6	102.5	106.8	107.7
山 西	96.9	100.7	103.5	99.1	103.0	103.0
内 蒙 古	100.0	101.3	103.4	99.3	104.9	103.9
辽 宁	97.0	99.5	103.7	101.4	104.3	105.2
吉 林	100.5	102.0	98.9	100.3	101.9	101.5
黑 龙 江	100.7	100.9	97.8	99.4	102.8	102.9
上 海						
江 苏	98.4	101.8	100.7	102.5	102.3	102.1
浙 江	102.6	102.9	101.9	98.8	103.4	103.4
安 徽	97.4	100.2	98.9	100.1	101.4	101.1
福 建	100.0	99.0	97.0	97.8	99.7	99.1
江 西	99.3	107.5	99.4	99.2	103.1	104.5
山 东	98.9	100.0	100.8	100.1	103.5	103.5
河 南	100.5	101.5	100.2	100.7	105.9	106.0
湖 北	107.3	100.6	99.6	100.8	105.7	105.7
湖 南	102.3	103.8	100.8	99.3	105.9	105.7
广 东	97.8	99.4	100.2	100.3	102.7	102.1
广 西	103.3	101.4	97.4	104.4	101.1	100.9
海 南	100.0			93.4	105.6	105.5
四 川	101.9	100.8	101.4	98.8	106.8	107.5
贵 州	98.3	102.3	97.5	102.7	100.5	100.6
云 南	100.1	99.9	101.5	105.8	104.8	104.5
西 藏						
陕 西	99.4	101.9	101.8	97.5	102.0	102.4
甘 肃	108.5	100.4	102.3	99.9	104.8	105.2
青 海	101.0	102.6	100.2	105.6	101.1	100.9
宁 夏	115.9	105.9	100.7	101.0	110.2	111.6
新 疆	100.0	105.9	101.8	100.2	105.8	106.4

1997年全国及各地区农村居民消费价格分类指数(八)

(以上年价格为100)

	②袜子	③帽子	④其他衣着	三、家庭设备及用品	1.耐用消费品	①家具
全国平均	102.2	103.9	104.8	101.5	99.8	100.8
北京						
天津						
河北	100.5	102.3	105.8	102.3	101.0	102.6
山西	99.4	101.3	106.0	101.8	100.9	102.3
内蒙古	104.5	112.3	107.3	102.2	100.2	102.9
辽宁	94.9	104.1	106.1	100.8	99.4	99.0
吉林	100.5	95.3	108.0	101.9	101.4	104.2
黑龙江	103.6	102.0	102.3	102.3	102.1	101.5
上海						
江苏	102.3	100.5	103.9	101.0	99.3	97.6
浙江	101.9	104.5	104.9	101.1	99.2	99.5
安徽	104.2	101.9	100.8	99.9	98.2	100.3
福建	102.6	103.8	103.2	100.5	98.3	99.5
江西	99.5	111.5	100.5	100.9	99.2	102.7
山东	100.6	98.6	105.0	101.1	100.0	101.0
河南	104.8	106.6	106.3	101.3	99.8	101.5
湖北	105.9	99.3	106.2	101.8	99.7	101.2
湖南	103.0	106.5	108.0	103.9	101.3	101.4
广东	100.4	102.9	106.1	100.9	99.6	100.0
广西	99.6	99.6	103.7	100.1	98.9	99.2
海南	112.3	97.9	103.3	103.2	100.3	100.6
四川	106.8	107.9	103.5	102.8	101.1	104.9
贵州	96.9	105.2	102.6	100.8	99.0	101.9
云南	106.9	103.5	105.7	103.0	100.9	102.6
西藏						
陕西	97.2	98.1	103.4	100.8	99.0	100.9
甘肃	103.5	103.0	103.8	101.7	99.6	101.0
青海	101.5	99.6	102.5	101.8	99.8	100.6
宁夏	102.8	108.4	106.3	101.7	98.9	98.6
新疆	106.5	99.5	103.5	101.9	100.9	102.3

1997年全国及各地区农村居民消费价格分类指数(九)

(以上年价格为100)

	②家庭设备	2. 室内装饰品	3. 床上用品	4. 家庭日用杂品	5. 其他日用品	四、医疗保健用品
全国平均	99.3	101.5	102.1	103.4	102.5	104.8
北京						
天津						
河北	99.9	104.3	104.3	103.2	103.8	102.1
山西	99.8	98.8	103.8	103.4	102.4	104.4
内蒙古	98.4	104.6	103.8	103.3	101.8	106.5
辽宁	99.6	103.9	101.7	102.5	101.1	104.1
吉林	99.7	99.7	100.3	103.9	104.2	101.8
黑龙江	102.3	102.1	101.5	102.0	103.9	103.9
上海						
江苏	100.1	101.1	104.7	103.3	101.1	103.8
浙江	99.1	100.2	101.9	103.8	101.0	106.1
安徽	97.3	99.7	101.0	103.1	100.1	103.3
福建	97.7	101.4	101.8	103.4	100.9	105.0
江西	98.1	98.0	103.4	101.4	105.0	108.3
山东	99.2	99.4	102.1	103.1	102.3	103.1
河南	98.6	100.9	102.7	102.8	103.4	101.2
湖北	99.0	102.1	103.4	103.2	102.7	106.3
湖南	101.2	114.6	100.9	104.5	107.9	107.9
广东	99.3	98.1	101.6	103.0	101.7	106.6
广西	98.7	99.8	99.7	102.2	101.3	106.4
海南	100.1	99.3	109.5	105.4	103.3	99.8
四川	99.3	102.2	100.8	104.6	106.7	104.5
贵州	97.4	99.2	97.4	103.8	104.1	105.5
云南	99.3	104.7	105.1	103.9	104.5	104.6
西藏						
陕西	98.0	100.8	99.4	101.9	103.4	105.8
甘肃	98.2	106.8	101.4	102.0	103.7	103.8
青海	99.3	99.7	100.4	105.4	104.4	105.9
宁夏	99.2	100.7	104.9	103.7	102.6	104.1
新疆	100.3	102.5	102.4	103.6	101.3	105.3

1997年全国及各地区农村居民消费价格分类指数(十)

(以上年价格为100)

	1. 医疗器具及保健用品	2. 中药材及中成药	3. 西药	五、交通和通讯工具	1. 交通工具	2. 通讯工具
全国平均	104.2	108.8	101.8	97.7	97.8	97.2
北京						
天津						
河北	103.8	106.2	99.1	98.0	98.0	97.7
山西	106.4	109.0	100.7	96.7	96.6	97.3
内蒙古	102.7	106.1	107.1	96.6	95.1	101.9
辽宁	103.7	108.3	101.5	98.3	98.6	96.9
吉林	101.2	105.8	99.1	96.9	96.2	98.4
黑龙江	104.9	105.7	102.2	99.0	99.3	97.5
上海						
江苏	104.4	105.5	102.3	97.3	97.2	97.9
浙江	105.8	110.3	102.7	97.2	97.7	95.5
安徽	104.0	106.5	100.3	97.0	97.0	97.2
福建	104.8	110.5	100.5	95.8	97.6	90.6
江西	102.1	112.4	107.1	97.9	97.4	99.2
山东	105.9	107.1	100.6	97.3	97.5	96.8
河南	103.3	104.7	99.3	98.2	98.2	97.6
湖北	103.5	107.0	106.1	99.0	97.8	101.8
湖南	102.0	118.0	98.5	100.6	100.9	99.3
广东	104.4	106.8	106.7	97.3	96.9	98.2
广西	102.5	106.9	106.5	96.9	98.0	93.3
海南	100.4	103.1	96.9	95.6	100.8	83.4
四川	104.9	109.5	100.2	100.3	100.4	99.6
贵州	115.9	109.8	103.1	98.6	97.9	100.8
云南	102.3	108.2	103.2	97.1	97.1	97.1
西藏						
陕西	106.2	107.5	104.4	96.0	97.1	92.1
甘肃	102.7	107.8	100.6	96.3	96.4	95.2
青海	101.8	108.4	103.4	98.0	97.4	100.2
宁夏	101.1	111.0	100.0	95.9	95.9	95.1
新疆	103.3	110.7	103.3	100.2	99.6	101.4

1997年全国及各地区农村居民消费价格分类指数(十一)

(以上年价格为100)

	六、娱乐教育文化用品	1. 文娱用耐用消费品	2. 教材及参考书	3. 文化娱乐用品	①文娱用品	② 报纸杂志
全国平均	101.3	94.2	115.7	105.6	103.7	108.3
北京						
天津						
河北	102.1	97.2	110.8	110.7	106.2	116.6
山西	105.4	93.2	142.0	107.3	102.4	112.6
内蒙古	100.9	93.5	115.2	106.6	105.3	108.1
辽宁	101.4	95.0	121.1	104.0	104.6	103.1
吉林	102.3	95.9	113.0	106.9	107.2	106.4
黑龙江	102.9	95.7	127.6	104.7	105.1	104.1
上海						
江苏	99.4	96.6	109.4	103.0	101.7	105.9
浙江	99.7	96.8	110.2	99.1	102.5	94.0
安徽	99.5	93.3	111.7	102.9	102.4	103.5
福建	97.1	93.1	108.0	104.7	107.4	100.0
江西	99.2	90.9	110.0	103.8	103.2	104.4
山东	103.7	94.6	117.5	106.0	101.7	111.4
河南	96.7	89.8	115.0	103.6	103.5	103.8
湖北	98.6	93.4	108.1	102.9	101.9	104.0
湖南	102.6	90.7	119.7	109.1	113.0	100.1
广东	102.7	93.3	118.1	106.5	102.1	112.4
广西	102.1	90.6	117.7	108.1	98.4	119.4
海南	106.3	99.8	122.2	108.9	106.8	116.5
四川	101.9	95.3	109.6	106.1	108.6	100.0
贵州	98.1	91.4	110.4	104.9	106.7	103.0
云南	102.5	93.6	122.5	106.6	104.5	109.7
西藏						
陕西	104.6	90.9	122.4	106.7	102.7	110.8
甘肃	103.0	96.9	117.8	105.8	106.7	104.1
青海	110.6	96.5	116.8	119.2	104.1	130.2
宁夏	102.8	93.8	122.7	104.8	106.8	100.0
新疆	109.5	97.1	144.5	115.8	102.7	131.6

1997年全国及各地区农村居民消费价格分类指数(十二)

(以上年价格为100)

	七、居　住	1. 住　房	①建筑材料	②房　租	2.水、电、燃料	八、服务项目
全国平均	104.7	100.7	98.0	116.0	110.1	116.4
北　京						
天　津						
河　北	106.2	102.2	99.7	112.8	109.9	119.7
山　西	109.8	100.2	98.2	106.3	116.5	117.7
内蒙古	106.6	99.5	99.3	100.3	114.1	128.7
辽　宁	108.2	104.0	98.5	138.4	110.6	113.1
吉　林	108.5	105.4	99.3	118.5	110.7	120.2
黑龙江	107.1	101.6	98.6	113.5	111.8	114.8
上　海						
江　苏	100.7	98.6	96.1	118.8	109.7	116.7
浙　江	103.6	99.1	98.3	106.6	114.1	118.2
安　徽	105.0	102.4	97.8	109.8	108.3	116.2
福　建	107.9	102.7	96.4	142.4	113.3	117.3
江　西	102.4	99.8	97.7	109.9	105.7	125.3
山　东	106.8	103.6	97.7	123.5	109.5	114.2
河　南	102.4	99.0	98.1	113.6	113.3	124.3
湖　北	105.9	101.6	99.6	113.3	110.9	110.4
湖　南	101.8	99.4	98.0	113.1	104.4	111.7
广　东	102.8	99.3	97.5	109.3	106.0	114.8
广　西	102.1	99.5	96.5	112.3	105.6	108.1
海　南	119.4	132.0	97.4	177.9	113.9	111.8
四　川	107.3	104.5	98.3	123.2	112.4	117.8
贵　州	110.3	99.7	101.1	96.8	115.1	121.6
云　南	106.0	99.5	97.3	111.0	118.1	109.9
西　藏						
陕　西	109.7	103.2	99.1	113.6	116.3	121.3
甘　肃	106.6	101.9	100.2	109.1	111.3	114.7
青　海	106.2	103.4	101.1	111.3	108.2	115.4
宁　夏	105.5	100.2	98.0	113.4	117.4	110.7
新　疆	106.8	103.7	103.4	104.3	109.7	114.7

1997年全国及各地区农村居民消费价格分类指数(十三)

(以上年价格为100)

	1. 电讯费	2. 邮　费	3. 交通费	4. 洗　理美容费	5. 文娱费	6. 学　杂保育费	7. 修　理及其他服务费	8. 医疗保健服务
全国平均	113.4	204.7	107.4	111.0	114.1	116.2	107.9	123.6
北　京								
天　津								
河　北	109.4	195.2	113.1	121.3	113.0	119.8	112.9	128.2
山　西	119.8	195.0	105.5	110.5	111.4	114.6	111.2	133.2
内蒙古	106.4	201.8	115.6	110.7	103.1	156.9	104.4	103.6
辽　宁	115.0	198.1	104.1	106.7	99.9	112.7	103.0	110.0
吉　林	128.2	196.0	101.0	108.3	104.2	119.2	109.3	124.7
黑龙江	109.1	219.6	102.7	110.1	104.3	131.5	105.3	105.9
上　海								
江　苏	106.5	208.1	108.1	110.8	114.2	118.4	109.9	121.8
浙　江	105.5	197.9	103.7	110.3	121.4	111.7	103.6	182.8
安　徽	116.4	196.6	104.2	109.7	116.6	119.2	104.7	115.4
福　建	138.6	201.1	105.3	114.2	128.2	116.5	104.3	105.6
江　西	111.3	206.4	105.4	109.1	106.7	138.6	111.1	104.2
山　东	104.0	194.3	106.3	108.6	111.3	112.7	106.7	123.3
河　南	106.3	211.6	108.7	108.1	109.1	129.4	105.5	132.9
湖　北	112.0	195.0	106.0	110.7	110.8	106.4	106.4	147.7
湖　南	111.5	214.1	105.3	104.8	106.6	111.3	111.7	133.3
广　东	116.0	189.1	109.5	108.9	114.3	114.6	108.8	112.8
广　西	101.9	201.1	101.8	121.7	108.6	106.6	105.3	113.4
海　南	125.2	177.0	103.7	100.0	116.3	103.9	103.2	128.9
四　川	95.4	212.9	119.1	114.0	115.6	111.7	113.3	113.3
贵　州	106.0	213.2	110.0	110.7	106.5	133.1	109.5	117.7
云　南	119.6	209.3	103.7	115.4	122.6	107.0	109.7	102.9
西　藏								
陕　西	138.0	203.0	105.1	116.6	108.7	122.2	110.3	137.0
甘　肃	106.0	209.3	101.4	108.1	121.1	119.6	112.6	103.8
青　海	141.3	209.4	106.3	108.5	104.0	124.7	105.4	101.2
宁　夏	112.0	227.5	103.2	111.5	109.7	117.2	104.6	101.7
新　疆	105.4	204.2	118.8	111.6	119.7	108.3	105.9	109.5

1997年36个大中城市居民消费价格分类指数(一)

(以上年价格为100)

	总指数	一、食品类	1. 粮　食	①细　粮	②粗　粮	2. 淀粉及薯类
平均指数	103.4	100.4	93.8	93.9	91.7	97.6
北　　京	105.3	102.2	96.8	96.9	94.6	94.4
天　　津	103.1	102.1	93.4	93.6	87.0	96.2
石 家 庄	103.8	100.5	89.6	89.8	84.9	92.8
太　　原	102.4	100.4	100.9	101.2	96.4	93.9
呼和浩特	105.1	99.4	93.4	93.4	93.8	93.6
沈　　阳	105.1	100.9	94.4	94.4	93.5	99.7
大　　连	103.7	101.0	94.8	97.3	71.3	101.1
长　　春	104.2	101.4	95.2	95.1	97.0	104.4
哈 尔 滨	104.5	100.0	95.4	95.3	96.5	108.7
上　　海	102.8	99.3	84.6	84.6		94.4
南　　京	99.7	97.2	81.6	81.3	95.9	91.8
杭　　州	106.7	101.6	90.3	90.0	123.3	93.6
宁　　波	103.9	102.1	91.3	91.2	100.0	105.2
合　　肥	102.6	97.3	86.2	86.2		86.6
福　　州	102.7	100.2	87.0	87.0		98.0
厦　　门	102.9	96.3	87.0	87.0		93.6
南　　昌	103.9	97.5	94.2	94.2		96.0
济　　南	102.9	101.8	92.3	92.5	87.8	91.1
青　　岛	104.0	101.2	91.9	92.4	82.0	90.6
郑　　州	103.1	99.7	97.8	98.0	90.8	91.3
武　　汉	103.1	99.6	94.6	94.6		95.3
长　　沙	103.5	100.1	92.8	92.7	107.8	97.6
广　　州	102.2	100.5	99.0	99.0		98.7
深　　圳	103.3	100.2	98.1	98.2	96.9	98.0
南　　宁	100.2	98.1	95.8	95.8		92.8
海　　口	101.3	96.3	90.9	90.9		105.3
重　　庆	103.1	102.6	100.9	101.2	91.8	104.7
成　　都	105.7	104.1	103.9	103.6	114.0	105.6
贵　　阳	102.5	100.7	95.2	95.2	95.2	96.6
昆　　明	104.9	101.4	87.2	87.1	100.2	106.5
拉　　萨	103.1	103.2	95.2	95.0	102.2	112.2
西　　安	106.0	100.8	99.9	100.1	85.1	93.9
兰　　州	103.5	101.1	94.9	94.9	92.9	100.4
西　　宁	105.1	102.1	104.9	105.0	94.7	105.0
银　　川	104.1	100.8	100.4	100.4	94.7	98.7
乌鲁木齐	103.6	97.6	110.5	110.6	88.9	88.1

1997年36个大中城市居民消费价格分类指数(二)

(以上年价格为100)

	3.干豆类及豆制品	4.油脂类	5.肉禽及其制品	6.蛋类	7.水产品	8.菜类
平均指数	104.1	100.4	106.1	78.3	99.0	99.8
北京	104.0	100.7	107.0	76.7	109.7	96.0
天津	106.3	100.1	107.9	76.8	103.7	103.1
石家庄	106.0	98.7	107.0	73.2	107.0	100.8
太原	106.5	92.1	105.5	76.3	103.5	110.5
呼和浩特	116.0	102.7	98.4	76.9	105.9	108.8
沈阳	105.2	100.0	107.8	78.2	109.6	104.8
大连	102.0	100.6	107.7	75.5	107.9	99.3
长春	119.3	101.4	109.4	87.9	106.0	99.5
哈尔滨	105.7	96.5	106.3	80.3	111.4	101.6
上海	104.0	99.0	106.3	72.9	95.9	98.3
南京	112.1	99.6	104.6	77.4	97.3	93.4
杭州	107.5	98.3	99.3	75.3	107.9	105.3
宁波	102.7	96.9	106.0	81.3	106.9	115.7
合肥	96.7	102.5	106.6	75.2	100.6	92.7
福州	103.6	108.8	106.0	83.0	105.3	103.8
厦门	105.7	102.9	101.2	81.3	93.5	100.3
南昌	99.9	95.7	101.7	74.0	94.2	97.4
济南	107.3	110.8	115.5	73.7	118.7	90.5
青岛	110.3	103.8	111.7	75.3	104.7	93.2
郑州	102.2	100.0	110.6	74.4	106.7	89.7
武汉	101.1	101.1	110.8	77.5	96.3	93.1
长沙	101.7	102.6	103.2	77.1	98.0	100.2
广州	97.1	96.5	103.5	79.9	96.9	109.3
深圳	101.0	106.2	98.6	82.2	93.4	105.6
南宁	103.0	100.7	96.4	77.3	93.7	102.2
海口	102.1	94.9	94.6	94.0	89.8	102.5
重庆	102.7	102.5	109.9	94.4	100.7	95.2
成都	115.1	102.6	109.9	82.4	103.8	100.4
贵阳	104.1	98.9	104.6	87.7	100.2	96.0
昆明	99.9	99.2	103.0	81.5	102.5	109.9
拉萨	102.7	96.2	109.1	98.4	105.4	115.0
西安	105.9	99.6	102.9	74.8	103.3	99.9
兰州	105.6	99.0	106.7	77.6	96.9	108.3
西宁	102.6	99.5	103.5	76.8	103.6	105.3
银川	106.4	96.7	101.5	78.2	106.7	104.7
乌鲁木齐	107.5	101.0	99.6	79.6	107.7	87.4

1997年36个大中城市居民消费价格分类指数(三)

(以上年价格为100)

	①鲜　菜	②干　菜	③菜制品	9.调味品	10.糖　类	①食　糖
平均指数	99.7	99.5	104.3	104.1	101.7	99.7
北　京	95.0	103.2	114.0	105.5	100.7	97.9
天　津	103.2	102.4	100.0	102.0	100.3	100.4
石家庄	100.5	96.1	110.1	103.0	100.2	96.2
太　原	110.9	99.3	110.8	106.4	99.4	98.4
呼和浩特	109.2	102.1	102.7	97.3	99.8	96.9
沈　阳	104.5	106.6	112.4	102.5	106.4	99.6
大　连	98.8	108.0	105.2	102.2	100.7	100.4
长　春	98.8	109.1	106.9	100.0	102.6	103.8
哈尔滨	100.9	121.0	94.6	100.0	104.1	101.6
上　海	97.6	107.7	102.1	100.4	99.9	97.8
南　京	92.5	102.9	105.2	108.2	96.9	94.5
杭　州	103.7	112.5	126.2	103.1	98.0	97.6
宁　波	117.1	101.4	108.6	102.5	98.4	95.7
合　肥	92.1	102.0	100.6	102.9	96.9	97.5
福　州	104.6	99.4	98.5	109.8	97.3	96.4
厦　门	100.3	100.1	100.9	100.1	96.4	96.0
南　昌	96.6	97.9	115.2	103.9	105.3	96.4
济　南	90.1	99.3	98.8	109.9	123.1	104.4
青　岛	92.6	103.6	108.5	102.5	102.6	99.6
郑　州	89.0	93.6	102.1	99.4	99.1	98.2
武　汉	93.1	95.4	89.5	107.1	100.2	99.4
长　沙	101.2	79.1	104.3	98.8	98.2	98.7
广　州	110.4	102.3	95.4	105.3	102.5	98.8
深　圳	106.7	99.9	89.1	104.1	103.9	102.9
南　宁	100.9	105.3	115.2	104.2	103.4	112.3
海　口	102.6	100.7	103.5	103.8	103.4	101.7
重　庆	96.8	72.3	104.1	108.3	104.5	104.2
成　都	100.3	100.0	109.2	106.7	106.9	108.0
贵　阳	98.1	65.5	107.1	104.2	96.5	94.6
昆　明	110.5	91.3	111.1	102.8	102.4	98.6
拉　萨	115.5	100.7	109.8	104.0	96.9	100.0
西　安	99.5	109.8	104.4	104.3	100.7	99.9
兰　州	108.7	100.6	102.2	100.9	98.7	94.8
西　宁	105.5	99.0	100.9	105.4	101.6	101.1
银　川	104.6	107.4	101.4	101.4	103.6	96.4
乌鲁木齐	87.0	98.4	98.2	105.3	98.3	96.2

1997年36个大中城市居民消费价格分类指数(四)

(以上年价格为100)

	②糖　果	11.烟草类	12.酒和饮料	13.干鲜瓜果	①鲜　果	②干　果
平均指数	102.9	97.1	102.1	94.7	92.3	105.7
北　京	101.7	113.3	100.6	98.2	94.0	112.9
天　津	100.1	107.2	99.6	99.9	97.3	109.7
石家庄	101.6	100.8	108.6	93.1	90.0	109.9
太　原	100.2	92.3	98.3	96.4	94.6	107.0
呼和浩特	101.3	96.8	108.3	93.1	87.2	110.4
沈　阳	108.1	99.3	100.0	97.2	94.2	109.8
大　连	100.8	100.1	101.0	95.6	94.8	116.3
长　春	101.4	100.7	105.9	93.4	90.2	113.4
哈尔滨	106.1	101.0	99.6	94.8	92.4	111.1
上　海	101.1	86.5	99.1	92.5	90.8	99.2
南　京	99.9	91.8	104.2	90.2	87.7	106.0
杭　州	98.2	93.4	103.5	100.2	100.4	99.6
宁　波	100.9	93.3	99.3	89.2	88.5	92.2
合　肥	96.6	93.5	104.1	90.9	85.7	106.5
福　州	100.7	100.8	106.7	90.7	90.3	97.0
厦　门	97.2	92.3	99.3	89.9	88.8	105.6
南　昌	111.2	89.1	100.8	91.0	88.6	97.6
济　南	134.7	100.7	105.7	90.9	89.8	103.5
青　岛	103.2	104.7	100.5	97.2	93.4	110.6
郑　州	99.6	98.4	104.1	93.1	87.3	116.1
武　汉	101.0	101.0	100.8	89.4	85.7	100.7
长　沙	98.0	100.1	103.8	92.6	90.0	111.4
广　州	104.8	96.8	102.4	91.4	87.5	115.4
深　圳	104.1	103.4	110.0	93.1	92.5	97.1
南　宁	97.0	105.7	101.8	98.9	98.3	102.0
海　口	104.6	88.6	97.3	98.3	98.2	98.6
重　庆	104.7	94.2	105.4	98.8	96.2	114.4
成　都	106.3	96.6	102.7	96.4	93.7	110.1
贵　阳	97.6	99.6	100.1	94.7	90.9	108.8
昆　明	105.5	91.7	102.6	96.0	95.7	98.9
拉　萨	95.4	81.4	100.3	129.7	129.9	128.4
西　安	101.1	105.3	99.5	99.6	96.9	109.9
兰　州	100.7	96.0	106.5	97.8	94.8	106.8
西　宁	101.8	93.9	105.1	98.4	96.7	109.4
银　川	108.9	95.4	103.8	95.8	93.9	101.9
乌鲁木齐	100.1	98.7	115.4	89.5	85.7	104.8

1997年36个大中城市居民消费价格分类指数(五)

(以上年价格为100)

	14.糕　点	15.奶及奶制品	16.其他食品	17.饮食业	①主　食	②炒　菜
平均指数	103.4	106.6	104.3	104.8	108.6	103.1
北　京	104.5	117.7	100.5	102.9	106.5	101.4
天　津	101.2	108.9	103.3	110.0	114.1	102.4
石家庄	104.8	103.9	105.1	105.4	106.8	102.5
太　原	93.8	99.6	98.5	105.1	100.9	104.9
呼和浩特	98.1	99.4	101.6	111.8	113.7	112.2
沈　阳	103.1	100.4	113.3	101.4	101.1	101.4
大　连	112.1	106.8	108.3	99.0	102.2	95.7
长　春	100.3	103.3	100.7	103.0	102.1	104.5
哈尔滨	97.1	102.8	108.3	103.6	105.3	103.3
上　海	102.1	111.7	103.3	109.6	116.2	106.9
南　京	105.5	100.3	104.0	106.7	109.3	104.5
杭　州	98.5	99.2	103.3	113.7	106.7	111.8
宁　波	103.6	99.6	98.3	104.5	100.4	106.7
合　肥	103.2	100.3	103.2	100.5	99.9	100.5
福　州	100.0	100.7	100.6	100.6	100.5	101.0
厦　门	106.4	99.2	98.0	97.4	103.6	90.8
南　昌	105.7	98.5	102.0	103.0	105.8	101.9
济　南	113.7	100.1	106.6	104.2	107.8	100.2
青　岛	108.4	100.8	109.5	104.9	108.4	102.3
郑　州	110.3	103.7	104.9	105.3	107.0	100.2
武　汉	100.5	97.0	98.4	101.8	100.2	100.6
长　沙	104.0	99.0	114.5	106.1	107.8	106.6
广　州	101.6	101.8	112.8	100.3	105.4	99.0
深　圳	104.7	107.2	105.8	103.0	99.1	103.5
南　宁	102.1	112.4	100.0	102.7	100.6	103.5
海　口	100.8	102.3	94.6	109.3	112.8	110.5
重　庆	102.1	99.1	98.7	102.8	114.2	97.0
成　都	110.1	104.1	104.6	109.5	116.7	106.1
贵　阳	103.7	109.3	101.7	110.7	102.0	117.3
昆　明	100.0	120.0	101.6	109.8	100.1	118.8
拉　萨	100.0	99.0	102.0	101.5	100.0	104.3
西　安	101.7	100.2	103.3	106.4	103.1	110.1
兰　州	107.1	100.6	102.0	102.1	102.9	103.1
西　宁	103.5	106.5	97.9	102.5	101.3	104.5
银　川	114.0	110.6	105.7	100.9	98.2	104.1
乌鲁木齐	101.3	100.1	101.7	98.7	105.4	84.8

1997年36个大中城市居民消费价格分类指数(六)

(以上年价格为100)

	③地方小吃	二、衣　着	1. 服　装	2. 衣着材料	①棉　布	②棉花化纤混纺布
平均指数	103.8	102.7	102.7	101.0	100.7	100.3
北　京	103.9	102.9	102.6	101.3	100.6	104.8
天　津	107.8	99.2	98.2	97.8	100.9	99.4
石家庄	100.0	104.1	102.0	100.5	100.0	104.6
太　原	112.5	102.3	107.4	101.2	106.6	105.4
呼和浩特	104.4	114.6	111.3	102.9	104.3	101.2
沈　阳	101.9	107.1	109.0	98.3	102.1	95.7
大　连	99.8	102.8	101.7	103.2	101.4	97.2
长　春	100.0	103.0	99.3	97.7	92.2	100.7
哈尔滨	101.4	104.9	103.7	104.6	107.2	102.4
上　海	101.4	101.0	101.3	98.8	102.4	84.2
南　京	109.0	98.5	99.8	100.9	101.1	94.5
杭　州	116.4	107.3	104.2	110.4	106.8	104.8
宁　波	109.3	109.8	109.8	106.4	86.1	110.0
合　肥	103.4	104.4	106.0	102.2	105.7	108.0
福　州	99.6	106.9	106.2	103.2	99.2	104.1
厦　门	100.0	102.3	103.2	101.0	96.2	106.7
南　昌	100.0	105.6	105.6	101.4	100.0	100.0
济　南	111.2	103.2	105.1	101.2	104.5	98.1
青　岛	96.2	102.3	104.6	100.4	101.9	103.5
郑　州	110.2	100.5	100.3	100.2	100.5	100.9
武　汉	105.6	102.2	102.8	100.2	99.0	99.8
长　沙	100.0	106.7	108.2	106.4	101.7	100.0
广　州	100.9	101.7	101.4	100.6	103.1	96.6
深　圳	105.5	103.2	103.2	93.7	93.9	91.8
南　宁	104.7	93.0	90.9	98.9	102.6	100.0
海　口	106.3	108.9	108.6	107.3	101.1	112.5
重　庆	100.0	101.3	100.4	110.9	104.5	112.5
成　都	113.4	102.1	102.8	101.3	107.4	111.2
贵　阳	111.0	101.9	103.0	102.8	99.2	103.2
昆　明	105.8	104.9	106.4	98.2	107.8	100.4
拉　萨	100.0	101.0	102.8	94.9	100.0	95.1
西　安	102.4	107.2	110.4	99.6	98.4	100.0
兰　州	99.7	103.8	104.1	105.6	99.8	103.5
西　宁	101.0	108.7	105.2	99.8	103.5	99.9
银　川	107.4	106.9	102.2	104.7	101.4	94.3
乌鲁木齐	101.1	102.1	103.5	98.4	98.9	78.5

1997年36个大中城市居民消费价格分类指数(七)

(以上年价格为100)

	③ 化纤布	④ 呢 绒	⑤ 绸 缎	⑥ 毛 线	3. 鞋袜帽及其他	① 鞋 类
平均指数	101.4	101.4	100.7	100.8	103.3	102.7
北 京	100.5	103.1	101.7	98.8	104.5	104.5
天 津	100.0	90.3	100.2	100.0	102.1	101.8
石家庄	97.1	103.9	102.4	100.2	111.6	112.9
太 原	114.0	104.3	101.6	93.6	90.4	88.3
呼和浩特	102.8	108.5	102.3	98.3	129.2	132.0
沈 阳	88.2	101.2	100.8	103.3	105.0	103.3
大 连	102.7	105.7	101.6	105.0	105.2	100.3
长 春	93.7	96.7	100.6	100.1	114.8	116.5
哈尔滨	101.9	109.3	98.1	105.3	107.9	107.8
上 海	99.2	97.0	100.7	100.1	101.0	101.1
南 京	106.0	98.3	95.9	101.2	94.0	93.1
杭 州	120.1	108.7	107.5	107.0	110.2	109.4
宁 波	115.2	106.2	104.2	100.0	111.6	112.2
合 肥	100.1	105.3	99.5	101.4	100.9	100.7
福 州	98.4	113.9	99.1	100.9	111.0	109.4
厦 门	98.1	101.9	100.1	100.0	100.2	100.0
南 昌	100.0	100.9	90.0	107.6	108.0	108.4
济 南	93.1	103.4	106.1	108.2	100.4	100.2
青 岛	103.5	98.8	97.8	100.0	98.3	97.6
郑 州	100.0	101.2	100.9	99.2	101.3	101.0
武 汉	101.6	105.6	95.6	99.6	101.6	100.0
长 沙	113.1	99.4	100.2	96.0	103.4	103.8
广 州	101.5	97.0	100.0	96.7	103.0	102.6
深 圳	100.4	102.3	94.8	108.5	106.2	107.1
南 宁	100.0	100.0	100.0	92.5	96.5	95.3
海 口	100.0	100.0	100.0	99.2	109.8	112.4
重 庆	105.9	120.2	104.5	114.5	100.7	97.9
成 都	100.0	101.2	100.1	99.5	100.9	101.0
贵 阳	100.8	101.8	104.5	105.7	99.1	98.8
昆 明	85.4	102.5	103.6	103.9	103.6	99.0
拉 萨	130.1	119.6	102.9	89.6	96.2	94.6
西 安	97.7	107.5	97.6	100.0	103.8	103.5
兰 州	116.7	104.0	99.3	101.0	101.9	102.1
西 宁	95.5	99.2	102.2	103.1	122.2	123.8
银 川	104.4	112.5	96.4	100.9	119.6	120.4
乌鲁木齐	98.8	95.4	99.8	103.0	103.9	104.9

1997年36个大中城市居民消费价格分类指数(八)

(以上年价格为100)

	②袜　子	③帽　子	④其他衣着	三、家庭设备及用品	1.耐　用消费品	①家　具
平均指数	108.3	104.4	106.8	98.6	95.2	101.2
北　京	100.7	100.0	106.1	105.4	105.9	116.3
天　津	99.5	101.3	107.9	97.6	94.2	100.0
石家庄	114.1	97.3	106.4	101.7	102.2	108.6
太　原	86.3	100.0	108.8	100.6	99.9	100.2
呼和浩特	101.9	96.0	124.5	101.3	103.8	102.8
沈　阳	122.5	104.7	111.8	101.5	99.2	98.0
大　连	163.8	98.9	105.1	102.7	99.3	100.6
长　春	111.7	100.4	107.3	100.9	97.7	100.0
哈尔滨	107.7	102.5	111.0	101.1	97.7	105.2
上　海	100.0	100.0	100.4	92.4	87.3	95.7
南　京	100.2	97.0	99.3	95.5	90.8	98.8
杭　州	100.6	100.0	124.5	102.0	100.7	100.4
宁　波	100.0	181.5	105.9	98.2	95.3	106.0
合　肥	102.5	98.7	105.5	101.3	98.3	102.0
福　州	135.2	107.9	101.8	100.8	98.1	96.2
厦　门	101.4	110.1	100.5	99.8	98.5	99.4
南　昌	100.0	100.0	108.6	99.6	94.2	99.6
济　南	101.8	103.0	102.7	102.6	101.5	108.8
青　岛	109.5	100.0	98.8	99.6	98.7	101.2
郑　州	106.0	101.9	99.0	98.5	96.1	98.2
武　汉	120.1	115.1	105.1	104.6	91.7	92.3
长　沙	100.7	100.0	100.3	99.4	96.4	103.8
广　州	105.6		105.8	96.3	93.1	99.0
深　圳	94.6	137.4	103.0	100.2	98.7	100.7
南　宁	100.0	100.0	107.1	99.5	98.6	99.4
海　口	89.4		105.1	100.4	98.7	100.3
重　庆	114.0	134.5	117.3	95.3	90.4	90.2
成　都	100.0	109.2	100.0	103.2	103.5	108.0
贵　阳	100.0	113.8	100.0	100.4	100.3	101.8
昆　明	152.0	104.7	110.3	100.1	97.7	96.7
拉　萨	128.6	100.0	100.3	97.3	101.0	104.1
西　安	106.6	107.9	104.7	99.0	96.4	101.5
兰　州	97.7	99.9	103.1	105.0	112.0	115.6
西　宁	109.6	103.7	100.6	101.6	101.1	104.1
银　川	105.1	101.1	121.8	103.7	101.8	101.7
乌鲁木齐	100.0	86.5	98.1	98.6	96.8	100.0

1997年36个大中城市居民消费价格分类指数(九)

(以上年价格为100)

	②家庭设备	2.室内装饰品	3.床上用品	4.家庭日用杂品	5.其他日用品	四、医疗保健用品
平均指数	93.0	102.6	102.3	103.8	100.3	104.5
北京	101.6	122.2	104.2	103.8	104.8	105.2
天津	91.2	106.3	97.4	103.3	99.8	101.4
石家庄	98.8	102.1	102.0	105.6	98.9	102.8
太原	99.8	104.6	104.4	100.3	99.1	105.0
呼和浩特	104.2	92.0	95.1	103.1	105.3	107.4
沈阳	99.9	102.6	108.3	101.0	102.1	102.6
大连	98.5	108.5	99.7	102.1	102.3	102.3
长春	96.2	103.2	102.4	104.3	101.4	100.7
哈尔滨	94.5	101.4	102.9	106.3	101.3	106.2
上海	85.6	89.9	103.1	102.2	98.9	103.3
南京	89.5	104.9	101.3	100.2	99.6	100.8
杭州	100.8	103.4	103.8	104.7	102.3	104.8
宁波	94.0	99.5	118.7	102.1	97.8	106.0
合肥	96.6	112.9	101.5	108.2	100.8	106.7
福州	98.7	100.0	119.3	102.3	100.8	105.4
厦门	98.0	97.4	102.3	102.1	99.1	102.5
南昌	93.2	99.2	100.3	104.9	99.9	117.4
济南	98.2	104.1	103.7	103.5	103.6	110.1
青岛	97.4	99.7	103.2	100.8	99.4	102.4
郑州	95.2	100.0	100.1	101.0	101.0	105.0
武汉	91.6	115.5	102.9	120.2	109.1	101.4
长沙	93.7	100.5	100.3	106.3	98.2	98.7
广州	91.2	110.1	101.3	101.5	98.6	106.1
深圳	97.1	108.4	106.7	101.8	101.6	105.3
南宁	98.1	102.6	100.4	100.7	100.1	118.3
海口	97.2	100.7	104.6	103.2	100.9	104.7
重庆	90.5	100.3	105.3	100.2	99.2	102.4
成都	101.5	103.4	100.1	107.3	99.7	105.5
贵阳	99.6	100.0	100.2	100.4	100.8	105.8
昆明	98.3	106.0	95.0	103.7	101.2	103.8
拉萨	99.2	85.9	99.0	96.6	94.2	105.7
西安	94.2	101.5	101.2	102.9	100.9	104.6
兰州	103.2	97.1	102.4	103.8	99.7	101.2
西宁	99.4	101.2	100.1	103.4	102.0	99.6
银川	101.8	107.0	105.1	105.9	103.4	103.6
乌鲁木齐	95.9	96.5	112.3	97.3	98.7	106.9

1997年36个大中城市居民消费价格分类指数(十)

(以上年价格为100)

	1. 医疗器具及保健用品	2. 中药材及中成药	3. 西药	五、交通和通讯工具	1. 交通工具	2. 通讯工具
平均指数	102.7	109.2	101.6	97.4	98.3	96.3
北京	101.2	112.2	101.5	100.3	100.6	99.9
天津	98.2	103.6	99.8	96.8	97.3	95.0
石家庄	98.4	108.2	99.2	95.7	100.1	95.1
太原	100.0	109.7	100.4	95.9	97.9	89.1
呼和浩特	109.8	110.9	104.9	97.9	97.2	98.3
沈阳	104.1	102.9	101.7	95.8	97.0	94.0
大连	101.3	110.2	100.4	99.0	100.0	98.3
长春	103.3	107.9	97.7	96.2	95.4	97.4
哈尔滨	105.1	116.3	99.9	95.8	97.0	92.9
上海	100.9	108.5	99.3	99.5	100.0	98.7
南京	100.6	103.5	99.2	93.8	96.0	85.6
杭州	102.1	109.5	101.6	101.5	102.3	100.4
宁波	105.0	111.9	103.3	95.0	98.1	92.9
合肥	104.1	113.6	101.7	98.3	97.3	102.4
福州	105.6	107.1	103.9	95.6	95.1	97.2
厦门	103.6	104.3	100.9	96.7	98.4	96.1
南昌	101.1	118.7	118.2	95.6	99.3	90.7
济南	103.8	114.4	106.9	94.0	94.4	94.8
青岛	106.1	117.6	96.1	98.6	101.8	94.6
郑州	103.0	111.2	102.1	95.9	94.4	98.9
武汉	105.7	107.5	98.8	104.1	103.0	105.2
长沙	100.9	109.0	92.9	91.5	87.4	96.8
广州	102.8	104.2	107.2	94.0	96.7	90.1
深圳	113.3	104.3	105.3	98.7	100.9	91.4
南宁	106.0	130.4	107.0	92.5	94.9	86.4
海口	109.9	104.9	103.9	100.0	100.0	100.0
重庆	101.2	107.6	99.1	93.1	82.9	100.0
成都	100.2	103.6	106.8	100.3	100.4	100.3
贵阳	102.0	118.7	98.8	94.2	99.8	91.3
昆明	106.6	107.5	100.2	98.4	98.6	97.4
拉萨	100.0	100.1	110.0	91.4	91.2	93.6
西安	106.4	108.8	100.7	97.0	97.3	95.7
兰州	102.4	104.1	99.4	98.8	98.7	98.9
西宁	103.9	100.1	99.3	99.6	100.2	98.8
银川	102.1	112.2	97.9	100.3	98.9	102.1
乌鲁木齐	97.7	117.6	100.0	104.0	109.3	99.7

1997年36个大中城市居民消费价格分类指数(十一)

(以上年价格为100)

	六、娱乐教育文化用品	1. 文娱用耐用消费品	2. 教材及参考书	3. 文化娱乐用品	①文娱用品	②报纸杂志
平均指数	99.4	91.5	122.6	103.4	101.6	105.6
北京	98.1	89.3	130.7	102.4	100.9	104.0
天津	110.5	90.5	165.3	116.8	100.4	140.9
石家庄	96.8	93.2	106.5	103.4	98.3	112.7
太原	102.8	100.0	116.4	102.9	103.2	102.6
呼和浩特	99.3	91.6	107.4	105.5	102.8	108.0
沈阳	104.7	93.0	123.4	108.0	100.6	111.7
大连	101.7	92.4	132.5	104.8	101.6	108.0
长春	99.5	89.7	123.8	101.8	104.5	100.0
哈尔滨	105.8	95.9	133.5	99.0	97.6	100.0
上海	96.9	89.2	124.0	100.0	100.1	100.0
南京	91.6	80.7	106.4	101.2	99.0	102.8
杭州	104.7	96.8	116.5	106.9	105.5	108.8
宁波	99.4	95.3	109.3	103.3	105.8	100.0
合肥	107.2	99.4	137.9	107.5	102.1	120.3
福州	100.8	99.1	107.4	101.6	102.8	100.0
厦门	99.1	91.0	123.1	100.0	100.1	100.0
南昌	99.0	95.8	103.9	100.5	101.1	100.0
济南	101.9	95.7	130.3	102.0	104.3	100.0
青岛	96.7	88.6	117.1	100.2	100.7	100.0
郑州	97.3	93.0	114.2	100.4	100.7	100.0
武汉	92.9	84.8	111.4	101.3	100.7	101.8
长沙	102.3	93.3	120.3	101.2	102.2	100.0
广州	96.7	91.4	111.7	100.9	101.0	100.3
深圳	98.7	92.0	108.0	110.4	104.8	120.7
南宁	105.1	92.3	125.0	107.3	100.5	114.8
海口	109.3	99.3	122.5	125.0	99.4	143.5
重庆	100.0	96.4	111.0	99.9	99.9	100.0
成都	100.3	93.4	113.6	105.5	108.3	100.0
贵阳	96.2	89.1	124.8	100.3	100.5	100.0
昆明	101.2	95.0	138.9	101.6	102.4	100.0
拉萨	99.4	98.1	100.0	103.4	103.1	103.5
西安	104.1	94.7	117.5	108.3	100.6	119.9
兰州	102.5	94.4	119.0	105.7	110.2	100.0
西宁	113.8	96.0	119.5	120.3	103.9	139.1
银川	97.4	92.2	119.7	102.9	104.8	100.0
乌鲁木齐	103.9	90.0	124.2	108.9	101.7	115.8

1997年36个大中城市居民消费价格分类指数(十二)

(以上年价格为100)

	七、居 住	1. 住 房	①建筑材料	② 房 租	2. 水、电、燃料	八、服务项目
平均指数	114.8	110.8	99.8	120.9	117.5	116.9
北 京	121.2	104.0	109.2	100.0	142.0	117.5
天 津	118.4	115.2	99.7	124.6	121.9	105.1
石 家 庄	110.0	107.1	94.3	123.8	112.1	128.9
太 原	113.4	102.9	100.7	104.9	121.9	110.5
呼和浩特	113.2	104.5	105.5	104.0	124.9	116.7
沈 阳	129.1	173.7	94.9	187.3	114.1	113.6
大 连	106.9	104.8	98.1	105.4	107.8	120.9
长 春	111.5	122.8	101.6	127.7	108.6	118.8
哈 尔 滨	117.0	117.8	103.3	125.5	116.6	119.6
上 海	120.3	111.7	93.1	135.0	123.9	122.9
南 京	114.6	109.7	96.8	116.4	118.0	116.7
杭 州	115.9	116.4	99.1	140.8	115.4	127.5
宁 波	111.9	103.5	97.2	131.2	126.4	119.5
合 肥	121.5	141.5	100.6	169.9	115.4	115.8
福 州	109.7	104.3	99.9	114.9	113.0	112.1
厦 门	109.7	105.7	94.0	117.8	111.6	136.7
南 昌	118.0	121.9	97.6	150.3	115.2	128.0
济 南	106.8	102.6	99.9	104.8	109.3	107.8
青 岛	112.2	112.7	92.7	120.1	111.8	120.8
郑 州	115.4	105.6	96.4	122.8	121.9	130.4
武 汉	122.1	98.3	93.5	100.0	130.2	107.0
长 沙	119.5	126.2	106.4	155.8	111.5	112.3
广 州	107.9	111.5	94.0	142.1	105.6	112.2
深 圳	103.5	103.8	107.4	100.0	103.1	118.2
南 宁	116.5	115.0	97.8	128.0	117.9	103.4
海 口	105.7	95.0	92.6	98.5	108.9	110.2
重 庆	121.9	125.8	98.0	151.1	118.4	105.3
成 都	119.8	120.6	101.0	148.2	119.2	112.5
贵 阳	106.8	107.3	94.6	128.7	106.3	113.7
昆 明	121.5	99.7	96.8	102.2	136.0	126.0
拉 萨	107.1	114.1	122.6	113.9	104.5	111.8
西 安	115.4	121.4	100.5	129.8	110.5	136.1
兰 州	110.5	99.6	99.2	100.0	116.5	110.4
西 宁	119.4	105.3	107.9	102.9	125.2	114.5
银 川	117.7	117.4	95.5	152.4	118.0	114.1
乌鲁木齐	123.8	106.5	97.8	111.2	135.4	134.9

1997年36个大中城市居民消费价格分类指数(十三)

(以上年价格为100)

	1. 电讯费	2. 邮　费	3. 交通费	4. 洗　理 美容费	5. 文娱费	6. 学　杂 保育费	7. 修　理 及　其 服务费	8. 医疗保 健服务
平均指数	126.3	206.7	105.2	108.8	114.3	121.5	110.6	122.5
北　　京	130.2	232.5	101.0	100.6	117.2	121.5	110.9	156.5
天　　津	100.7	190.5	101.6	111.3	100.5	106.9	106.8	103.3
石 家 庄	104.0	205.4	108.8	117.6	108.2	142.7	111.8	177.7
太　　原	100.0	220.0	106.8	116.0	100.1	111.9	105.7	110.8
呼和浩特	114.0	212.4	99.7	100.3	111.0	130.7	108.6	100.0
沈　　阳	156.5	195.7	102.6	100.3	126.5	104.2	106.6	101.3
大　　连	140.5	195.9	120.2	108.9	147.0	113.6	122.7	112.5
长　　春	102.6	213.6	101.6	109.1	116.9	131.6	104.0	140.4
哈 尔 滨	94.5	206.2	100.4	100.0	117.2	145.1	101.4	106.5
上　　海	170.5	193.4	109.8	100.0	117.6	117.5	122.8	132.2
南　　京	104.4	198.0	106.7	110.4	112.0	128.7	113.9	100.0
杭　　州	198.6	214.6	95.8	100.3	100.2	112.3	101.0	194.9
宁　　波	101.7	219.2	110.8	102.0	163.4	129.8	100.1	193.4
合　　肥	115.0	206.8	101.4	119.4	107.7	127.3	113.8	123.5
福　　州	121.5	192.9	109.3	100.8	123.7	112.0	103.2	100.0
厦　　门	136.5	201.4	115.3	107.9	113.8	166.8	122.1	126.3
南　　昌	133.2	224.6	103.1	101.6	107.1	152.5	100.9	100.1
济　　南	111.1	197.0	100.8	133.8	115.2	100.3	119.9	106.3
青　　岛	101.7	192.8	101.4	104.3	108.0	140.4	111.4	130.2
郑　　州	121.8	219.7	100.1	112.5	130.4	150.6	108.4	137.7
武　　汉	115.4	217.7	100.4	100.0	104.1	88.3	113.6	146.5
长　　沙	95.9	233.7	105.4	110.3	106.7	117.6	102.2	148.3
广　　州	100.0	188.5	108.6	108.2	113.3	118.4	110.5	118.1
深　　圳	109.3	137.9	99.7	123.5	106.1	141.7	105.2	100.0
南　　宁	94.9	209.3	108.1	107.8	107.6	101.0	98.9	116.6
海　　口	116.1	197.7	105.7	105.7	106.7	110.3	99.2	116.3
重　　庆	109.9	224.2	105.3	101.6	105.0	101.0	100.6	100.0
成　　都	102.3	213.6	102.8	132.1	127.1	110.0	104.0	100.0
贵　　阳	88.0	211.8	104.8	121.1	127.3	124.9	108.0	100.0
昆　　明	121.5	212.3	108.9	114.1	147.8	131.7	112.6	100.0
拉　　萨	100.0	100.0	111.3	100.0	116.7	112.7	128.6	100.0
西　　安	144.0	201.1	105.1	100.4	112.3	160.9	104.2	185.0
兰　　州	107.0	207.1	108.8	110.2	114.7	115.3	104.1	100.0
西　　宁	111.8	243.6	105.5	113.9	104.5	118.9	107.1	105.9
银　　川	121.3	227.0	101.0	101.2	116.1	121.2	105.2	100.0
乌鲁木齐	97.3	141.2	112.1	102.1	167.5	179.0	112.0	107.7

1997年全国及各地区商品零售价格分类指数(一)

(以上年价格为100)

	总指数	一、食品类	1. 粮 食	①细 粮	②粗 粮	2. 油脂类
全国平均	100.8	99.8	92.1	91.3	99.9	101.6
北 京	103.8	101.7	96.7	96.9	93.8	100.7
天 津	100.7	100.9	95.4	95.3	95.8	100.0
河 北	102.1	100.6	92.5	92.4	92.9	103.9
山 西	101.3	100.5	94.9	94.9	94.5	98.4
内蒙古	102.3	100.4	93.6	93.4	94.7	100.2
辽 宁	101.0	100.3	92.5	92.5	92.0	100.8
吉 林	101.8	101.7	94.5	93.5	99.9	99.4
黑龙江	102.2	102.3	98.2	96.8	107.8	97.2
上 海	98.8	101.5	94.0	92.9	116.8	100.1
江 苏	99.3	97.4	82.3	81.2	102.4	101.1
浙 江	100.3	98.9	85.0	84.1	103.8	98.4
安 徽	99.4	97.1	88.5	87.1	104.3	102.2
福 建	99.8	98.2	88.5	87.3	108.7	102.2
江 西	99.6	97.5	91.8	91.0	105.3	98.6
山 东	100.8	99.7	93.0	93.1	92.9	108.0
河 南	100.5	99.8	91.1	90.9	93.0	103.9
湖 北	101.5	100.6	93.1	92.6	105.2	102.0
湖 南	100.3	98.7	94.0	92.7	118.8	98.9
广 东	99.8	99.3	94.3	94.0	99.0	103.2
广 西	99.6	97.8	93.9	91.8	112.6	101.8
海 南	99.4	97.2	91.5	91.1	100.4	97.6
四 川	102.9	103.3	97.5	96.4	103.9	103.3
贵 州	101.5	101.0	94.4	93.9	99.1	99.8
云 南	102.3	102.5	92.4	91.6	102.7	99.3
西 藏						
陕 西	101.6	100.6	96.7	96.7	98.4	99.8
甘 肃	101.6	100.1	95.4	94.9	100.2	97.1
青 海	103.0	102.0	104.2	104.3	103.6	99.5
宁 夏	102.2	101.4	101.1	100.9	103.7	94.8
新 疆	101.8	98.5	104.1	104.2	102.8	104.7

1997年全国及各地区商品零售价格分类指数(二)

(以上年价格为100)

	3. 肉禽蛋	4. 水产品	5. 鲜　菜	6. 干　菜	7. 鲜　果	8. 干　果
全国平均	101.3	101.2	99.5	102.1	92.1	106.6
北　京	102.3	109.9	94.8	107.7	94.0	112.9
天　津	98.4	103.9	102.6	103.0	94.9	107.1
河　北	106.0	107.4	99.7	99.6	92.6	108.2
山　西	100.3	103.1	103.0	102.0	95.7	113.1
内蒙古	99.4	110.9	107.3	103.5	93.5	110.3
辽　宁	102.2	107.0	99.5	104.2	93.2	116.8
吉　林	102.6	107.2	103.6	108.1	92.9	115.2
黑龙江	104.4	109.2	104.0	108.1	93.1	114.5
上　海	105.4	96.7	97.5	105.1	91.6	101.1
江　苏	101.9	101.8	94.1	104.1	91.6	105.5
浙　江	98.6	104.3	102.5	102.3	92.0	102.7
安　徽	101.7	101.3	88.6	99.9	86.5	106.3
福　建	98.3	99.9	107.9	101.9	89.5	102.2
江　西	98.0	97.5	99.6	99.9	89.5	98.5
山　东	104.5	107.6	92.5	100.7	90.0	108.5
河　南	105.0	105.3	86.9	98.9	86.6	110.2
湖　北	106.0	99.3	93.5	100.8	89.9	102.8
湖　南	99.0	98.6	97.9	95.7	91.1	106.6
广　东	97.9	94.0	109.5	100.5	90.9	102.4
广　西	96.0	91.9	100.0	102.9	96.8	101.7
海　南	93.8	97.3	98.0	101.0	103.5	99.9
四　川	107.7	103.4	101.9	100.7	93.2	109.4
贵　州	101.8	100.0	101.7	94.3	94.0	111.0
云　南	101.2	103.0	113.9	100.5	97.7	104.1
西　藏						
陕　西	101.1	103.4	102.4	97.6	98.0	114.4
甘　肃	99.2	97.7	106.3	100.6	94.9	101.7
青　海	96.5	104.7	103.9	110.5	95.6	107.8
宁　夏	97.4	106.7	105.1	105.7	93.3	103.7
新　疆	94.7	104.5	91.1	106.0	87.5	102.4

1997年全国及各地区商品零售价格分类指数(三)

(以上年价格为100)

	9. 其他食品	① 调味品	② 食　糖	③ 糖　果	④ 糕　点	⑤ 奶　及奶制品
全国平均	103.0	102.9	98.0	102.9	103.9	104.8
北　京	106.5	105.5	97.9	101.7	104.5	117.7
天　津	102.4	101.7	99.6	101.3	101.2	108.7
河　北	103.3	104.3	96.8	104.9	104.5	102.7
山　西	102.4	108.0	95.8	100.9	102.5	101.5
内蒙古	101.4	102.6	95.4	104.9	101.5	101.0
辽　宁	103.9	102.3	98.3	106.1	104.8	103.6
吉　林	104.2	102.2	100.0	103.6	105.8	103.7
黑龙江	103.2	103.6	100.4	105.0	101.1	103.5
上　海	104.4	100.4	97.8	100.7	102.0	111.6
江　苏	102.4	103.4	97.3	100.0	105.3	104.2
浙　江	100.6	101.3	96.6	100.8	101.6	101.2
安　徽	102.4	104.5	98.3	101.5	104.4	101.5
福　建	101.9	104.3	96.3	101.9	102.4	102.7
江　西	101.2	101.8	95.5	102.0	102.6	101.2
山　东	103.9	105.8	98.8	105.0	104.6	103.0
河　南	102.2	101.3	98.5	102.3	104.4	102.7
湖　北	102.9	104.0	98.4	107.0	103.6	99.3
湖　南	102.3	101.6	99.6	100.4	104.2	105.1
广　东	101.8	102.5	96.7	101.6	103.3	102.8
广　西	103.2	104.1	101.1	102.8	102.4	106.3
海　南	101.0	104.6	99.7	102.8	101.2	98.4
四　川	101.8	100.9	98.6	103.2	107.0	98.5
贵　州	103.6	103.6	94.3	103.3	108.8	105.4
云　南	104.4	103.6	99.0	102.4	103.9	110.4
西　藏						
陕　西	102.1	103.3	98.1	103.8	103.4	102.2
甘　肃	101.6	103.5	96.1	100.5	105.4	100.6
青　海	102.8	103.6	99.3	102.4	104.3	105.8
宁　夏	107.5	102.4	96.7	111.0	113.6	107.6
新　疆	102.6	109.8	95.3	101.3	103.4	101.5

1997年全国及各地区商品零售价格分类指数(四)

(以上年价格为100)

	⑥罐　头	10.饮食业	①主　食	②炒　菜	③地方小吃	二、饮　料 烟酒类
全国平均	103.8	104.7	104.5	104.7	105.2	101.2
北　京	100.5	102.9	106.5	101.4	103.9	105.6
天　津	103.6	106.9	113.5	102.9	105.7	102.7
河　北	104.6	104.1	103.5	104.1	105.4	103.4
山　西	102.2	106.2	103.5	107.1	107.7	100.2
内蒙古	101.1	104.3	103.1	104.7	104.5	102.6
辽　宁	106.9	101.0	101.2	100.8	101.7	101.2
吉　林	108.1	107.7	105.1	110.7	101.7	104.3
黑龙江	106.4	104.6	103.2	104.9	104.2	99.8
上　海	100.6	108.5	116.1	107.6	101.4	92.7
江　苏	101.4	104.7	103.5	104.5	108.3	98.5
浙　江	102.8	106.0	103.6	105.1	110.6	99.3
安　徽	100.4	104.7	100.9	105.9	106.0	99.2
福　建	102.9	100.5	101.8	99.8	100.9	102.8
江　西	103.4	103.6	103.6	103.1	105.4	97.6
山　东	104.0	103.7	101.6	105.9	102.0	103.7
河　南	103.4	106.2	102.2	107.1	108.7	101.2
湖　北	104.8	107.5	105.0	108.5	111.2	102.7
湖　南	104.6	106.1	105.4	106.6	105.7	101.3
广　东	102.8	102.1	101.5	101.7	103.9	101.5
广　西	101.2	105.4	105.1	105.3	106.2	101.5
海　南	95.4	106.3	108.9	104.8	107.1	96.2
四　川	105.5	107.4	109.8	105.9	107.0	100.4
贵　州	99.9	110.9	106.7	114.2	113.2	100.0
云　南	104.8	108.9	103.5	113.7	104.8	101.2
西　藏						
陕　西	101.9	106.4	104.5	108.2	104.3	104.4
甘　肃	103.4	103.0	103.8	102.9	102.0	101.3
青　海	101.0	103.1	102.0	104.5	101.2	102.4
宁　夏	103.1	103.3	99.8	104.1	105.5	100.2
新　疆	101.2	105.4	106.3	102.9	108.2	101.8

1997年全国及各地区商品零售价格分类指数(五)

(以上年价格为100)

	1. 饮　料	2. 烟　酒	三、服　装 鞋帽类	1. 服　装	2. 鞋	3. 其他衣着
全国平均	102.1	100.9	103.5	103.0	103.7	105.0
北　京	102.2	107.4	103.1	102.6	104.5	103.3
天　津	100.5	103.4	99.3	98.4	101.1	100.7
河　北	102.4	103.8	106.3	105.4	107.8	106.4
山　西	99.6	100.5	104.0	105.8	100.9	104.6
内蒙古	106.9	101.7	107.1	105.1	110.5	108.4
辽　宁	100.6	101.4	104.1	103.5	103.5	107.9
吉　林	100.2	105.7	103.9	102.5	104.9	106.4
黑龙江	98.7	100.0	104.8	104.3	105.9	104.8
上　海	102.7	90.4	99.9	99.3	101.8	100.2
江　苏	102.8	97.7	103.1	103.4	102.0	103.8
浙　江	101.7	98.6	104.4	103.7	104.2	107.5
安　徽	100.3	98.9	101.6	100.0	102.5	106.2
福　建	101.9	103.1	103.0	102.6	103.1	104.8
江　西	101.3	96.6	104.0	103.8	104.4	104.1
山　东	104.3	103.5	102.5	102.6	102.4	102.0
河　南	101.4	101.1	104.7	104.7	104.7	104.7
湖　北	103.4	102.6	103.1	103.0	101.9	107.2
湖　南	101.2	101.3	103.4	102.6	104.2	105.4
广　东	100.9	101.8	102.1	101.8	102.5	102.9
广　西	100.2	101.8	99.8	99.3	100.4	101.7
海　南	96.9	96.0	103.5	102.0	109.6	103.6
四　川	104.5	99.6	104.9	104.1	105.7	106.3
贵　州	103.4	99.3	102.2	102.7	101.0	102.6
云　南	104.3	100.1	105.1	104.8	103.2	110.3
西　藏						
陕　西	101.8	105.5	105.8	107.3	102.6	107.3
甘　肃	100.9	101.4	104.2	104.6	103.4	104.0
青　海	102.5	102.4	104.5	105.8	103.4	101.9
宁　夏	106.6	98.8	108.0	104.4	112.6	109.0
新　疆	105.8	101.0	104.7	104.4	106.0	103.2

1997年全国及各地区商品零售价格分类指数(六)

(以上年价格为100)

	四、纺织品类	1. 棉 布	2. 棉花化纤混纺布	3. 化纤布	4. 呢 绒	5. 绸 缎
全国平均	101.9	102.8	101.7	101.2	102.3	101.6
北 京	102.2	100.6	104.8	100.5	103.1	102.4
天 津	98.3	101.4	100.3	100.0	89.8	101.1
河 北	104.1	104.6	107.0	102.3	104.5	103.2
山 西	101.4	103.0	106.2	99.0	101.6	101.9
内 蒙 古	102.2	101.6	102.1	101.9	103.6	100.9
辽 宁	101.6	101.6	99.4	95.9	103.0	103.4
吉 林	102.6	99.0	104.0	99.6	101.7	103.7
黑 龙 江	103.1	103.7	101.7	99.1	106.2	101.5
上 海	100.3	102.0	83.2	99.2	99.1	102.6
江 苏	102.0	102.1	100.6	102.4	101.8	100.9
浙 江	103.3	101.6	102.9	103.7	105.8	102.9
安 徽	101.6	103.7	101.7	101.2	102.6	100.1
福 建	101.4	100.6	101.3	99.9	103.1	100.3
江 西	102.0	101.7	104.4	99.4	104.3	102.6
山 东	100.9	102.1	99.6	99.3	101.1	101.6
河 南	101.0	104.0	102.4	99.4	102.0	100.8
湖 北	103.0	102.6	102.1	104.3	103.9	102.9
湖 南	101.9	101.7	97.4	105.5	102.5	100.2
广 东	101.1	103.8	99.8	99.7	99.4	100.1
广 西	103.1	108.4	101.6	103.0	101.4	100.0
海 南	103.7	101.8	110.9	100.0	100.0	101.0
四 川	102.6	103.1	104.3	102.0	101.4	100.9
贵 州	101.3	104.8	106.1	99.1	102.4	100.0
云 南	102.5	104.5	99.2	97.9	103.0	104.6
西 藏						
陕 西	101.1	102.6	101.0	98.6	105.0	98.0
甘 肃	104.0	100.8	102.8	110.0	105.4	100.9
青 海	101.3	103.8	100.2	99.0	100.7	99.9
宁 夏	104.9	101.0	97.7	112.1	112.1	98.8
新 疆	102.0	103.6	104.6	100.2	100.1	101.4

1997年全国及各地区商品零售价格分类指数(七)

(以上年价格为100)

	6. 其他纺织品	五、中西药品类	1. 中药	2. 西药	3. 医疗用品	六、化妆品类
全国平均	102.0	104.4	108.4	101.6	103.5	102.3
北京	103.5	105.2	112.2	101.5	101.1	103.1
天津	100.4	103.9	111.9	98.0	98.6	100.2
河北	103.1	103.3	106.9	100.6	103.8	105.4
山西	100.4	104.1	108.3	100.7	103.9	103.4
内蒙古	102.3	105.9	107.9	104.4	107.6	104.4
辽宁	102.9	102.8	105.2	101.6	103.3	102.5
吉林	105.4	103.1	106.5	100.1	105.0	101.2
黑龙江	103.3	104.5	109.9	101.1	102.4	103.0
上海	100.7	102.2	109.1	97.3	100.7	99.9
江苏	103.0	103.2	105.0	101.8	103.9	101.6
浙江	102.3	105.5	109.0	102.4	105.2	101.4
安徽	100.9	104.9	109.6	101.6	104.0	100.0
福建	102.2	104.5	108.3	101.7	104.2	101.6
江西	101.4	108.0	112.5	105.7	103.3	104.4
山东	101.6	104.6	110.3	101.0	103.8	102.7
河南	100.9	101.5	106.8	98.8	103.1	101.9
湖北	101.8	105.0	106.1	104.3	105.2	107.0
湖南	100.0	102.6	111.9	96.5	104.1	104.8
广东	102.3	105.1	105.1	105.2	104.5	102.1
广西	101.5	108.5	112.6	105.2	102.9	99.8
海南	102.8	102.0	103.7	100.7	98.3	103.8
四川	102.5	104.0	107.7	101.4	103.2	102.5
贵州	100.8	105.3	112.5	102.4	106.4	104.9
云南	103.5	104.8	108.9	102.1	104.3	100.2
西藏						
陕西	100.7	105.8	111.5	102.0	105.8	104.4
甘肃	102.0	103.3	107.0	100.5	104.1	100.2
青海	102.2	102.6	108.0	100.6	103.5	102.3
宁夏	102.0	104.1	110.8	99.2	107.1	103.4
新疆	104.0	106.5	113.3	102.9	102.3	101.0

1997年全国及各地区商品零售价格分类指数(八)

(以上年价格为100)

	七、书报杂志类	八、文化体育用品	1. 文化用品	2. 体育用品	九、日用品类	1. 一般日用品
全国平均	112.8	101.7	100.9	104.1	102.3	102.2
北　　京	118.0	100.7	100.7	101.5	109.6	102.1
天　　津	134.1	98.9	96.6	110.4	102.0	102.9
河　　北	114.1	103.6	103.3	104.4	103.3	102.5
山　　西	118.3	104.2	103.9	105.5	102.8	101.9
内 蒙 古	107.8	106.7	106.8	106.3	102.8	102.7
辽　　宁	114.7	101.3	100.6	103.3	101.1	101.5
吉　　林	114.4	101.6	99.6	105.6	102.8	103.7
黑 龙 江	116.2	102.6	101.5	107.0	103.5	102.9
上　　海	112.8	97.2	96.4	100.2	100.2	101.8
江　　苏	109.1	99.9	99.4	101.7	101.1	101.4
浙　　江	110.2	102.0	101.4	103.7	101.5	101.2
安　　徽	111.4	102.2	101.8	103.2	102.2	102.5
福　　建	106.2	100.7	99.4	104.8	101.1	102.1
江　　西	108.4	101.9	101.3	103.9	102.4	101.3
山　　东	114.3	100.9	100.1	103.1	102.0	101.6
河　　南	110.4	102.5	101.9	104.3	101.5	100.8
湖　　北	106.7	100.3	100.4	100.1	103.3	106.6
湖　　南	111.1	103.9	102.6	107.1	103.6	104.3
广　　东	113.1	100.1	99.3	102.5	100.7	101.2
广　　西	121.6	101.9	102.0	101.6	101.6	101.7
海　　南	126.1	102.0	101.4	104.4	102.1	102.0
四　　川	107.0	105.4	104.4	108.5	103.9	104.1
贵　　州	107.6	102.8	102.2	104.7	102.3	102.0
云　　南	115.2	102.3	101.4	106.6	102.3	102.8
西　　藏						
陕　　西	122.3	101.8	100.6	108.1	101.6	102.0
甘　　肃	112.6	104.1	100.9	110.5	102.8	102.7
青　　海	121.7	102.6	102.1	106.7	102.5	102.8
宁　　夏	114.7	100.1	100.6	98.6	102.3	101.3
新　　疆	119.9	101.8	100.9	105.7	102.3	101.3

1997年全国及各地区商品零售价格分类指数(九)

(以上年价格为100)

	2. 家具类	3. 日用杂品	十、家用电器类	十一、首饰类	十二、燃料类	十三、建筑装潢材料类	十四、机电产品类
全国平均	102.3	102.7	95.6	97.8	107.3	99.0	95.5
北京	117.7	106.5	99.1	99.0	156.9	106.9	93.5
天津	100.0	102.2	93.4	98.7	122.3	98.4	92.9
河北	104.2	103.4	97.6	98.8	106.6	99.9	95.5
山西	102.3	106.2	97.0	99.1	105.6	98.0	95.8
内蒙古	102.5	103.4	98.2	99.1	107.6	101.7	98.2
辽宁	100.6	100.9	96.3	98.8	103.9	99.2	97.5
吉林	100.6	104.2	95.0	97.5	104.7	99.9	95.5
黑龙江	102.6	107.9	96.3	98.2	104.2	98.2	96.0
上海	95.7	100.0	87.2	94.9	123.0	92.0	95.2
江苏	99.7	102.1	95.1	98.8	107.2	97.8	96.0
浙江	100.9	103.5	96.8	98.2	103.6	98.7	96.9
安徽	101.5	102.9	95.6	98.5	106.5	99.4	96.1
福建	99.7	101.7	97.1	95.9	106.4	97.0	96.3
江西	103.2	104.7	96.1	98.3	104.5	97.7	95.3
山东	102.6	101.9	96.8	98.7	104.7	100.0	95.6
河南	101.6	103.7	93.5	98.5	107.9	98.2	96.4
湖北	98.0	100.6	94.4	98.6	107.5	101.5	97.5
湖南	102.1	102.7	95.9	96.3	102.4	97.4	95.0
广东	99.4	101.6	95.5	94.8	103.9	98.1	93.6
广西	100.4	102.7	94.9	99.0	103.4	95.6	93.5
海南	101.1	104.5	98.7	99.0	110.0	96.2	95.0
四川	103.0	104.3	96.6	97.1	109.9	102.7	98.0
贵州	104.1	100.2	95.6	97.8	103.2	98.4	97.7
云南	101.1	102.1	96.4	96.6	107.5	102.6	98.1
西藏							
陕西	101.0	101.6	93.6	96.3	104.8	99.9	93.6
甘肃	103.5	102.1	97.4	99.0	104.7	99.6	95.1
青海	101.5	103.1	96.3	100.6	109.5	104.8	99.2
宁夏	101.7	109.4	96.2	98.4	106.0	99.3	97.2
新疆	103.7	104.8	97.0	98.3	114.1	102.9	99.9

1997年全国及各地区城市商品零售价格分类指数(一)

(以上年价格为100)

	总指数	一、食品类	1. 粮 食	① 细 粮	② 粗 粮	2. 油脂类
全国平均	100.8	100.1	93.3	92.8	99.8	101.4
北 京	103.8	101.7	96.7	96.9	93.8	100.7
天 津	100.7	100.9	95.4	95.3	95.8	100.0
河 北	102.0	101.4	94.2	94.5	92.9	103.1
山 西	100.9	100.3	94.6	94.5	95.6	96.5
内 蒙 古	102.4	100.6	95.4	94.9	100.0	102.0
辽 宁	101.0	100.6	93.7	93.9	92.0	100.3
吉 林	101.7	101.4	94.1	93.1	101.9	99.6
黑 龙 江	102.0	102.2	98.3	97.2	105.9	96.9
上 海	98.8	101.5	94.0	92.9	116.8	100.1
江 苏	99.1	97.3	82.8	82.0	103.7	100.3
浙 江	100.9	100.8	86.8	86.3	103.4	97.9
安 徽	100.1	96.6	86.9	85.1	108.1	102.9
福 建	99.6	97.9	88.5	87.7	105.7	101.5
江 西	100.1	98.4	93.8	93.2	110.1	98.2
山 东	100.8	99.9	96.2	96.4	93.0	110.3
河 南	99.8	98.9	93.9	94.4	83.7	102.9
湖 北	100.8	99.9	94.4	94.1	105.9	101.2
湖 南	100.6	99.6	94.2	93.8	112.9	100.3
广 东	99.8	99.6	96.6	96.4	100.0	102.7
广 西	99.9	98.3	96.2	94.9	107.8	102.9
海 南	99.6	97.9	90.8	90.9	89.5	94.9
四 川	102.8	104.2	100.3	99.5	109.2	102.7
贵 州	101.4	101.4	96.9	96.6	102.0	99.2
云 南	101.6	102.0	89.4	88.9	101.7	99.4
西 藏						
陕 西	101.3	100.5	98.9	98.8	98.9	99.4
甘 肃	101.4	100.4	96.2	95.7	100.9	100.0
青 海	103.2	102.5	106.6	106.9	104.9	100.3
宁 夏	102.2	102.0	101.2	101.2	101.2	95.7
新 疆	101.3	97.4	104.7	104.5	114.6	100.2

1997年全国及各地区城市商品零售价格分类指数(二)

(以上年价格为100)

	3. 肉禽蛋	4. 水产品	5. 鲜　菜	6. 干　菜	7. 鲜　果	8. 干　果
全国平均	101.3	101.2	99.6	103.3	92.3	106.7
北　京	102.3	109.9	94.8	107.7	94.0	112.9
天　津	98.4	103.9	102.6	103.0	94.9	107.1
河　北	105.5	107.3	100.8	99.7	91.1	108.9
山　西	99.6	102.9	104.2	102.4	93.5	109.4
内蒙古	99.1	110.7	106.4	105.9	93.5	111.1
辽　宁	101.8	107.2	99.8	104.6	93.3	116.7
吉　林	102.4	107.4	101.3	108.7	91.9	115.4
黑龙江	104.1	108.8	103.5	110.5	92.6	114.9
上　海	105.4	96.7	97.5	105.1	91.6	101.1
江　苏	102.1	100.8	93.6	104.8	91.7	104.8
浙　江	99.3	106.0	106.7	103.8	94.9	101.4
安　徽	102.0	101.6	87.4	100.9	87.3	106.8
福　建	98.2	99.9	105.4	100.2	89.3	98.8
江　西	97.6	98.7	100.6	102.7	91.1	99.6
山　东	104.2	107.7	92.5	101.8	90.3	106.6
河　南	102.1	105.6	87.3	98.1	86.2	112.7
湖　北	105.5	97.1	91.4	99.3	88.9	105.2
湖　南	99.4	98.2	100.5	98.6	93.0	108.5
广　东	98.3	94.5	109.2	100.0	90.2	103.0
广　西	94.7	92.8	100.7	103.8	101.6	102.4
海　南	94.5	91.7	102.5	105.7	96.7	99.1
四　川	107.2	104.0	102.6	100.0	93.4	112.2
贵　州	102.2	100.8	99.2	95.6	92.4	112.2
云　南	100.3	103.1	112.1	98.7	97.0	98.9
西　藏						
陕　西	99.4	103.1	99.3	98.3	97.2	111.7
甘　肃	98.9	96.4	106.7	101.6	95.0	100.4
青　海	98.1	103.9	102.3	111.5	95.5	108.8
宁　夏	98.3	107.5	104.8	106.4	93.8	101.2
新　疆	95.6	107.1	89.4	105.7	88.6	103.6

1997年全国及各地区城市商品零售价格分类指数(三)

(以上年价格为100)

	9.其他食品	①调味品	②食　糖	③糖　果	④糕　点	⑤奶　及奶制品
全国平均	103.5	102.9	98.4	102.9	104.0	105.7
北　京	106.5	105.5	97.9	101.7	104.5	117.7
天　津	102.4	101.7	99.6	101.3	101.2	108.7
河　北	104.0	104.0	97.4	103.5	106.3	104.0
山　西	101.4	106.9	96.1	99.5	101.3	100.7
内蒙古	101.7	102.5	95.0	104.5	102.0	101.8
辽　宁	104.3	102.1	98.4	106.1	105.6	103.6
吉　林	103.8	100.9	101.7	103.1	105.5	102.2
黑龙江	103.3	104.3	100.8	106.1	100.5	103.5
上　海	104.4	100.4	97.8	100.7	102.0	111.6
江　苏	102.8	104.0	97.8	100.2	105.0	105.4
浙　江	100.0	100.1	95.8	99.8	101.7	100.5
安　徽	101.8	104.0	96.2	101.4	104.3	100.1
福　建	101.8	104.8	96.7	102.0	103.0	101.2
江　西	102.5	101.7	99.6	103.1	104.1	101.7
山　东	103.7	103.9	100.0	105.5	104.7	101.7
河　南	102.5	101.1	96.8	101.8	104.1	103.4
湖　北	102.7	104.6	99.4	104.2	102.5	99.7
湖　南	101.8	100.6	98.6	101.5	103.2	101.3
广　东	102.7	102.9	96.6	102.7	104.1	103.8
广　西	104.5	103.8	103.1	104.2	103.2	108.2
海　南	101.0	103.9	101.7	104.6	100.7	102.3
四　川	105.4	103.3	103.8	105.0	110.2	104.0
贵　州	103.5	103.9	94.6	101.2	105.3	107.2
云　南	105.8	102.8	99.6	102.1	100.4	116.8
西　藏						
陕　西	101.6	103.3	99.1	103.3	101.8	100.9
甘　肃	101.4	101.3	96.6	101.7	105.8	101.2
青　海	102.8	105.1	101.0	100.6	103.9	106.3
宁　夏	110.1	101.9	95.0	109.3	117.9	109.2
新　疆	102.3	107.6	95.4	101.8	102.5	101.4

1997年全国及各地区城市商品零售价格分类指数(四)

(以上年价格为100)

	⑥罐头	10.饮食业	①主食	②炒菜	③地方小吃	二、饮料烟酒类
全国平均	104.0	104.6	105.1	104.3	104.9	101.3
北京	100.5	102.9	106.5	101.4	103.9	105.6
天津	103.6	106.9	113.5	102.9	105.7	102.7
河北	104.4	104.4	105.0	104.3	103.8	104.7
山西	103.3	105.6	101.9	106.5	107.4	99.9
内蒙古	101.0	104.2	102.8	104.3	105.6	102.3
辽宁	109.7	100.8	101.6	100.3	101.6	101.2
吉林	108.5	108.3	105.0	112.0	101.5	104.6
黑龙江	106.6	104.4	103.7	104.6	103.3	99.6
上海	100.6	108.5	116.1	107.6	101.4	92.7
江苏	100.2	105.8	104.0	105.6	110.1	98.7
浙江	99.2	107.0	103.6	105.1	113.7	98.6
安徽	100.8	104.5	102.2	104.8	106.8	99.9
福建	101.4	100.5	101.8	99.9	101.0	102.2
江西	102.4	103.1	103.3	102.2	106.4	97.5
山东	105.4	104.4	103.2	106.0	100.0	104.2
河南	103.4	104.9	102.8	104.5	110.4	102.4
湖北	106.0	106.1	103.2	107.5	111.0	103.0
湖南	106.0	105.9	107.4	105.6	102.7	102.2
广东	104.0	101.9	101.3	101.6	103.1	101.6
广西	102.5	104.8	104.6	104.8	105.3	102.9
海南	93.8	109.0	112.8	110.0	106.3	93.0
四川	104.8	107.4	111.2	105.6	108.6	99.8
贵州	100.3	112.6	105.3	115.4	110.1	100.4
云南	102.4	109.7	101.0	117.4	104.5	98.1
西藏						
陕西	103.4	107.0	104.8	109.3	102.9	103.9
甘肃	101.5	102.0	103.2	101.8	101.5	101.9
青海	100.4	102.4	100.5	103.8	101.3	101.2
宁夏	101.0	103.5	99.0	104.1	106.7	98.9
新疆	101.8	101.0	104.8	91.9	106.2	103.3

1997年全国及各地区城市商品零售价格分类指数(五)

(以上年价格为100)

	1. 饮　料	2. 烟　酒	三、服　装 鞋帽类	1. 服　装	2. 鞋	3. 其他衣着
全国平均	101.9	101.1	103.4	103.0	103.3	105.3
北　京	102.2	107.4	103.1	102.6	104.5	103.3
天　津	100.5	103.4	99.3	98.4	101.1	100.7
河　北	103.2	105.6	105.5	104.3	107.4	106.8
山　西	97.9	100.5	103.7	106.2	99.6	105.0
内蒙古	108.3	100.9	107.5	105.3	112.8	108.1
辽　宁	100.4	101.5	104.4	104.1	102.8	108.3
吉　林	100.4	106.0	104.9	103.0	106.2	106.9
黑龙江	98.2	99.9	105.1	104.4	106.6	105.2
上　海	102.7	90.4	99.9	99.3	101.8	100.2
江　苏	102.5	97.9	102.9	102.8	101.7	104.8
浙　江	100.0	98.2	105.0	103.8	104.9	109.4
安　徽	103.2	98.8	104.4	103.5	103.9	110.4
福　建	100.4	103.0	104.1	103.7	104.4	105.6
江　西	103.6	95.9	105.2	105.3	104.2	107.0
山　东	105.3	103.7	102.4	102.7	101.9	102.1
河　南	101.8	102.5	102.9	102.4	103.5	104.0
湖　北	102.1	103.2	101.8	102.3	99.1	108.3
湖　南	102.1	102.2	104.1	104.6	103.6	103.6
广　东	99.9	102.2	101.8	101.7	102.9	101.5
广　西	101.0	103.4	100.0	99.8	99.7	101.5
海　南	95.0	92.1	108.2	108.0	112.2	99.3
四　川	102.9	99.2	103.8	104.0	103.0	104.6
贵　州	101.1	100.2	101.9	102.2	100.7	104.3
云　南	104.1	95.5	106.4	106.5	102.3	114.7
西　藏						
陕　西	99.1	106.5	106.8	108.8	102.5	108.9
甘　肃	101.5	102.0	103.9	104.7	102.3	103.7
青　海	105.4	100.2	105.1	106.4	104.3	98.9
宁　夏	109.3	97.0	107.7	103.0	112.9	108.2
新　疆	109.3	102.3	105.1	104.9	105.9	104.1

1997年全国及各地区城市商品零售价格分类指数(六)

(以上年价格为100)

	四、纺织品类	1. 棉　布	2. 棉花化纤混纺布	3. 化纤布	4. 呢　绒	5. 绸　缎
全国平均	101.9	102.1	101.0	101.2	102.6	101.6
北　京	102.2	100.6	104.8	100.5	103.1	102.4
天　津	98.3	101.4	100.3	100.0	89.8	101.1
河　北	102.0	102.5	103.1	98.6	103.8	101.3
山　西	101.5	103.4	104.7	101.6	102.1	101.4
内蒙古	102.5	102.1	103.1	102.8	104.0	100.3
辽　宁	102.1	101.8	99.0	96.5	103.5	103.0
吉　林	103.0	98.4	102.1	99.2	101.7	104.9
黑龙江	103.8	103.5	102.2	99.1	106.8	101.9
上　海	100.3	102.0	83.2	99.2	99.1	102.6
江　苏	102.0	101.4	98.4	104.8	101.9	100.5
浙　江	104.5	101.1	104.7	104.7	107.2	103.7
安　徽	103.2	104.0	101.9	106.2	104.7	100.5
福　建	102.7	101.1	103.7	100.0	105.3	101.1
江　西	101.6	104.3	101.8	98.8	100.5	101.5
山　东	101.6	102.7	101.6	100.0	101.9	101.5
河　南	100.7	105.5	104.1	97.9	102.4	100.4
湖　北	102.1	99.6	99.2	100.4	107.6	105.9
湖　南	102.9	102.8	98.6	107.0	101.6	100.3
广　东	100.8	102.8	97.5	101.1	99.4	99.8
广　西	101.6	105.7	99.9	102.3	101.1	101.9
海　南	107.4	101.1	112.5	100.0	100.0	100.0
四　川	102.7	104.2	105.8	101.2	102.0	100.1
贵　州	101.6	102.0	108.0	100.1	102.4	100.0
云　南	101.6	103.9	100.5	87.8	104.5	104.3
西　藏						
陕　西	101.1	99.9	99.6	98.3	105.6	97.2
甘　肃	104.1	100.5	102.7	111.1	107.3	100.1
青　海	100.5	102.7	100.5	97.0	99.5	100.0
宁　夏	103.7	101.2	95.6	108.6	115.4	96.8
新　疆	100.5	101.4	101.4	99.9	97.6	100.8

1997年全国及各地区城市商品零售价格分类指数(七)

(以上年价格为100)

	6. 其他纺织品	五、中西药品类	1. 中药	2. 西药	3. 医疗用品	六、化妆品类
全国平均	102.1	104.2	108.4	101.2	103.5	102.2
北京	103.5	105.2	112.2	101.5	101.1	103.1
天津	100.4	103.9	111.9	98.0	98.6	100.2
河北	102.6	105.1	107.4	103.2	105.1	103.2
山西	99.8	103.0	106.5	100.5	100.6	103.0
内蒙古	102.2	105.1	108.1	102.3	109.3	104.8
辽宁	103.0	102.5	104.2	101.6	103.0	102.6
吉林	106.4	103.4	106.8	100.4	106.9	101.2
黑龙江	104.3	104.9	111.4	100.9	101.8	102.4
上海	100.7	102.2	109.1	97.3	100.7	99.9
江苏	101.9	103.0	104.8	101.5	104.1	102.1
浙江	104.1	104.7	107.3	102.3	104.9	102.0
安徽	101.5	105.9	111.9	102.3	103.5	100.6
福建	103.5	104.4	106.9	102.5	103.9	102.1
江西	102.9	108.6	112.4	106.4	105.5	101.4
山东	102.0	105.5	111.6	101.5	103.4	103.0
河南	100.8	101.9	110.0	98.0	103.3	101.8
湖北	100.9	103.7	105.4	102.6	106.9	111.9
湖南	99.9	100.5	108.4	94.5	104.6	103.8
广东	102.7	104.3	104.2	104.4	104.7	101.8
广西	100.1	111.2	118.4	103.7	104.5	98.5
海南	110.3	104.4	104.9	104.2	101.3	103.1
四川	104.4	103.7	104.6	103.1	104.6	102.0
贵州	101.6	105.2	113.6	101.7	104.3	105.8
云南	101.2	104.8	109.3	101.1	106.0	99.4
西藏						
陕西	101.4	106.1	113.5	101.0	106.1	102.6
甘肃	102.5	103.2	106.9	100.2	104.8	99.4
青海	101.6	99.2	102.8	98.8	105.5	102.4
宁夏	101.6	104.1	111.9	98.6	108.2	103.6
新疆	104.5	107.9	115.7	102.8	101.1	100.3

1997年全国及各地区城市商品零售价格分类指数(八)

(以上年价格为100)

	七、书报杂志类	八、文化体育用品	1. 文化用品	2. 体育用品	九、日用品类	1. 一般日用品
全国平均	113.0	100.8	100.0	103.4	102.4	102.2
北京	118.0	100.7	100.7	101.5	109.6	102.1
天津	134.1	98.9	96.6	110.4	102.0	102.9
河北	115.1	101.0	101.0	101.0	103.3	102.5
山西	111.8	103.4	102.7	106.4	102.6	102.5
内蒙古	105.9	107.1	107.8	105.3	103.0	102.9
辽宁	115.0	101.0	100.3	102.7	101.1	101.6
吉林	113.6	101.2	99.1	104.9	102.8	104.0
黑龙江	117.7	102.2	101.2	107.4	103.8	103.0
上海	112.8	97.2	96.4	100.2	100.2	101.8
江苏	108.6	98.7	97.9	101.5	101.1	101.4
浙江	110.2	101.6	101.3	102.9	101.8	100.6
安徽	114.0	102.7	102.6	103.0	103.2	103.6
福建	107.5	99.8	98.6	103.9	100.8	101.6
江西	109.7	101.6	101.2	102.8	103.0	102.3
山东	113.8	100.6	99.7	103.0	102.0	101.2
河南	109.5	101.3	100.8	103.6	101.1	100.8
湖北	106.4	98.6	98.3	99.5	104.3	110.3
湖南	111.2	102.0	100.8	105.1	103.2	103.8
广东	110.1	99.5	98.8	101.6	100.3	101.0
广西	120.6	100.4	99.9	101.3	102.5	102.6
海南	132.1	100.8	100.7	101.5	101.3	101.8
四川	106.6	103.3	102.4	106.0	102.6	102.6
贵州	109.6	98.7	96.6	106.0	102.5	101.0
云南	116.1	100.9	100.1	106.1	101.5	102.1
西藏						
陕西	124.1	101.5	100.1	110.8	101.5	102.3
甘肃	111.2	103.7	99.6	111.0	103.0	102.9
青海	122.0	102.4	101.8	109.2	103.1	102.8
宁夏	114.2	96.5	96.6	95.4	102.9	101.7
新疆	111.4	101.0	99.9	108.0	102.1	100.7

1997年全国及各地区城市商品零售价格分类指数(九)

(以上年价格为100)

	2.家具类	3.日用杂品	十、家用电器类	十一、首饰类	十二、燃料类	十三、建筑装潢材料类	十四、机电产品类
全国平均	102.8	102.3	95.3	97.7	108.0	99.6	95.1
北京	117.7	106.5	99.1	99.0	156.9	106.9	93.5
天津	100.0	102.2	93.4	98.7	122.3	98.4	92.9
河北	104.3	103.0	97.2	97.8	103.4	99.4	94.3
山西	102.2	104.1	97.9	99.2	104.4	99.0	96.0
内蒙古	102.3	104.2	99.6	99.1	107.1	101.3	97.4
辽宁	100.6	100.8	96.1	98.8	103.8	99.2	97.5
吉林	100.2	104.6	93.7	97.6	104.5	100.5	93.6
黑龙江	102.7	109.5	95.7	98.2	102.6	97.3	95.4
上海	95.7	100.0	87.2	94.9	123.0	92.0	95.2
江苏	100.3	101.6	93.3	98.8	107.0	99.4	95.4
浙江	102.1	105.4	96.0	98.2	102.5	101.4	97.3
安徽	102.5	103.6	96.9	99.0	107.8	99.6	94.3
福建	99.2	102.4	97.6	96.4	104.7	96.4	96.9
江西	103.7	104.6	96.6	98.7	105.7	98.6	94.4
山东	103.6	101.1	96.8	98.5	103.3	102.4	95.4
河南	101.1	102.7	93.9	99.0	105.7	98.6	95.6
湖北	96.8	98.2	93.8	98.5	108.8	102.0	96.1
湖南	102.3	102.6	96.0	95.7	103.2	100.8	94.5
广东	99.2	100.6	95.2	94.9	103.9	99.2	92.3
广西	101.5	103.5	95.6	98.8	105.6	98.4	92.6
海南	100.4	101.4	98.4	99.1	105.4	93.1	96.0
四川	102.0	104.1	97.5	96.1	113.1	101.9	95.8
贵州	106.3	100.6	96.6	97.5	102.0	98.6	97.0
云南	100.0	101.0	97.1	96.0	105.1	100.9	98.4
西藏							
陕西	100.6	101.1	94.2	95.4	104.5	98.5	93.0
甘肃	104.7	101.8	97.5	97.8	103.2	98.3	93.9
青海	103.2	104.4	94.6	100.1	113.2	106.9	98.6
宁夏	102.2	112.4	96.6	98.2	106.4	97.9	97.2
新疆	105.3	104.7	96.2	97.3	120.8	101.7	98.7

1997年全国及各地区农村商品零售价格分类指数(一)

(以上年价格为100)

	总指数	一、食品类	1. 粮 食	① 细 粮	② 粗 粮	2. 油脂类
全国平均	100.7	99.2	90.4	89.1	99.9	101.9
北 京						
天 津						
河 北	102.1	99.8	91.3	90.9	92.9	104.6
山 西	101.7	100.8	95.1	95.5	93.6	100.7
内 蒙 古	101.9	99.6	89.4	89.0	90.2	96.3
辽 宁	100.5	98.9	89.4	89.0	91.7	103.2
吉 林	102.0	102.4	95.5	94.8	98.0	98.3
黑 龙 江	102.6	102.7	98.0	95.2	111.3	98.3
上 海						
江 苏	99.5	97.6	81.5	79.9	101.2	102.2
浙 江	99.4	96.9	83.9	82.6	104.0	99.0
安 徽	98.9	97.5	90.0	89.0	101.1	101.4
福 建	100.1	98.9	88.8	86.9	110.7	104.0
江 西	99.3	96.8	90.2	89.4	103.1	98.8
山 东	100.7	99.4	88.1	87.0	92.7	104.8
河 南	101.2	100.7	88.1	86.6	96.6	105.0
湖 北	102.2	101.3	92.0	91.2	104.4	102.9
湖 南	99.8	97.9	93.9	91.8	120.6	97.5
广 东	99.8	98.7	91.0	90.5	97.9	103.9
广 西	99.4	97.5	92.5	89.7	115.7	100.8
海 南	99.1	96.6	91.3	90.2	106.5	99.1
四 川	102.9	102.4	94.8	93.1	101.3	103.8
贵 州	101.7	100.5	91.3	90.2	97.7	100.5
云 南	103.2	103.1	95.2	94.3	102.8	99.3
西 藏						
陕 西	101.8	100.7	89.0	88.0	97.4	100.5
甘 肃	101.9	99.5	94.7	94.4	98.9	94.0
青 海	102.7	101.1	101.0	100.8	103.5	97.8
宁 夏	102.1	100.3	101.0	100.6	106.1	93.8
新 疆	102.5	100.1	103.6	104.1	100.5	108.2

1997年全国及各地区农村商品零售价格分类指数(二)

(以上年价格为100)

	3. 肉禽蛋	4. 水产品	5. 鲜　菜	6. 干　菜	7. 鲜　果	8. 干　果
全国平均	101.5	101.1	99.3	100.5	91.6	106.4
北　　京						
天　　津						
河　　北	106.4	107.6	98.8	99.5	93.8	107.9
山　　西	101.6	104.2	101.3	101.3	98.7	121.2
内 蒙 古	100.6	111.4	109.4	99.1	93.8	108.5
辽　　宁	105.1	106.2	97.9	102.4	92.3	117.5
吉　　林	103.2	107.1	110.0	105.5	96.0	114.6
黑 龙 江	105.7	110.7	105.8	102.7	94.8	113.8
上　　海						
江　　苏	101.6	103.3	95.0	103.1	91.5	106.6
浙　　江	97.9	101.3	98.3	101.1	88.6	103.9
安　　徽	101.5	101.0	89.7	99.4	85.7	105.9
福　　建	98.6	100.2	112.6	104.0	89.8	105.4
江　　西	98.3	96.5	98.3	97.7	88.1	97.8
山　　东	105.0	107.5	92.5	99.4	89.6	110.1
河　　南	108.0	105.3	86.5	99.3	87.3	107.7
湖　　北	106.7	102.6	96.6	102.7	91.0	100.6
湖　　南	98.6	99.0	94.2	95.1	88.4	103.9
广　　东	97.2	92.9	110.2	101.4	92.6	101.2
广　　西	97.0	91.3	99.2	102.3	91.1	101.3
海　　南	93.3	99.4	93.5	97.3	110.6	102.4
四　　川	108.1	103.0	100.8	101.2	93.0	107.8
贵　　州	101.3	98.4	105.3	94.4	96.2	109.9
云　　南	102.4	102.8	117.0	101.0	99.1	108.4
西　　藏						
陕　　西	104.7	104.3	106.5	96.5	100.6	117.0
甘　　肃	100.0	102.9	104.4	99.4	94.5	104.8
青　　海	94.0	107.8	107.7	108.4	95.6	105.5
宁　　夏	95.7	104.0	105.6	104.6	92.3	108.3
新　　疆	93.7	99.6	94.5	106.2	85.2	100.9

1997年全国及各地区农村商品零售价格分类指数(三)

(以上年价格为100)

	9. 其他食品	①调味品	② 食 糖	③ 糖 果	④ 糕 点	⑤ 奶 及 奶制品
全国平均	102.1	102.8	97.6	102.9	103.9	101.8
北 京						
天 津						
河 北	102.7	104.5	96.4	107.1	102.2	101.1
山 西	103.9	109.1	95.5	104.5	104.3	102.8
内 蒙 古	100.8	102.7	95.9	105.9	99.7	98.7
辽 宁	102.5	103.0	98.0	106.2	102.6	102.9
吉 林	105.3	108.2	97.6	104.7	106.8	108.2
黑 龙 江	102.6	101.7	99.1	100.6	104.2	102.9
上 海						
江 苏	101.9	102.4	96.6	99.6	105.8	101.3
浙 江	101.4	102.3	97.3	102.1	101.3	103.0
安 徽	102.8	104.9	99.6	101.5	104.5	102.4
福 建	101.9	103.2	95.7	101.8	101.4	107.0
江 西	100.3	101.9	93.3	101.1	101.5	100.8
山 东	104.1	107.5	98.2	104.5	104.6	105.3
河 南	102.0	101.4	98.8	102.5	104.5	102.2
湖 北	103.2	103.1	97.6	111.8	106.0	98.2
湖 南	102.6	101.9	99.9	99.4	105.5	111.7
广 东	100.4	102.2	96.8	99.8	101.5	100.4
广 西	102.4	104.3	100.1	101.9	101.6	105.1
海 南	100.8	106.6	96.9	98.8	102.7	93.3
四 川	100.5	100.4	97.7	102.7	104.7	93.5
贵 州	103.9	103.3	94.0	105.7	112.8	103.2
云 南	103.8	103.9	98.6	103.3	106.9	101.2
西 藏						
陕 西	102.8	103.4	96.5	105.2	105.9	105.1
甘 肃	102.0	105.5	95.5	98.2	104.7	98.9
青 海	103.0	102.2	96.4	105.3	105.2	104.8
宁 夏	103.9	102.7	97.5	114.1	101.6	105.7
新 疆	103.3	112.1	95.4	101.2	104.7	102.5

1997年全国及各地区农村商品零售价格分类指数(四)

(以上年价格为100)

	⑥罐　头	10.饮食业	①主　食	②炒　菜	③地方小吃	二、饮　料 烟酒类
全国平均	103.4	105.1	103.4	105.7	106.0	101.0
北　　京						
天　　津						
河　　北	104.8	103.7	102.2	103.8	106.7	102.3
山　　西	101.0	107.1	104.9	108.2	108.3	100.8
内 蒙 古	101.1	104.9	103.6	106.8	101.4	103.2
辽　　宁	101.2	102.4	99.3	103.7	102.0	101.2
吉　　林	106.5	103.9	105.4	103.3	103.5	103.0
黑 龙 江	105.9	106.2	101.1	108.3	105.9	100.7
上　　海						
江　　苏	103.3	102.6	102.3	102.6	103.6	98.5
浙　　江	105.2	104.8	103.5	105.0	105.4	100.1
安　　徽	99.9	104.8	100.2	106.7	105.5	98.5
福　　建	107.5	100.5	101.8	99.6	100.7	104.0
江　　西	104.5	104.4	104.0	104.5	104.4	97.9
山　　东	102.8	102.7	99.8	105.8	104.2	103.2
河　　南	103.3	107.6	101.5	109.6	106.5	100.4
湖　　北	102.9	108.8	106.9	109.5	111.4	102.5
湖　　南	103.3	106.4	103.1	107.7	109.5	100.7
广　　东	100.8	102.8	102.0	101.8	106.5	101.5
广　　西	100.4	106.0	105.7	105.9	107.2	100.7
海　　南	98.6	102.9	102.7	100.0	108.4	98.9
四　　川	105.8	107.4	108.9	106.5	105.6	101.0
贵　　州	99.9	108.3	107.5	107.5	122.0	99.4
云　　南	106.7	108.1	106.5	109.8	105.2	105.0
西　　藏						
陕　　西	100.1	106.0	104.2	107.1	105.8	104.8
甘　　肃	106.0	105.7	105.6	107.0	104.1	100.2
青　　海	106.8	104.4	104.1	105.9	100.9	103.2
宁　　夏	104.2	102.9	100.9	104.0	102.9	102.5
新　　疆	99.7	109.4	108.6	109.6	110.0	101.2

1997年全国及各地区农村商品零售价格分类指数(五)

(以上年价格为100)

	1. 饮　料	2. 烟　酒	三、服　装 鞋帽类	1. 服　装	2. 鞋	3. 其他衣着
全国平均	102.5	100.7	103.6	103.0	104.2	104.6
北　京						
天　津						
河　北	101.8	102.6	107.0	106.4	108.2	106.2
山　西	101.9	100.5	104.5	105.4	103.0	104.0
内蒙古	104.2	103.1	105.6	104.4	105.5	109.0
辽　宁	101.6	101.2	103.2	100.7	105.9	105.1
吉　林	99.8	104.7	101.7	101.6	101.8	102.2
黑龙江	101.1	100.6	103.4	103.3	103.3	103.8
上　海						
江　苏	103.3	97.6	103.5	104.4	102.3	102.4
浙　江	103.1	99.1	103.5	103.4	103.0	104.7
安　徽	97.1	98.9	99.5	97.4	101.3	103.9
福　建	105.3	103.6	100.4	99.9	100.2	102.7
江　西	99.8	97.4	103.1	102.4	104.7	102.4
山　东	102.9	103.4	102.6	102.5	103.2	101.8
河　南	101.1	100.3	106.4	107.1	105.7	105.2
湖　北	105.3	101.9	105.1	104.3	105.7	106.6
湖　南	99.2	100.8	102.7	100.8	104.9	106.7
广　东	102.8	100.9	102.6	102.0	101.7	106.3
广　西	99.4	100.9	99.7	98.7	101.0	101.7
海　南	98.4	99.1	98.4	94.7	107.3	106.4
四　川	105.6	100.3	105.6	104.2	106.8	106.9
贵　州	108.5	98.1	102.6	103.4	101.3	101.5
云　南	104.7	105.2	103.4	102.1	103.9	106.1
西　藏						
陕　西	110.0	103.6	103.4	103.8	102.8	103.6
甘　肃	99.2	100.3	104.7	104.4	105.5	104.6
青　海	100.6	104.1	103.8	105.1	102.1	103.4
宁　夏	102.6	102.4	109.0	107.1	111.6	110.9
新　疆	104.5	100.6	104.4	103.7	106.2	102.6

1997年全国及各地区农村商品零售价格分类指数(六)

(以上年价格为100)

	四、纺织品类	1. 棉　布	2. 棉花化纤混纺布	3. 化纤布	4. 呢　绒	5. 绸　缎
全国平均	101.9	103.4	102.4	101.0	101.6	101.6
北　京						
天　津						
河　北	105.7	106.2	109.9	105.3	105.4	104.6
山　西	101.1	102.6	108.0	97.0	100.7	103.0
内蒙古	101.3	101.0	100.5	100.1	101.5	102.4
辽　宁	100.1	101.3	100.3	96.3	99.5	105.3
吉　林	101.6	100.6	105.5	100.5	101.8	100.3
黑龙江	100.7	104.5	100.0	100.7	100.9	99.4
上　海						
江　苏	102.0	102.7	102.0	98.2	101.8	101.6
浙　江	101.8	102.2	100.7	102.7	103.0	101.7
安　徽	100.1	103.4	101.6	97.6	100.2	99.5
福　建	99.2	99.9	98.0	99.9	99.0	98.1
江　西	102.4	100.9	105.9	99.7	106.9	104.1
山　东	100.2	101.7	98.2	99.0	100.1	101.8
河　南	101.3	103.5	101.5	100.5	101.5	101.3
湖　北	103.8	103.9	104.2	107.3	100.9	101.2
湖　南	101.0	101.4	96.6	104.5	103.5	100.1
广　东	101.6	105.9	104.5	97.8	99.5	100.6
广　西	104.3	109.5	102.4	103.6	101.4	98.8
海　南	102.2	100.6	110.4	100.0		106.1
四　川	102.4	102.9	104.2	102.1	100.8	101.8
贵　州	100.8	108.3	103.4	98.3	102.3	100.6
云　南	103.1	104.6	98.1	100.2	99.8	105.0
西　藏						
陕　西	101.2	106.0	104.1	99.5	101.9	100.0
甘　肃	103.3	101.4	103.2	107.5	99.8	103.3
青　海	102.2	104.5	100.0	100.0	102.9	100.0
宁　夏	107.1	100.8	103.2	116.6	105.5	102.5
新　疆	103.8	104.8	105.7	100.5	105.5	102.1

1997年全国及各地区农村商品零售价格分类指数(七)

(以上年价格为100)

	6. 其他纺织品	五、中西药品类	1. 中药	2. 西药	3. 医疗用品	六、化妆品类
全国平均	101.8	104.6	108.4	102.1	103.6	102.5
北京						
天津						
河北	103.4	101.9	106.5	98.8	102.5	106.8
山西	101.3	104.9	110.2	100.9	107.3	104.0
内蒙古	102.4	107.4	107.5	107.7	103.9	103.2
辽宁	102.2	104.2	108.1	101.4	104.6	101.7
吉林	101.3	102.3	105.9	99.6	102.6	101.3
黑龙江	99.5	103.5	105.5	102.2	103.5	105.3
上海						
江苏	104.6	103.5	105.6	102.3	103.5	100.4
浙江	100.6	106.3	110.7	102.7	105.6	100.6
安徽	100.4	103.9	107.5	100.9	104.5	99.3
福建	99.5	104.9	110.4	100.4	104.7	100.7
江西	99.8	107.4	112.6	105.1	101.8	106.5
山东	101.1	103.1	107.6	100.4	105.5	102.5
河南	101.0	101.2	104.5	99.4	102.5	102.1
湖北	102.7	106.7	107.1	107.0	103.0	102.3
湖南	100.0	106.2	117.5	99.4	102.6	106.9
广东	101.6	106.5	106.8	106.5	104.0	103.0
广西	103.0	106.1	106.9	106.2	101.6	101.2
海南	98.2	99.5	102.3	98.0	95.9	104.0
四川	101.7	104.2	109.4	100.1	102.3	103.5
贵州	100.2	105.5	109.6	103.7	110.2	103.4
云南	106.4	104.8	108.3	103.4	101.3	101.8
西藏						
陕西	99.1	105.4	107.5	104.1	104.5	106.9
甘肃	100.9	103.4	107.5	100.7	102.1	102.1
青海	103.1	106.1	108.8	103.5	104.4	102.2
宁夏	102.7	104.4	110.1	100.1	104.3	103.3
新疆	103.5	104.9	110.3	102.9	103.2	102.1

1997年全国及各地区农村商品零售价格分类指数(八)

(以上年价格为100)

	七、书报杂志类	八、文化体育用品	1. 文化用品	2. 体育用品	九、日用品类	1. 一般日用品
全国平均	112.5	103.4	102.8	105.1	102.1	102.2
北京						
天津						
河北	113.0	105.7	105.1	107.2	103.2	102.4
山西	126.6	105.5	106.0	103.2	103.0	101.2
内蒙古	111.9	104.7	102.4	108.7	102.4	102.2
辽宁	113.8	102.2	101.6	105.1	100.8	100.9
吉林	116.7	103.4	101.6	108.4	102.6	102.2
黑龙江	110.3	103.4	102.4	105.7	102.0	102.3
上海						
江苏	109.7	101.9	101.8	102.1	100.9	101.4
浙江	110.2	102.3	101.6	104.6	101.3	101.9
安徽	109.3	101.4	100.5	103.3	101.2	101.4
福建	104.8	102.9	101.4	106.7	101.8	102.8
江西	107.6	102.1	101.4	104.8	102.1	100.5
山东	114.9	101.2	100.6	103.2	101.9	102.1
河南	111.5	103.6	103.1	104.9	101.9	100.9
湖北	107.0	103.1	103.8	101.1	101.8	101.5
湖南	111.1	106.7	105.1	110.6	103.9	104.8
广东	117.9	101.4	100.3	104.5	101.4	101.6
广西	122.8	103.2	104.0	101.9	100.9	101.1
海南	120.0	103.2	102.1	106.2	102.8	102.3
四川	107.5	107.0	105.9	110.5	104.6	104.8
贵州	105.4	108.2	110.1	103.4	102.1	103.3
云南	114.1	104.0	103.0	107.3	103.0	103.7
西藏						
陕西	119.3	102.1	101.5	104.2	101.9	101.1
甘肃	114.2	105.1	103.5	109.6	101.7	102.0
青海	121.0	102.8	102.4	105.0	101.7	102.8
宁夏	115.5	104.1	103.9	104.7	101.1	100.4
新疆	132.9	102.6	102.2	103.8	102.4	102.0

1997年全国及各地区农村商品零售价格分类指数(九)

(以上年价格为100)

	2.家具类	3.日用杂品	十、家用电器类	十一、首饰类	十二、燃料类	十三、建筑装璜材料类	十四、机电产品类
全国平均	101.1	103.3	96.2	98.1	106.3	98.3	97.0
北京							
天津							
河北	104.0	103.9	97.9	99.9	108.5	100.3	96.7
山西	102.6	108.7	95.2	98.9	106.6	96.8	95.3
内蒙古	102.9	102.2	95.2	99.0	108.8	102.7	100.8
辽宁	100.5	101.6	97.0	99.1	104.2	98.8	97.7
吉林	103.7	102.5	98.6	97.2	105.5	99.3	99.9
黑龙江	102.1	101.0	99.0	98.9	107.7	100.2	99.2
上海							
江苏	98.7	103.1	98.0	98.8	107.4	96.1	97.3
浙江	99.5	101.5	97.5	98.2	105.3	96.0	95.9
安徽	100.2	102.4	94.5	98.1	105.3	99.2	97.8
福建	100.7	100.4	95.6	94.1	108.9	97.9	94.3
江西	102.5	104.8	95.6	97.6	103.7	96.9	96.2
山东	100.9	103.1	96.8	99.0	106.6	98.0	96.0
河南	102.1	104.8	93.0	97.1	110.4	97.9	97.9
湖北	100.9	103.0	95.3	98.9	106.1	100.6	99.2
湖南	101.6	102.9	95.8	99.6	101.6	94.3	97.3
广东	99.8	103.9	96.1	94.2	103.9	96.1	96.7
广西	99.6	102.1	94.4	99.3	102.1	94.1	95.1
海南	101.6	107.2	98.9	99.0	114.4	100.3	94.0
四川	103.9	104.6	96.0	98.6	107.6	103.3	99.9
贵州	100.3	99.5	93.3	98.3	104.8	98.2	99.7
云南	102.1	102.3	95.2	97.9	110.5	104.6	97.7
西藏							
陕西	102.2	102.7	92.2	98.8	105.4	103.0	94.8
甘肃	100.9	102.4	97.3	102.3	107.1	101.3	97.0
青海	99.6	101.5	98.0	101.4	104.2	102.4	100.0
宁夏	101.0	104.2	95.4	98.6	105.1	101.2	97.4
新疆	101.5	105.0	98.0	99.0	106.6	103.9	101.5

1997年36个大中城市商品零售价格分类指数(一)

(以上年价格为100)

	总指数	一、食品类	1. 粮 食	① 细 粮	② 粗 粮	2. 油脂类
平均指数	100.8	100.6	95.8	95.5	100.1	100.9
北　京	103.8	101.7	96.7	96.9	93.8	100.7
天　津	100.7	100.9	95.4	95.3	95.8	100.0
石家庄	101.1	100.4	94.2	95.5	87.5	98.9
太　原	100.7	101.1	101.0	101.2	96.8	92.1
呼和浩特	102.8	98.9	91.5	91.3	95.0	102.7
沈　阳	101.7	101.8	94.4	94.4	94.8	100.0
大　连	100.6	100.5	98.1	98.8	90.9	100.7
长　春	101.5	101.4	95.7	95.2	104.3	103.2
哈尔滨	101.8	101.3	96.7	96.2	101.2	96.5
上　海	98.8	101.5	94.0	92.9	116.8	100.1
南　京	97.6	96.9	87.7	85.9	108.1	99.6
杭　州	102.4	101.6	89.9	89.1	111.5	98.8
宁　波	100.8	102.0	92.1	92.0	103.2	96.9
合　肥	100.9	96.7	86.9	86.9		103.4
福　州	101.2	100.1	88.2	88.0	106.3	108.7
厦　门	97.9	95.4	88.6	87.4	109.4	103.1
南　昌	99.5	96.9	94.8	94.6	101.3	96.2
济　南	101.5	98.1	96.9	97.0	96.5	110.7
青　岛	100.2	100.3	94.7	94.9	92.0	103.8
郑　州	99.3	99.7	99.2	99.6	86.6	101.2
武　汉	100.7	99.3	95.5	95.2	103.2	101.2
长　沙	100.8	99.2	93.6	93.2	110.9	102.8
广　州	99.4	100.2	98.8	98.7	100.4	96.6
深　圳	100.0	100.7	98.7	98.1	102.6	106.2
南　宁	99.4	97.9	97.1	96.2	107.1	101.1
海　口	99.6	97.9	90.8	90.8	89.5	94.9
重　庆	101.6	103.7	103.8	104.1	101.0	102.9
成　都	102.2	105.0	104.5	104.0	109.1	102.3
贵　阳	100.7	102.1	99.6	99.6	103.1	98.9
昆　明	101.4	101.7	89.2	88.5	101.7	99.6
拉　萨	102.2	106.2	95.2	94.7	101.4	88.2
西　安	101.5	101.0	103.5	103.8	99.3	99.6
兰　州	101.5	100.8	96.7	96.4	101.4	99.0
西　宁	103.1	102.6	106.7	106.9	105.0	100.3
银　川	102.2	102.2	100.8	100.7	102.3	96.7
乌鲁木齐	101.0	96.7	110.7	110.6	119.2	101.0

1997年36个大中城市商品零售价格分类指数(二)

(以上年价格为100)

	3. 肉禽蛋	4. 水产品	5. 鲜　菜	6. 干　菜	7. 鲜　果	8. 干　果
平均指数	101.7	100.0	99.9	103.8	92.8	106.0
北　　京	102.3	109.9	94.8	107.7	94.0	112.9
天　　津	98.4	103.9	102.6	103.0	94.9	107.1
石 家 庄	100.6	109.1	100.1	96.2	90.2	109.2
太　　原	96.0	103.0	111.0	101.7	94.3	107.0
呼和浩特	94.7	106.1	108.4	106.9	87.0	107.8
沈　　阳	104.4	109.6	104.1	106.7	94.3	109.8
大　　连	100.0	106.2	98.8	102.6	94.6	116.3
长　　春	104.6	105.4	100.0	113.3	90.8	113.9
哈 尔 滨	102.7	111.5	101.5	112.0	92.4	108.8
上　　海	105.4	96.7	97.5	105.1	91.6	101.1
南　　京	101.2	97.1	92.3	108.1	87.8	98.9
杭　　州	97.0	107.0	105.3	107.8	101.0	96.3
宁　　波	103.3	104.9	117.2	104.6	89.4	92.2
合　　肥	102.6	100.9	91.7	97.8	85.7	106.5
福　　州	101.9	105.6	104.1	100.7	89.8	97.6
厦　　门	97.0	93.3	100.1	97.5	88.4	104.2
南　　昌	97.0	94.3	96.1	105.1	88.5	97.6
济　　南	101.7	115.6	89.9	98.5	89.5	103.9
青　　岛	105.4	102.6	92.1	107.7	93.4	108.6
郑　　州	102.4	106.0	89.1	95.7	87.4	116.1
武　　汉	106.2	96.7	92.9	99.3	88.9	102.4
长　　沙	98.7	97.8	100.7	91.4	90.1	111.1
广　　州	100.9	95.6	110.2	99.8	87.5	115.3
深　　圳	99.6	94.3	106.4	96.7	93.7	96.8
南　　宁	95.0	93.7	100.5	106.1	97.8	102.6
海　　口	94.5	91.7	102.5	105.7	96.7	99.1
重　　庆	109.4	101.0	96.8	93.7	96.0	114.6
成　　都	107.4	104.0	100.2	103.4	94.3	110.1
贵　　阳	102.3	100.9	97.8	89.6	91.6	110.3
昆　　明	100.2	102.7	110.5	98.0	96.2	95.6
拉　　萨	108.0	91.1	116.4	100.7	119.7	128.4
西　　安	98.8	102.8	98.8	99.0	97.8	111.5
兰　　州	99.2	95.9	107.9	103.5	94.7	98.5
西　　宁	98.3	103.9	102.3	111.1	95.1	108.9
银　　川	98.4	107.9	103.9	105.3	94.7	100.4
乌鲁木齐	95.2	108.5	86.8	100.5	85.5	101.9

1997年36个大中城市商品零售价格分类指数(三)

(以上年价格为100)

	9.其他食品	①调味品	②食　糖	③糖　果	④糕　点	⑤奶及奶制品
平均指数	104.1	103.7	99.6	102.4	103.8	107.3
北　京	106.5	105.5	97.9	101.7	104.5	117.7
天　津	102.4	101.7	99.6	101.3	101.2	108.7
石家庄	102.8	103.1	96.4	101.6	104.7	102.8
太　原	99.0	106.4	98.4	100.2	93.8	99.6
呼和浩特	98.6	97.2	96.9	101.3	98.1	99.2
沈　阳	104.0	102.5	99.9	108.1	103.1	100.4
大　连	106.8	102.2	100.4	100.8	112.1	106.8
长　春	101.0	99.9	103.5	101.9	100.5	101.9
哈尔滨	102.2	99.9	101.6	105.9	97.8	103.5
上　海	104.4	100.4	97.8	100.7	102.0	111.6
南　京	101.8	106.0	94.5	99.9	104.9	100.3
杭　州	98.9	102.9	97.6	98.3	98.5	99.0
宁　波	100.8	102.5	95.7	100.9	103.6	99.6
合　肥	100.7	103.0	97.5	97.2	102.8	100.2
福　州	102.4	109.8	96.3	100.7	100.0	100.7
厦　门	101.0	99.9	96.0	97.2	106.4	99.2
南　昌	104.3	103.1	96.4	113.1	106.6	98.5
济　南	110.9	109.9	104.4	133.8	112.1	100.3
青　岛	105.0	103.2	99.6	103.1	108.8	101.2
郑　州	104.1	99.7	98.2	99.6	110.2	104.3
武　汉	101.1	106.1	99.4	101.2	101.4	97.0
长　沙	101.3	98.8	98.6	97.7	103.8	99.0
广　州	102.3	105.2	98.8	104.8	100.5	101.6
深　圳	106.5	102.4	103.5	104.2	109.2	106.8
南　宁	106.3	104.2	112.3	97.0	102.1	112.4
海　口	101.0	103.9	101.7	104.6	100.7	102.3
重　庆	103.0	108.4	104.2	104.7	102.1	99.2
成　都	106.9	106.7	108.0	106.9	110.5	104.0
贵　阳	104.3	104.2	94.7	98.7	104.9	109.4
昆　明	106.7	102.9	98.6	102.5	100.0	119.2
拉　萨	98.7	104.0	100.0	93.8	100.0	98.5
西　安	101.4	103.6	99.8	101.9	102.1	100.7
兰　州	101.6	101.9	95.1	100.6	106.9	101.4
西　宁	102.3	103.3	101.0	100.7	103.4	106.1
银　川	113.3	101.7	96.4	112.0	122.3	111.3
乌鲁木齐	101.4	107.4	96.2	100.1	101.3	100.1

1997年36个大中城市商品零售价格分类指数(四)

(以上年价格为100)

	⑥罐头	10.饮食业	①主食	②炒菜	③地方小吃	二、饮料烟酒类
平均指数	102.8	103.9	107.2	102.9	103.8	100.9
北京	100.5	102.9	106.5	101.4	103.9	105.6
天津	103.6	106.9	113.5	102.9	105.7	102.7
石家庄	105.1	103.3	106.8	102.5	100.0	106.8
太原	98.5	105.2	100.9	104.9	112.5	96.6
呼和浩特	100.2	110.8	113.7	112.2	104.4	102.3
沈阳	113.3	101.5	101.6	101.4	101.9	101.2
大连	108.3	95.5	102.0	93.4	99.6	99.5
长春	100.4	103.1	102.1	104.7	100.0	104.6
哈尔滨	108.7	103.5	105.3	103.3	101.4	98.4
上海	100.6	108.5	116.1	107.6	101.4	92.7
南京	104.2	106.6	108.9	104.8	108.6	98.3
杭州	103.3	113.4	106.8	111.8	118.3	96.3
宁波	98.3	105.5	100.4	106.7	109.3	96.4
合肥	103.2	101.2	99.9	101.2	102.6	100.5
福州	100.6	100.7	100.5	101.0	99.6	105.0
厦门	97.7	96.5	103.6	90.8	100.0	97.6
南昌	102.0	102.6	105.8	101.9	100.0	94.9
济南	106.5	105.7	112.7	100.0	110.9	106.2
青岛	108.7	103.0	108.0	101.9	96.2	103.4
郑州	104.9	102.6	103.8	100.2	110.2	102.5
武汉	97.6	100.8	100.2	100.6	105.6	102.1
长沙	114.3	106.3	107.6	106.6	100.0	102.1
广州	112.7	100.3	105.4	99.0	100.9	98.9
深圳	104.3	102.8	99.1	102.9	105.5	106.0
南宁	100.0	103.0	100.6	103.5	104.7	102.6
海口	93.8	109.0	112.8	110.0	106.3	93.1
重庆	98.7	102.2	114.2	97.0	100.0	99.6
成都	104.8	109.7	116.9	106.3	113.6	100.3
贵阳	101.7	114.7	102.0	117.3	111.0	100.1
昆明	102.1	110.0	100.1	118.8	105.4	98.6
拉萨	101.7	101.5	100.0	104.4	100.0	97.0
西安	103.2	106.9	102.5	110.2	102.4	103.6
兰州	102.0	102.9	103.1	103.3	99.7	102.3
西宁	99.0	102.3	100.5	103.8	101.3	100.5
银川	105.3	103.6	98.2	104.1	107.4	99.0
乌鲁木齐	101.7	98.4	104.9	84.8	100.9	102.2

1997年36个大中城市商品零售价格分类指数(五)

(以上年价格为100)

	1. 饮 料	2. 烟 酒	三、服 装 鞋帽类	1. 服 装	2. 鞋	3. 其他衣着
平均指数	101.0	100.9	102.8	102.5	102.9	105.4
北 京	102.2	107.4	103.1	102.6	104.5	103.3
天 津	100.5	103.4	99.3	98.4	101.1	100.7
石 家 庄	99.6	110.7	105.9	103.0	111.3	107.4
太 原	93.8	97.4	99.9	107.3	88.3	100.4
呼和浩特	110.3	100.6	114.2	108.6	131.3	109.5
沈 阳	101.3	101.1	108.1	110.2	103.5	108.0
大 连	95.8	101.1	102.5	101.4	100.4	125.1
长 春	96.9	107.5	104.4	99.5	112.1	103.8
哈 尔 滨	94.7	99.3	105.3	104.3	107.7	105.1
上 海	102.7	90.4	99.9	99.3	101.8	100.2
南 京	103.4	96.9	98.6	99.9	94.2	102.1
杭 州	102.4	95.3	107.7	104.0	107.5	119.2
宁 波	95.3	96.8	108.0	108.4	112.2	104.3
合 肥	104.7	98.5	104.8	106.9	102.1	101.6
福 州	102.4	106.2	109.1	107.8	109.5	113.8
厦 门	97.4	97.7	102.0	102.7	100.1	100.8
南 昌	102.0	92.3	110.4	111.6	108.5	109.3
济 南	115.3	100.9	103.5	105.6	100.6	101.6
青 岛	97.9	108.6	103.3	104.9	98.1	104.8
郑 州	100.8	102.9	100.8	100.4	101.4	101.4
武 汉	102.8	101.9	102.7	102.8	100.7	112.2
长 沙	103.1	101.8	106.6	107.9	105.0	103.8
广 州	100.0	98.5	101.6	101.3	102.5	101.8
深 圳	102.2	106.9	104.1	104.0	106.7	101.4
南 宁	100.1	103.3	92.1	90.9	95.4	93.3
海 口	95.0	92.1	108.2	108.0	112.2	99.3
重 庆	99.8	99.5	100.9	100.7	98.0	112.9
成 都	99.1	100.5	102.6	103.1	101.0	104.3
贵 阳	101.5	99.8	101.7	103.0	99.0	99.9
昆 明	104.6	96.1	106.1	106.5	99.7	116.1
拉 萨	100.9	95.1	101.3	105.0	89.9	99.0
西 安	98.4	106.9	107.7	110.1	102.6	110.5
兰 州	101.9	102.3	103.7	104.1	102.7	104.0
西 宁	103.3	99.8	105.2	106.5	104.3	98.1
银 川	111.8	96.5	108.6	102.7	114.6	109.2
乌鲁木齐	108.6	101.0	105.4	105.3	105.9	104.6

1997年36个大中城市商品零售价格分类指数(六)

(以上年价格为100)

	四、纺织品类	1. 棉 布	2. 棉花化纤混纺布	3. 化纤布	4. 呢 绒	5. 绸 缎
平均指数	101.7	101.6	100.8	101.6	102.4	101.5
北 京	102.2	100.6	104.8	100.5	103.1	102.4
天 津	98.3	101.4	100.3	100.0	89.8	101.1
石家庄	101.4	100.0	104.6	97.1	103.9	102.9
太 原	101.5	106.6	107.7	114.0	104.3	101.2
呼和浩特	103.1	103.2	101.8	102.6	108.4	99.9
沈 阳	99.3	102.3	96.0	88.2	102.1	101.9
大 连	103.9	101.4	97.2	102.9	105.7	102.4
长 春	100.6	93.3	100.3	97.5	96.9	102.8
哈尔滨	106.2	107.1	102.5	102.0	109.4	99.7
上 海	100.3	102.0	83.2	99.2	99.1	102.6
南 京	101.5	101.1	94.5	106.1	98.3	99.5
杭 州	107.6	108.7	105.2	117.4	108.4	105.3
宁 波	102.4	85.4	113.6	115.2	103.1	105.0
合 肥	102.9	105.4	108.0	100.1	104.0	100.2
福 州	101.7	102.4	104.1	98.4	116.2	99.6
厦 门	101.9	96.2	106.7	98.1	102.2	106.7
南 昌	102.1	100.0	100.0	100.0	100.9	93.8
济 南	103.1	104.7	97.8	94.2	103.3	104.8
青 岛	100.2	102.2	103.2	104.4	98.8	98.5
郑 州	100.3	100.5	100.9	100.0	101.2	100.5
武 汉	102.5	99.0	99.8	101.6	105.6	109.7
长 沙	104.8	101.7	100.0	113.1	99.4	100.0
广 州	100.5	103.1	96.7	101.5	97.2	100.0
深 圳	100.6	93.3	90.6	101.6	102.3	94.6
南 宁	100.0	102.6	100.0	100.0	100.0	100.0
海 口	107.4	101.1	112.5	100.0	100.0	100.0
重 庆	110.7	103.8	112.5	105.9	120.2	104.2
成 都	101.9	106.4	111.2	100.0	101.2	100.1
贵 阳	101.6	99.2	102.2	100.8	101.8	104.1
昆 明	100.9	105.1	100.2	85.4	103.3	102.5
拉 萨	101.9	100.0	95.1	130.4	118.9	109.5
西 安	101.3	98.9	100.0	98.2	106.4	96.7
兰 州	103.7	99.8	103.5	116.7	104.0	100.3
西 宁	100.4	103.2	100.1	95.3	99.5	99.5
银 川	103.0	101.1	95.1	104.4	118.4	94.4
乌鲁木齐	98.8	98.9	78.5	98.8	95.4	100.2

1997年36个大中城市商品零售价格分类指数(七)

(以上年价格为100)

	6. 其 他 纺织品	五、中 西 药品类	1. 中 药	2. 西 药	3. 医疗用品	六、化妆品类
平均指数	101.6	104.1	109.5	100.4	102.6	101.9
北 京	103.5	105.2	112.2	101.5	101.1	103.1
天 津	100.4	103.9	111.9	98.0	98.6	100.2
石 家 庄	101.0	102.8	108.2	99.3	99.3	103.8
太 原	96.3	104.8	109.7	100.5	100.1	98.4
呼和浩特	98.2	106.6	111.5	104.9	108.6	105.7
沈 阳	101.4	102.7	102.9	101.7	105.2	106.2
大 连	107.1	101.8	109.7	100.4	100.8	103.4
长 春	106.4	101.8	106.7	98.1	101.0	100.4
哈 尔 滨	109.1	105.1	113.2	100.3	102.1	102.0
上 海	100.7	102.2	109.1	97.3	100.7	99.9
南 京	101.9	101.0	103.5	99.2	100.6	101.3
杭 州	105.7	104.9	107.8	100.6	110.5	106.7
宁 波	101.1	104.6	108.3	101.2	105.6	100.9
合 肥	101.9	108.3	113.9	105.0	103.4	101.6
福 州	99.7	105.1	107.1	103.9	105.1	101.7
厦 门	101.1	102.1	104.0	100.8	101.8	98.7
南 昌	104.6	117.3	118.7	118.4	101.8	101.1
济 南	105.3	109.9	114.5	108.0	106.2	106.7
青 岛	100.8	103.1	117.6	96.1	101.3	103.1
郑 州	99.6	104.9	113.0	101.3	106.0	98.3
武 汉	99.5	101.5	107.5	98.8	107.2	118.5
长 沙	98.0	99.3	109.3	92.6	103.7	103.6
广 州	103.2	105.7	104.9	107.0	105.8	102.2
深 圳	107.9	104.7	104.1	105.2	105.5	97.7
南 宁	99.1	118.2	130.4	107.0	104.1	96.9
海 口	110.3	104.3	104.9	103.9	101.3	103.1
重 庆	109.6	102.1	107.2	99.2	101.2	100.3
成 都	100.2	104.7	101.9	106.7	100.2	101.3
贵 阳	102.4	103.8	118.7	98.8	102.1	104.0
昆 明	100.8	104.0	108.1	100.2	106.0	99.4
拉 萨	94.2	106.3	100.1	110.0	110.5	91.9
西 安	100.9	107.0	115.7	100.9	105.0	103.0
兰 州	103.1	101.7	103.6	99.4	104.1	98.4
西 宁	101.6	98.8	102.0	98.4	105.8	102.0
银 川	101.5	103.3	110.1	97.3	108.7	104.4
乌鲁木齐	105.2	107.5	117.6	100.0	100.8	98.7

1997年36个大中城市商品零售价格分类指数(八)

(以上年价格为100)

	七、书报杂志类	八、文化体育用品	1. 文化用品	2. 体育用品	九、日用品类	1. 一般日用品
平均指数	113.9	99.9	99.0	103.7	102.7	102.6
北京	118.0	100.7	100.7	101.5	109.6	102.1
天津	134.1	98.9	96.6	110.4	102.0	102.9
石家庄	108.4	100.7	100.4	101.0	104.4	102.1
太原	109.1	102.2	101.0	113.4	102.4	102.9
呼和浩特	105.2	105.2	106.9	100.2	104.7	101.0
沈阳	111.7	99.3	98.0	102.8	99.9	100.6
大连	116.2	101.7	100.9	103.1	101.2	101.8
长春	115.3	100.5	98.0	105.8	102.1	105.0
哈尔滨	121.7	100.3	97.7	112.0	103.6	101.7
上海	112.8	97.2	96.4	100.2	100.2	101.8
南京	105.6	96.2	95.1	99.8	99.0	100.9
杭州	118.1	102.5	102.5	102.4	104.1	103.0
宁波	103.6	100.6	99.5	105.1	100.0	97.6
合肥	129.0	103.0	102.9	103.6	105.9	107.2
福州	103.1	98.7	98.6	100.0	100.0	100.9
厦门	112.8	98.7	98.1	100.2	100.9	101.5
南昌	102.5	100.2	100.2	100.8	103.1	102.3
济南	123.0	102.8	102.2	104.2	103.9	102.2
青岛	112.9	95.1	93.5	100.4	98.7	101.0
郑州	106.5	100.2	100.1	100.4	100.0	99.9
武汉	105.3	97.9	96.6	101.3	107.1	117.5
长沙	110.4	101.7	100.4	104.7	103.8	104.8
广州	107.4	98.6	97.6	101.3	99.8	100.5
深圳	112.8	97.3	96.1	106.2	99.6	100.4
南宁	119.9	99.3	99.3	99.2	101.5	100.7
海口	132.1	100.1	100.0	101.5	101.3	101.8
重庆	105.4	99.9	99.9	100.0	98.8	100.0
成都	106.9	102.8	99.9	110.8	104.0	104.0
贵阳	109.1	96.1	94.1	104.2	102.2	99.7
昆明	117.5	101.0	100.3	108.0	100.9	101.8
拉萨	119.9	100.3	98.8	106.8	96.5	97.6
西安	124.1	101.6	100.2	112.7	101.7	102.4
兰州	112.5	106.2	101.1	113.9	103.5	103.0
西宁	123.4	102.2	101.7	108.8	102.9	102.3
银川	115.2	91.5	91.4	91.9	103.2	101.3
乌鲁木齐	110.7	100.1	99.1	109.1	101.5	100.0

1997年36个大中城市商品零售价格分类指数(九)

(以上年价格为100)

	2.家具类	3.日用杂品	十、家用电器类	十一、首饰类	十二、燃料类	十三、建筑装璜材料类	十四、机电产品类
平均指数	103.6	101.3	94.2	97.3	112.6	99.4	94.2
北　京	117.7	106.5	99.1	99.0	156.9	106.9	93.5
天　津	100.0	102.2	93.4	98.7	122.3	98.4	92.9
石家庄	107.0	104.9	95.2	97.7	103.5	98.0	95.6
太　原	102.8	99.1	100.3	99.7	103.0	101.4	96.5
呼和浩特	103.2	112.8	98.1	100.1	108.0	103.8	97.4
沈　阳	100.3	99.0	96.0	97.9	106.1	98.8	98.1
大　连	100.8	99.3	95.9	99.5	98.8	97.9	97.9
长　春	98.6	102.7	92.1	98.6	103.0	102.1	95.6
哈尔滨	103.2	112.0	96.7	97.7	105.4	95.3	97.1
上　海	95.7	100.0	87.2	94.9	123.0	92.0	95.2
南　京	100.1	93.8	85.0	98.9	111.7	101.1	94.6
杭　州	103.6	111.5	98.6	100.6	104.8	100.5	97.4
宁　波	106.8	101.0	96.2	96.9	106.9	106.4	97.9
合　肥	105.4	102.2	96.9	98.3	110.6	100.8	92.6
福　州	98.4	103.3	98.4	98.5	102.2	98.8	99.9
厦　门	99.9	101.7	95.3	97.7	108.1	97.0	95.7
南　昌	105.8	106.0	94.3	98.2	106.1	98.7	94.9
济　南	110.3	97.9	95.7	97.2	104.9	108.6	95.0
青　岛	98.5	94.4	95.3	98.6	106.1	95.8	96.0
郑　州	99.6	101.1	93.0	100.2	105.8	97.5	93.4
武　汉	95.1	95.9	93.2	98.9	109.9	102.0	96.5
长　沙	102.2	103.2	94.7	95.0	105.7	103.8	92.3
广　州	99.1	98.9	94.2	94.6	109.1	97.4	87.0
深　圳	98.3	100.2	95.6	94.6	100.0	101.1	90.3
南　宁	102.7	102.8	96.6	98.5	110.2	98.4	91.0
海　口	100.4	101.4	98.4	99.1	105.4	93.1	97.4
重　庆	95.9	100.0	92.7	95.6	109.4	100.9	97.8
成　都	105.5	100.2	97.2	95.0	114.6	98.7	95.4
贵　阳	107.8	100.0	96.1	97.3	102.4	97.4	97.6
昆　明	98.6	100.0	97.0	95.7	103.5	101.5	98.8
拉　萨	94.0	99.8	98.2	99.0	106.2	93.9	95.4
西　安	100.8	101.9	94.6	95.6	103.9	97.5	91.1
兰　州	106.7	102.0	97.7	98.0	102.6	96.9	93.6
西　宁	103.8	104.2	94.4	100.1	113.7	107.8	98.2
银　川	102.4	116.5	97.0	98.2	106.3	97.8	96.9
乌鲁木齐	106.5	102.6	94.7	96.7	124.5	99.5	99.1

1997年全国及各地区农业生产资料价格分类指数(一)

(以上年价格为100)

	农业生产资料价格指数	1. 小农具	2. 饲料	3. 幼禽家畜	4. 大牲畜	5. 半机械化农具
全国平均	99.5	106.9	94.8	132.9	98.9	101.4
北京						
天津						
河北	104.3	115.8	92.2	143.8	104.2	102.5
山西	104.3	106.3	87.3	156.0	99.8	106.3
内蒙古	104.0	112.1	87.5	168.9	101.0	101.9
辽宁	99.2	103.6	93.6	176.6	87.8	101.2
吉林	99.8	107.3	103.1	133.0	105.1	105.7
黑龙江	100.6	101.5	98.2	146.8	98.8	98.3
上海						
江苏	101.2	107.3	94.6	143.9	104.6	102.5
浙江	99.7	101.7	95.0	123.7	87.8	103.8
安徽	98.9	102.9	89.3	136.1	98.9	101.0
福建	99.5	102.9	102.6	112.1	96.4	100.6
江西	100.4	117.3	102.8	123.2	101.4	97.4
山东	96.6	107.8	90.4	131.1	100.6	100.8
河南	99.3	108.3	89.7	158.3	99.7	101.9
湖北	96.0	109.6	97.9	137.2	97.2	98.7
湖南	97.9	114.0	102.1	136.0	82.1	100.1
广东	98.2	102.7	98.5	108.9	98.3	100.3
广西	100.3	100.7	98.7	122.4	96.3	98.8
海南	100.3	102.9	95.5	101.2	100.7	101.3
四川	100.9	107.7	100.7	131.7	103.8	101.2
贵州	101.3	102.8	97.7	140.1	93.0	97.9
云南	102.4	106.4	96.1	112.1	104.8	99.7
西藏						
陕西	102.4	106.7	90.0	146.6	105.6	100.3
甘肃	101.4	106.7	99.1	117.6	91.4	101.5
青海	105.0	100.8	101.5	126.2	102.4	100.1
宁夏	98.2	104.7	83.1	133.5	90.8	98.4
新疆	106.5	103.0	100.3	116.2	96.2	102.9

1997年全国及各地区农业生产资料价格分类指数(二)

(以上年价格为100)

	6. 机械化农具	7. 化学肥料	8. 农药及农药械	① 化学农药	② 农药械	9. 农机用油	10. 其他
全国平均	99.0	92.2	98.6	98.3	100.9	109.0	98.1
北京							
天津							
河北	100.0	92.3	97.9	97.6	99.6	119.0	99.4
山西	101.3	93.2	105.7	104.9	108.5	106.2	97.1
内蒙古	102.1	95.2	115.1	116.0	108.8	105.9	100.4
辽宁	102.6	90.8	100.9	101.2	97.5	106.3	94.4
吉林	98.8	91.9	101.8	102.1	98.2	111.6	97.8
黑龙江	99.1	93.9	102.0	101.7	103.5	106.4	99.0
上海							
江苏	98.6	93.7	100.2	100.4	98.0	104.4	98.0
浙江	100.5	91.6	97.5	97.3	98.7	103.2	97.6
安徽	95.8	93.5	99.4	98.6	106.3	106.8	97.1
福建	99.2	96.0	96.0	95.2	99.0	102.7	99.3
江西	100.1	93.9	95.1	93.1	105.6	103.0	100.0
山东	96.4	85.7	96.1	95.3	100.0	113.3	96.0
河南	96.1	88.7	97.6	97.3	99.8	111.5	99.4
湖北	99.3	89.8	99.0	99.1	97.6	110.7	94.7
湖南	98.5	87.9	98.6	98.6	98.6	104.9	101.3
广东	100.2	94.3	96.5	96.1	99.7	99.4	102.6
广西	99.6	92.0	96.7	96.2	102.7	110.5	106.7
海南	100.9	97.6	99.5	100.2	96.3	103.1	110.8
四川	99.5	96.0	101.5	101.6	100.8	119.5	99.3
贵州	105.7	94.2	101.4	102.2	98.6	101.6	100.1
云南	100.1	100.2	101.7	101.4	103.3	114.3	101.2
西藏							
陕西	104.3	91.4	99.8	99.3	102.2	111.7	101.8
甘肃	99.7	97.6	99.3	99.4	99.0	104.0	100.5
青海	101.1	102.1	106.5	107.2	102.5	115.4	106.8
宁夏	96.5	91.9	99.3	99.1	100.5	112.8	95.5
新疆	103.8	109.7	114.6	117.8	104.2	109.8	106.6

1997年全国及各地区农产品收购价格分类指数(一)

(以上年价格为100)

	总指数	一、粮食类	二、经济作物类	1. 食用植物油及油料	2. 棉花	3. 麻
全国平均	95.5	90.2	98.0	104.8	99.8	86.4
北京						
天津						
河北	93.3	85.6	102.1	106.0	99.3	91.0
山西	98.7	95.4	97.7	98.4	98.7	97.6
内蒙古	94.9	92.5	100.8	100.3		
辽宁	92.7	94.1	97.2	110.3	104.8	
吉林	96.0	97.3	90.2	98.6		
黑龙江	99.8	97.9	95.1	93.4		89.2
上海						
江苏	94.8	85.0	101.4	107.1	100.0	91.1
浙江	96.2	93.7	98.1	99.7	100.3	76.7
安徽	93.6	85.1	97.0	114.0	98.3	94.9
福建	93.4	90.8	100.1	103.4		
江西	97.0	88.4	99.0	97.3	100.2	87.3
山东	91.4	85.8	110.4	113.3	113.4	
河南	95.0	85.1	101.7	113.6	98.4	81.1
湖北	96.7	93.8	97.7	100.5	98.9	74.8
湖南	95.3	91.9	97.0	96.9	99.3	85.5
广东	96.0	85.4	105.1	100.4		113.2
广西	96.3	89.4	91.2	106.2		79.3
海南						
四川	105.0	92.9	101.3	101.1	100.3	104.6
贵州	96.6	82.6	92.6	98.3		
云南	92.6	91.6	91.3	98.7		
西藏						
陕西	96.0	93.3	98.8	98.9	100.4	101.9
甘肃	97.8	90.6	97.9	99.7	100.0	88.7
青海	91.9	87.0	101.8	101.8		
宁夏	93.5	90.6	97.7	102.2		100.0
新疆	96.0	97.6	99.3	108.6	97.4	

1997年全国及各地区农产品收购价格分类指数(二)

(以上年价格为100)

	4. 烟　叶	5. 糖　料	6. 茶　叶	三、竹木材类	1. 木　材	2. 竹　材
全国平均	89.3	97.6	90.9	98.9	99.5	96.2
北　京						
天　津						
河　北	98.5	86.7				
山　西	87.6	94.0		92.3	92.3	
内蒙古	96.7	102.2				
辽　宁	52.0	101.1		80.7	80.7	
吉　林	68.8	86.1		99.6	99.6	
黑龙江	100.0	95.7		107.7	107.7	
上　海						
江　苏			117.3	99.8		99.8
浙　江	104.9		106.0	93.1	91.2	95.4
安　徽	72.2		77.8	100.9	103.6	96.5
福　建	98.9	112.1	90.7	107.6	110.3	94.0
江　西	99.5	97.6	92.8	104.5	108.9	96.6
山　东	95.6			81.8	81.8	
河　南	108.4		66.7	103.7	103.7	
湖　北	99.7		93.9	100.8	100.4	102.4
湖　南	88.5	103.7	112.6	82.5	81.7	93.0
广　东	100.4	112.2	96.3	99.3	100.8	93.8
广　西	62.9	91.6	122.6	91.1	89.5	112.5
海　南						
四　川	109.5	98.0	104.6	98.5	98.1	104.8
贵　州	83.2	154.1	86.4	95.9	91.3	100.0
云　南	88.5	100.6	117.3	104.7	104.7	90.0
西　藏						
陕　西	76.1		103.0	100.7	100.7	
甘　肃	98.3	95.2	90.9			
青　海						
宁　夏	80.5	100.0				
新　疆	115.3	93.7		78.2	78.2	

1997年全国及各地区农产品收购价格分类指数(三)

(以上年价格为100)

	四、工业用油漆类	1. 工业用油脂油料	2. 工业用漆胶	五、禽畜产品类	1. 肉畜	2. 禽蛋
全国平均	107.0	121.0	81.2	101.8	107.7	86.3
北京						
天津						
河北				101.5	110.3	78.6
山西				101.1	109.3	79.4
内蒙古	111.1	111.1		95.7	98.4	82.3
辽宁				98.6	113.0	85.4
吉林	129.7	129.7		88.9	92.8	71.0
黑龙江				102.3	111.2	87.1
上海						
江苏	93.5	93.5		104.0	112.7	86.7
浙江				104.2	109.6	83.7
安徽	99.0	99.0		100.9	122.7	70.8
福建				97.5	100.6	87.8
江西	76.4	76.4		103.4	106.9	89.4
山东				103.5	110.7	93.4
河南	111.7	111.9	111.3	108.7	113.9	79.7
湖北	100.5	100.4	102.7	99.7	105.6	91.6
湖南	103.7	101.9	110.0	102.1	104.3	94.2
广东	141.2	141.2	100.3	92.7	101.1	87.1
广西	136.4	136.4		101.2	103.5	88.5
海南						
四川	139.6	142.6	99.3	115.9	117.7	100.6
贵州	154.8	171.3	76.5	106.2	107.0	93.9
云南	78.5	109.3	78.2	103.5	104.5	82.7
西藏						
陕西	200.0	105.0	218.8	97.8	102.4	84.4
甘肃	84.5		84.5	103.3	104.4	97.2
青海				89.4	99.1	91.3
宁夏				93.1	96.9	85.6
新疆				87.2	98.9	80.9

1997年全国及各地区农产品收购价格分类指数(四)

(以上年价格为100)

	3. 皮　张	4. 鬃　毛	5. 其　他畜产品	六、蚕　茧蚕丝类	七、干鲜果类	1. 瓜　果
全国平均	90.0	94.7	90.9	129.1	88.6	87.9
北　　京						
天　　津						
河　　北	88.4	94.3	90.0	103.9	94.8	91.6
山　　西	94.0	101.5	103.7	125.2	97.8	96.9
内 蒙 古	88.5	92.6	107.3	74.0	103.8	105.0
辽　　宁	79.5	87.5	100.0	110.4	56.8	56.4
吉　　林	87.3	97.6	85.2	100.0	95.6	84.6
黑 龙 江	101.7	106.6	101.1	124.1	103.3	102.8
上　　海						
江　　苏	94.5	104.3	104.0	136.9	76.7	75.5
浙　　江	93.4	100.3	99.7	130.3	65.1	58.8
安　　徽	93.4	85.9	104.3	127.8	85.2	85.2
福　　建	101.0	103.2	105.9		71.4	68.5
江　　西	107.0	82.6	98.5		68.7	68.3
山　　东	101.8	107.5	99.6	105.3	100.7	100.6
河　　南	104.2	140.9	102.7	118.6	86.8	84.0
湖　　北	99.0			126.4	88.3	98.4
湖　　南	87.5	89.0	122.9		59.2	54.0
广　　东	79.6	97.0		119.2	89.0	88.8
广　　西	97.0	100.0		125.1	101.4	101.9
海　　南						
四　　川	115.8	102.4	111.6	140.8	98.5	93.4
贵　　州	96.4		88.1	116.0	83.7	83.4
云　　南	115.6	76.5	99.3	105.9	96.3	84.1
西　　藏						
陕　　西	83.2	122.0	100.5	116.3	81.7	77.8
甘　　肃	91.5	91.7	124.9	106.6	100.5	98.3
青　　海	77.3	81.3	82.2		83.1	79.0
宁　　夏	84.0	86.2	98.7	114.6	97.9	101.2
新　　疆	76.0	83.0	72.7	99.4	101.3	109.0

1997年全国及各地区农产品收购价格分类指数(五)

(以上年价格为100)

	2. 干　果	八、干鲜菜及调味品类	1. 鲜　菜	2. 干　菜	3. 调味品	九、药材类
全国平均	93.6	92.8	91.6	98.8	97.3	99.9
北　京						
天　津						
河　北	102.9	89.6	87.5	96.9	99.7	118.9
山　西	114.5	102.5	102.7	82.1	107.7	119.1
内蒙古	99.0	89.3	90.9	72.9	60.4	101.0
辽　宁	59.9	98.0	99.3	96.4		88.1
吉　林	143.9	95.1	94.7	127.3		80.5
黑龙江	110.9	118.8	126.7	102.1		94.1
上　海						
江　苏	90.9	86.1	85.3	177.1		88.4
浙　江	96.1	93.4	93.7	93.0		72.6
安　徽	0.0	84.6	82.1	96.6		97.9
福　建	91.6	98.8	100.2	96.6		94.6
江　西	96.3	99.0	99.0	79.8		107.2
山　东	103.0	80.1	80.2	73.1	94.4	94.0
河　南	104.1	81.9	80.8	130.8	96.8	104.7
湖　北	71.7	86.4	72.1	113.9		100.9
湖　南	73.3	90.3	88.6	94.3		95.6
广　东	94.8	102.0	101.8	102.2	151.4	116.8
广　西	90.2	87.1	86.4	120.0	93.4	100.2
海　南						
四　川	106.7	116.1	94.8	137.2	101.4	121.7
贵　州	110.1	89.0	89.9	53.7		105.6
云　南	102.5	94.7	107.2	84.2	96.5	107.3
西　藏						
陕　西	92.9	84.7	84.4	89.5	69.6	117.5
甘　肃	106.1	102.0	104.2	98.3	113.0	110.0
青　海	111.1	109.8	107.2	170.4	64.0	102.5
宁　夏	74.2	103.8	103.5	104.3	106.7	106.5
新　疆	53.3	81.9	81.8	92.1		113.7

1997年全国及各地区农产品收购价格分类指数(六)

(以上年价格为100)

	十、土 副产品类	十一、水产品类	1.海水鲜品	2. 淡水鲜品	3. 其 他水产品
全国平均	101.0	91.7	87.2	97.4	91.1
北　京					
天　津					
河　北	92.4	108.1		108.1	
山　西	116.2	103.4		103.4	
内蒙古	105.4	106.5		106.5	
辽　宁	92.1	94.9	90.0	126.5	75.0
吉　林	105.4	111.1		111.1	
黑龙江	86.0	105.2		105.2	
上　海					
江　苏	95.0	103.7	101.1	103.2	116.8
浙　江	109.6	92.8	91.9	97.3	
安　徽	97.4	101.3		101.3	
福　建	96.3	95.2	102.2	83.4	96.3
江　西	99.5	100.0		100.0	
山　东	100.7	84.8	83.1	90.1	92.9
河　南	109.2	101.3		101.3	
湖　北	103.6	104.6		104.6	
湖　南	100.9	96.5		96.5	
广　东	112.4	94.7	102.7	90.2	91.0
广　西	96.3	90.1	77.3	90.2	100.0
海　南					
四　川	94.6	102.8		102.8	
贵　州	77.7				
云　南	96.0	91.1		91.1	
西　藏					
陕　西	94.1	97.9		97.9	
甘　肃	94.8	90.0		90.0	
青　海	92.0	81.4		81.4	
宁　夏	84.5	101.8		101.8	
新　疆	100.1	105.6		105.6	

第三部分

城镇居民家庭收支调查资料

（一）综合资料

1997年城镇居民家庭生活基本情况(一)

(平均每户)

	单位	总　计	最　低 收入户	其中: 困难户	低　收 入　户	中　等 偏下户
调 查 户 数	户	37890.00	3789.00	1895.00	3789.00	7578.00
一、家庭人口数	人	3.19	3.60	3.63	3.44	3.34
(一)有收入者人数	人	2.19	2.05	2.01	2.16	2.19
1. 就业人口数	人	1.83	1.71	1.67	1.83	1.86
(1) 国有经济单位职工人数	人	1.42	1.10	1.04	1.29	1.42
(2) 集体经济单位职工人数	人	0.24	0.42	0.43	0.36	0.30
(3) 其他经济类型职工人数	人	0.04	0.02	0.03	0.03	0.03
(4) 个体经营者人员数	人	0.05	0.09	0.09	0.07	0.05
(5) 个体被雇人员数	人	0.02	0.03	0.04	0.03	0.02
(6) 离退休再就业人员数	人	0.04	0.02	0.02	0.03	0.03
(7) 其他就业人员数	人	0.01	0.03	0.03	0.02	0.02
2. 离退休人数	人	0.35	0.32	0.32	0.32	0.32
3. 其他有收入者人数	人	0.01	0.01	0.01	0.01	0.01
(二)无收入者人数	人	1.00	1.55	1.63	1.28	1.15
二、期末家庭人口数	人	3.18	3.59	3.61	3.43	3.33
非家庭人口经常在家用饭人数	人	0.08	0.03	0.03	0.04	0.05

1997年城镇居民家庭生活基本情况(二)

(平均每户)

	单 位	中 等 收入户	中 等 偏上户	高 收 入 户	最 高 收入户
调 查 户 数	户	7578.00	7578.00	3789.00	3789.00
一、家庭人口数	人	3.19	3.07	2.94	2.72
(一)有收入者人数	人	2.20	2.23	2.24	2.21
1. 就业人口数	人	1.86	1.85	1.86	1.75
(1) 国有经济单位职工人数	人	1.48	1.51	1.56	1.45
(2) 集体经济单位职工人数	人	0.23	0.18	0.13	0.12
(3) 其他经济类型职工人数	人	0.03	0.05	0.05	0.04
(4) 个体经营者人员数	人	0.05	0.05	0.04	0.06
(5) 个体被雇人员数	人	0.02	0.02	0.01	0.01
(6) 离退休再就业人员数	人	0.04	0.05	0.06	0.07
(7) 其他就业人员数	人	0.01	0.01	0.00	0.00
2. 离退休人数	人	0.33	0.37	0.38	0.45
3. 其他有收入者人数	人	0.01	0.00	0.00	0.00
(二)无收入者人数	人	0.99	0.84	0.70	0.52
二、期末家庭人口数	人	3.18	3.06	2.93	2.72
非家庭人口经常在家用饭人数	人	0.07	0.09	0.12	0.16

1997年城镇居民家庭现金收入和支出(一)

(平均每人全年)

单位：元

	总　计	最　低 收入户	其中: 困难户	低　收 入　户	中　等 偏下户
一、期初手存现金	236.97	139.99	124.55	177.74	190.86
二、可支配收入	5160.32	2430.24	2161.11	3223.37	3966.23
三、现金收入	6196.09	2857.66	2595.52	3729.30	4609.66
(一)实际收入	5188.54	2456.11	2185.96	3246.20	3988.04
1. 国有经济单位职工收入	3221.49	1249.67	1037.50	1861.05	2493.84
(1) 工资性收入	2994.48	1193.29	992.90	1762.16	2354.12
其中:奖金	380.81	71.92	53.21	140.61	214.59
(2) 非工资性收入	227.01	56.38	44.60	98.89	139.72
2. 集体经济单位职工收入	380.95	371.12	331.36	398.43	407.62
(1) 工资性收入	361.06	356.00	317.46	382.57	387.60
其中:奖金	40.58	20.65	16.05	25.42	36.82
(2) 非工资性收入	19.89	15.12	13.91	15.87	20.02
3. 其他经济类型职工收入	133.26	35.92	36.17	53.01	81.09
其中:奖金	23.54	3.56	3.50	8.50	10.75
4. 个体经营者的净收益	134.59	94.34	94.64	85.77	90.49
5. 个体被雇者收入	33.58	33.33	32.52	35.04	29.75
6. 离退休再就业人员收入	50.70	15.53	11.44	24.79	23.88
7. 其他就业者收入	11.73	19.43	24.21	19.83	14.35
8. 其他劳动收入	142.93	131.03	128.46	131.64	117.37
9. 财产性收入	124.39	38.39	35.02	53.71	69.49
(1) 利　息	58.44	10.07	9.65	14.64	23.21
(2) 红　利	13.34	1.35	1.22	3.43	4.55
(3) 其他财产租金收入	52.60	26.98	24.15	35.64	41.73

1997年城镇居民家庭现金收入和支出(二)

(平均每人全年)

单位:元

	中等收入户	中等偏上户	高收入户	最高收入户
一、期初手存现金	235.67	264.62	325.21	395.38
二、可支配收入	4894.66	6045.30	7460.70	10250.93
三、现金收入	5730.71	7219.28	9160.83	13153.62
(一)实际收入	4922.32	6074.17	7495.26	10297.45
1. 国有经济单位职工收入	3223.66	3928.11	4847.41	5937.98
(1) 工资性收入	3019.26	3639.40	4461.05	5369.47
其中:奖金	334.88	478.41	701.38	1023.39
(2) 非工资性收入	204.40	288.71	386.36	568.52
2. 集体经济单位职工收入	391.52	368.29	322.08	371.27
(1) 工资性收入	370.76	345.99	301.78	348.15
其中:奖金	42.31	46.23	50.86	66.30
(2) 非工资性收入	20.76	22.30	20.30	23.12
3. 其他经济类型职工收入	102.36	184.15	249.89	301.41
其中:奖金	14.30	28.61	58.57	68.56
4. 个体经营者的净收益	111.49	138.27	165.99	372.53
5. 个体被雇者收入	30.11	33.49	48.79	34.22
6. 离退休再就业人员收入	41.07	58.28	91.55	154.19
7. 其他就业者收入	9.44	7.14	4.11	8.04
8. 其他劳动收入	120.33	130.17	167.28	289.40
9. 财产性收入	93.16	134.24	210.37	419.64
(1) 利　息	33.68	64.78	112.28	249.78
(2) 红　利	8.93	14.98	26.53	55.01
(3) 其他财产租金收入	50.54	54.49	71.56	114.85

1997年城镇居民家庭现金收入和支出(三)

(平均每人全年)

单位：元

	总　计	最　低 收入户	其中: 困难户	低　收 入　户	中　等 偏下户
10. 转移收入	947.78	460.93	448.18	578.41	657.15
(1) 离退休金	697.75	347.75	329.34	458.02	503.80
(2) 价格补贴	2.72	1.72	1.54	2.71	2.65
(3) 赡养收入	51.80	32.70	37.46	26.48	40.76
(4) 赠送收入	118.71	39.93	39.95	47.83	59.34
(5) 亲友搭伙费	32.10	10.74	10.98	13.97	19.08
(6) 记账补贴	22.17	18.01	17.77	19.86	20.17
(7) 出售财物收入	8.76	1.16	1.23	1.50	2.31
(8) 其　他	13.76	8.92	9.93	8.06	9.05
11. 家庭副业生产收入	7.14	6.43	6.45	4.50	3.00
(二) 借贷收入	1007.55	401.55	409.56	483.10	621.62
1. 提取储蓄存款	730.09	237.62	231.77	310.40	424.23
2. 提取储金会款	10.73	2.31	2.91	2.67	5.36
3. 借入款	153.62	113.88	125.06	121.60	123.57
4. 收回借出款	33.83	13.53	16.77	14.27	18.21
5. 收回储蓄性保险本金	2.97	2.19	3.06	1.20	1.51
6. 兑售有价证券	20.18	3.42	4.60	1.97	4.87
7. 赊　购	0.68	0.42	0.49	0.19	1.40
8. 为购置房屋从银行贷款	11.55	1.24	1.19	5.67	5.91
9. 其他借贷收入	43.90	26.94	23.72	25.12	36.57
四、现金支出	6012.31	2776.95	2524.08	3616.37	4451.91
(一) 实际支出	4945.87	2557.28	2341.40	3235.59	3903.86
1. 消费性支出	4185.64	2333.00	2148.00	2895.39	3427.45

1997年城镇居民家庭现金收入和支出(四)

(平均每人全年)

单位：元

	中等收入户	中等偏上户	高收入户	最高收入户
10. 转移收入	793.31	1087.45	1381.12	2378.27
(1) 离退休金	608.03	837.51	986.77	1550.26
(2) 价格补贴	2.41	2.70	3.66	4.01
(3) 赡养收入	46.46	48.17	65.91	142.85
(4) 赠送收入	77.78	119.20	208.88	454.28
(5) 亲友搭伙费	26.42	36.97	58.50	89.08
(6) 记账补贴	21.97	23.90	25.89	28.23
(7) 出售财物收入	3.00	9.02	6.66	58.41
(8) 其　他	7.25	9.97	24.85	51.15
11. 家庭副业生产收入	5.88	4.58	6.65	30.50
(二) 借贷收入	808.39	1145.10	1665.57	2856.17
1. 提取储蓄存款	585.76	851.77	1255.84	2145.99
2. 提取储金会款	10.62	12.77	18.54	32.15
3. 借入款	133.68	154.76	228.87	287.40
4. 收回借出款	20.15	33.95	60.28	126.59
5. 收回储蓄性保险本金	2.29	2.44	6.15	9.11
6. 兑售有价证券	7.53	29.31	26.44	103.18
7. 赊　购	0.10	0.75	0.06	1.68
8. 为购置房屋从银行贷款	11.84	7.57	10.49	58.63
9. 其他借贷收入	36.42	51.79	58.90	91.43
四、现金支出	5554.23	6985.65	8917.77	12843.27
(一) 实际支出	4709.29	5715.17	7051.68	9358.19
1. 消费性支出	4064.55	4822.15	5709.54	7314.81

1997年城镇居民家庭现金收入和支出(五)

(平均每人全年)

单位：元

	总计	最低收入户	其中：困难户	低收入户	中等偏下户
2. 非消费性支出	755.94	215.80	185.66	336.59	474.48
(1) 贷款利息	0.73	0.16	0.03	0.30	0.26
(2) 个人所得税	2.67	0.14	0.07	0.21	0.58
(3) 其他各种税金	2.14	1.07	0.68	1.02	1.45
(4) 各种非储蓄性保险支出	7.83	2.21	2.01	4.08	5.10
(5) 赡养支出	115.61	34.69	29.81	50.54	67.25
(6) 赠送支出	358.73	124.09	101.37	183.32	248.05
(7) 购房与建房支出	234.86	41.77	42.27	81.01	127.86
(8) 其他非消费性支出	33.38	11.68	9.42	16.12	23.92
3. 家庭副业生产支出	4.29	8.48	7.74	3.60	1.93
(二) 借贷支出	1066.44	219.67	182.68	380.78	548.05
1. 存入储蓄款	777.06	134.73	103.38	249.77	379.36
2. 存入储金会款	10.52	2.22	1.83	3.34	7.32
3. 归还借款	68.22	27.36	27.12	30.41	44.31
4. 借出款	34.82	5.67	6.28	9.05	18.20
5. 储蓄性保险支出	40.79	11.31	8.82	17.74	26.36
6. 购置有价证券	50.07	10.16	12.05	18.57	18.09
7. 预购	3.68	0.06	0.09	0.29	1.95
8. 归还为购置住房的银行款	6.69	0.44	0.58	6.97	4.70
9. 其他借贷支出	74.59	27.72	22.52	44.65	47.76
五、期末手存现金	420.75	220.70	195.98	290.66	348.61

1997年城镇居民家庭现金收入和支出(六)

(平均每人全年)

单位：元

	中等收入户	中等偏上户	高收入户	最高收入户
2. 非消费性支出	639.35	889.68	1338.49	2037.90
(1) 贷款利息	0.39	0.83	1.57	2.98
(2) 个人所得税	1.17	2.54	5.97	14.05
(3) 其他各种税金	1.72	2.22	3.91	5.49
(4) 各种非储蓄性保险支出	6.89	9.81	12.18	19.66
(5) 赡养支出	96.38	138.06	204.87	323.12
(6) 赠送支出	322.21	444.41	582.38	814.96
(7) 购房与建房支出	182.00	252.14	474.45	774.35
(8) 其他非消费性支出	28.58	39.66	53.17	83.30
3. 家庭副业生产支出	5.38	3.34	3.65	5.49
(二) 借贷支出	844.94	1270.48	1866.09	3485.07
1. 存入储蓄款	610.01	935.02	1367.66	2637.13
2. 存入储金会款	9.81	13.39	20.25	23.05
3. 归还借款	54.19	74.76	113.58	199.97
4. 借出款	27.33	43.27	53.27	124.85
5. 储蓄性保险支出	35.35	49.65	74.36	99.08
6. 购置有价证券	25.39	55.03	95.47	214.79
7. 预购	6.76	0.90	1.85	18.87
8. 归还为购置住房的银行款	2.92	6.87	15.58	18.68
9. 其他借贷支出	73.18	91.59	124.08	148.66
五、期末手存现金	412.15	498.25	568.27	705.73

1997年城镇居民家庭消费支出(一)

(平均每人全年)　　单位：元

	总　计	最　低 收入户	其中： 困难户	低　收 入　户	中　等 偏下户
消费性支出	4185.64	2333.00	2148.00	2895.39	3427.45
一、食品	1942.59	1332.22	1237.37	1571.52	1751.21
（一）粮食	238.11	222.78	217.89	232.24	234.09
（二）淀粉及薯类	20.37	17.90	17.49	19.36	19.46
（三）干豆类及豆制品	33.27	27.07	26.16	29.20	30.94
（四）油脂类	70.68	66.17	63.94	70.13	70.30
（五）肉禽及其制品	459.56	317.42	290.45	376.20	421.72
（六）蛋类	73.55	57.99	55.26	65.43	70.17
（七）水产品类	140.98	89.02	79.89	106.74	124.19
（八）菜类	203.89	157.28	150.40	175.91	190.89
（九）调味品	27.85	22.06	21.16	24.94	25.94
（十）糖类	24.24	15.89	14.63	17.73	21.54
（十一）烟草类	92.20	57.54	48.99	74.40	85.06
（十二）酒和饮料	91.04	54.82	48.03	67.73	80.29
（十三）干鲜瓜果类	127.03	69.14	61.60	89.37	110.21
（十四）坚果及果仁	22.41	12.78	11.50	15.49	19.22
（十五）糕点类	40.44	21.76	19.50	29.06	34.82
（十六）奶及奶制品	41.41	20.54	18.75	28.94	34.89
（十七）其他食品	31.35	14.53	13.54	21.38	24.96
（十八）在外用餐	203.44	86.95	77.71	126.68	151.87
（十九）食品加工服务费	0.79	0.61	0.50	0.60	0.66
二、衣着	520.91	220.71	186.76	310.74	407.50
（一）服装	328.17	126.85	104.75	184.42	247.61
（二）衣着材料	47.66	21.76	18.76	30.25	39.66
（三）鞋、袜、帽及其他衣着	129.38	66.09	58.20	86.91	107.96
（四）衣着加工服务费	15.69	6.01	5.06	9.17	12.26

1997年城镇居民家庭消费支出(二)

(平均每人全年) 单位：元

	中等收入户	中等偏上户	高收入户	最高收入户
消费性支出	4064.55	4822.15	5709.54	7314.81
一、食品	1949.74	2151.35	2383.99	2725.71
(一)粮食	238.57	242.09	241.41	263.28
(二)淀粉及薯类	20.37	21.06	22.14	23.84
(三)干豆类及豆制品	33.56	35.21	37.89	42.59
(四)油脂类	71.07	71.61	72.35	74.05
(五)肉禽及其制品	467.34	511.16	556.07	610.90
(六)蛋类	74.80	78.96	82.75	88.43
(七)水产品类	142.80	159.13	183.12	200.90
(八)菜类	204.26	219.96	237.40	261.08
(九)调味品	27.77	29.78	31.82	35.61
(十)糖类	24.48	27.30	30.18	36.24
(十一)烟草类	89.11	104.58	113.62	134.18
(十二)酒和饮料	91.84	103.66	118.48	134.99
(十三)干鲜瓜果类	129.01	149.27	167.94	193.51
(十四)坚果及果仁	22.79	25.56	29.50	35.99
(十五)糕点类	41.35	48.07	53.43	59.72
(十六)奶及奶制品	41.50	49.48	54.10	68.29
(十七)其他食品	32.93	36.59	44.69	51.40
(十八)在外用餐	195.43	237.10	305.96	409.47
(十九)食品加工服务费	0.78	0.79	1.14	1.25
二、衣着	528.19	641.89	757.21	912.47
(一)服装	330.86	410.40	490.24	603.17
(二)衣着材料	48.31	58.11	66.77	77.94
(三)鞋、袜、帽及其他衣着	133.73	153.84	176.31	202.78
(四)衣着加工服务费	15.29	19.54	23.89	28.57

1997年城镇居民家庭消费支出(三)

(平均每人全年)　　　　单位：元

	总　计	最　低 收入户	其中: 困难户	低　收 入　户	中　等 偏下户
三、家庭设备、用品及服务	316.89	95.82	90.28	132.23	193.45
(一)耐用消费品	173.35	34.05	31.62	49.04	88.82
(二)室内装饰品	12.14	1.68	1.45	4.64	5.94
(三)床上用品	19.32	6.66	5.95	9.31	14.56
(四)家庭日用杂品	78.67	42.12	39.03	53.47	64.00
(五)家具材料	4.98	1.20	1.50	2.12	3.04
(六)家庭服务	28.43	10.10	10.74	13.65	17.09
四、医疗保健	179.68	95.10	92.43	117.02	148.08
五、交通和通信	232.90	84.18	69.33	126.60	166.59
(一)交通	111.36	37.18	29.30	56.54	74.39
(二)通信	121.54	47.00	40.03	70.05	92.19
六、娱乐、教育、文化服务	448.38	208.24	191.06	274.88	336.94
(一)文娱用耐用消费品	112.50	14.35	10.22	36.00	53.57
(二)教育	237.61	159.53	151.70	188.84	214.41
(三)文化娱乐	98.26	34.36	29.14	50.03	68.96
七、居住	358.64	227.39	219.34	263.64	300.01
(一)住房	148.66	72.19	70.07	84.86	109.64
(二)水、电、燃料及其他	209.98	155.20	149.27	178.78	190.36
八、杂项商品	185.65	69.34	61.43	98.76	123.69
(一)个人消费	146.96	52.23	43.83	74.63	96.61
(二)其他商品	17.90	9.00	9.12	12.03	13.93
(三)其他服务	20.79	8.11	8.48	12.11	13.15

1997年城镇居民家庭消费支出(四)

(平均每人全年)　　　　单位：元

	中等收入户	中等偏上户	高收入户	最高收入户
三、家庭设备、用品及服务	277.60	371.76	514.42	894.30
(一)耐用消费品	144.56	201.49	300.49	583.31
(二)室内装饰品	12.19	14.53	19.57	37.18
(三)床上用品	18.73	22.69	30.64	41.62
(四)家庭日用杂品	76.50	91.00	110.66	138.05
(五)家具材料	3.02	7.80	8.14	12.88
(六)家庭服务	22.60	34.26	44.90	81.25
四、医疗保健	163.94	214.02	256.80	326.22
五、交通和通信	219.44	282.95	381.81	484.36
(一)交通	97.58	134.36	199.70	254.41
(二)通信	121.86	148.58	182.11	229.95
六、娱乐、教育、文化服务	421.43	532.11	671.43	885.39
(一)文娱用耐用消费品	86.56	142.81	218.41	355.92
(二)教育	243.44	267.24	294.00	318.60
(三)文化娱乐	91.43	122.06	159.02	210.87
七、居住	340.32	400.75	447.77	648.28
(一)住房	128.24	171.58	197.94	368.40
(二)水、电、燃料及其他	212.09	229.17	249.83	279.88
八、杂项商品	163.88	227.30	296.12	438.09
(一)个人消费	131.87	180.55	236.42	349.78
(二)其他商品	14.52	22.07	27.11	34.81
(三)其他服务	17.49	24.68	32.60	53.50

1997年城镇居民家庭消费支出构成(一)

单位：%

	总　计	最　低 收入户	其中: 困难户	低　收 入　户	中　等 偏下户
消费性支出	100.00	100.00	100.00	100.00	100.00
一、食品	46.41	57.10	57.61	54.28	51.09
（一）粮食	5.69	9.55	10.14	8.02	6.83
（二）淀粉及薯类	0.49	0.77	0.81	0.67	0.57
（三）干豆类及豆制品	0.79	1.16	1.22	1.01	0.90
（四）油脂类	1.69	2.84	2.98	2.42	2.05
（五）肉禽及其制品	10.98	13.61	13.52	12.99	12.30
（六）蛋类	1.76	2.49	2.57	2.26	2.05
（七）水产品类	3.37	3.82	3.72	3.69	3.62
（八）菜类	4.87	6.74	7.00	6.08	5.57
（九）调味品	0.67	0.95	0.99	0.86	0.76
（十）糖类	0.58	0.68	0.68	0.61	0.63
（十一）烟草类	2.20	2.47	2.28	2.57	2.48
（十二）酒和饮料	2.17	2.35	2.24	2.34	2.34
（十三）干鲜瓜果类	3.03	2.96	2.87	3.09	3.22
（十四）坚果及果仁	0.54	0.55	0.54	0.53	0.56
（十五）糕点类	0.97	0.93	0.91	1.00	1.02
（十六）奶及奶制品	0.99	0.88	0.87	1.00	1.02
（十七）其他食品	0.75	0.62	0.63	0.74	0.73
（十八）在外用餐	4.86	3.73	3.62	4.38	4.43
（十九）食品加工服务费	0.02	0.03	0.02	0.02	0.02
二、衣着	12.45	9.46	8.69	10.73	11.89
（一）服装	7.84	5.44	4.88	6.37	7.22
（二）衣着材料	1.14	0.93	0.87	1.04	1.16
（三）鞋、袜、帽及其他衣着	3.09	2.83	2.71	3.00	3.15
（四）衣着加工服务费	0.37	0.26	0.24	0.32	0.36

1997年城镇居民家庭消费支出构成(二)

单位：%

	中等收入户	中等偏上户	高收入户	最高收入户
消费性支出	100.00	100.00	100.00	100.00
一、食品	47.97	44.61	41.75	37.26
(一)粮食	5.87	5.02	4.23	3.60
(二)淀粉及薯类	0.50	0.44	0.39	0.33
(三)干豆类及豆制品	0.83	0.73	0.66	0.58
(四)油脂类	1.75	1.48	1.27	1.01
(五)肉禽及其制品	11.50	10.60	9.74	8.35
(六)蛋类	1.84	1.64	1.45	1.21
(七)水产品类	3.51	3.30	3.21	2.75
(八)菜类	5.03	4.56	4.16	3.57
(九)调味品	0.68	0.62	0.56	0.49
(十)糖类	0.60	0.57	0.53	0.50
(十一)烟草类	2.19	2.17	1.99	1.83
(十二)酒和饮料	2.26	2.15	2.08	1.85
(十三)干鲜瓜果类	3.17	3.10	2.94	2.65
(十四)坚果及果仁	0.56	0.53	0.52	0.49
(十五)糕点类	1.02	1.00	0.94	0.82
(十六)奶及奶制品	1.02	1.03	0.95	0.93
(十七)其他食品	0.81	0.76	0.78	0.70
(十八)在外用餐	4.81	4.92	5.36	5.60
(十九)食品加工服务费	0.02	0.02	0.02	0.02
二、衣着	13.00	13.31	13.26	12.47
(一)服装	8.14	8.51	8.59	8.25
(二)衣着材料	1.19	1.21	1.17	1.07
(三)鞋、袜、帽及其他衣着	3.29	3.19	3.09	2.77
(四)衣着加工服务费	0.38	0.41	0.42	0.39

1997年城镇居民家庭消费支出构成(三)

单位：%

	总　计	最　低 收入户	其中: 困难户	低　收 入　户	中　等 偏下户
三、家庭设备、用品及服务	7.57	4.11	4.20	4.57	5.64
（一）耐用消费品	4.14	1.46	1.47	1.69	2.59
（二）室内装饰品	0.29	0.07	0.07	0.16	0.17
（三）床上用品	0.46	0.29	0.28	0.32	0.42
（四）家庭日用杂品	1.88	1.81	1.82	1.85	1.87
（五）家具材料	0.12	0.05	0.07	0.07	0.09
（六）家庭服务	0.68	0.43	0.50	0.47	0.50
四、医疗保健	4.29	4.08	4.30	4.04	4.32
五、交通和通信	5.56	3.61	3.23	4.37	4.86
（一）交通	2.66	1.59	1.36	1.95	2.17
（二）通信	2.90	2.01	1.86	2.42	2.69
六、娱乐、教育、文化服务	10.71	8.93	8.89	9.49	9.83
（一）文娱用耐用消费品	2.69	0.62	0.48	1.24	1.56
（二）教育	5.68	6.84	7.06	6.52	6.26
（三）文化娱乐	2.35	1.47	1.36	1.73	2.01
七、居住	8.57	9.75	10.21	9.11	8.75
（一）住房	3.55	3.09	3.26	2.93	3.20
（二）水、电、燃料及其他	5.02	6.65	6.95	6.17	5.55
八、杂项商品	4.44	2.97	2.86	3.41	3.61
（一）个人消费	3.51	2.24	2.04	2.58	2.82
（二）其他商品	0.43	0.39	0.42	0.42	0.41
（三）其他服务	0.50	0.35	0.39	0.42	0.38

1997年城镇居民家庭消费支出构成(四)

单位：%

	中等收入户	中等偏上户	高收入户	最高收入户
三、家庭设备、用品及服务	6.83	7.71	9.01	12.23
（一）耐用消费品	3.56	4.18	5.26	7.97
（二）室内装饰品	0.30	0.30	0.34	0.51
（三）床上用品	0.46	0.47	0.54	0.57
（四）家庭日用杂品	1.88	1.89	1.94	1.89
（五）家具材料	0.07	0.16	0.14	0.18
（六）家庭服务	0.56	0.71	0.79	1.11
四、医疗保健	4.03	4.44	4.50	4.46
五、交通和通信	5.40	5.87	6.69	6.62
（一）交通	2.40	2.79	3.50	3.48
（二）通信	3.00	3.08	3.19	3.14
六、娱乐、教育、文化服务	10.37	11.03	11.76	12.10
（一）文娱用耐用消费品	2.13	2.96	3.83	4.87
（二）教育	5.99	5.54	5.15	4.36
（三）文化娱乐	2.25	2.53	2.79	2.88
七、居住	8.37	8.31	7.84	8.86
（一）住房	3.15	3.56	3.47	5.04
（二）水、电、燃料及其他	5.22	4.75	4.38	3.83
八、杂项商品	4.03	4.71	5.19	5.99
（一）个人消费	3.24	3.74	4.14	4.78
（二）其他商品	0.36	0.46	0.47	0.48
（三）其他服务	0.43	0.51	0.57	0.73

1997年城镇居民家庭购买主要商品数量(一)

(平均每人全年)

	单位	总计	最低收入户	其中:困难户	低收入户	中等偏下户
粮食	千克	88.59	88.65	87.50	89.76	88.82
细粮	千克	86.08	86.45	85.43	87.62	86.34
大米	千克	48.92	49.72	49.78	50.84	49.19
糯米	千克	0.77	0.57	0.51	0.70	0.73
普通或标准粉	千克	12.19	14.83	14.60	13.35	13.06
富强粉	千克	8.55	8.90	8.82	8.72	8.63
面包	千克	0.85	0.46	0.38	0.62	0.71
馒头	千克	5.67	3.90	3.52	4.71	5.35
其他细粮及制品	千克	9.14	8.05	7.82	8.68	8.69
粗粮合计	千克	2.51	2.20	2.07	2.14	2.48
粗粮	千克	1.66	1.47	1.40	1.45	1.61
粗粮制品	千克	0.86	0.73	0.67	0.69	0.86
淀粉及薯类	千克	13.29	13.03	13.34	13.34	12.84
马铃薯	千克	8.42	8.97	9.43	8.84	8.22
红薯	千克	2.22	1.83	1.76	1.97	2.11
其他薯类	千克	0.74	0.66	0.66	0.72	0.68
各类淀粉及制品	千克	1.91	1.58	1.49	1.81	1.83
大豆	千克	0.29	0.26	0.25	0.27	0.29
杂豆	千克	0.66	0.51	0.48	0.56	0.62
豆腐	千克	5.82	5.04	4.92	5.15	5.33
油脂类	千克	7.71	7.49	7.27	7.86	7.77
花生油	千克	1.16	1.01	0.97	1.10	1.13
菜籽油	千克	2.14	2.30	2.40	2.24	2.13
芝麻油	千克	0.18	0.13	0.12	0.14	0.17
豆油	千克	2.36	2.34	2.29	2.60	2.46
卫生油	千克	0.18	0.20	0.18	0.21	0.21
其他植物油	千克	1.19	0.98	0.80	1.03	1.16
动物油	千克	0.51	0.54	0.52	0.54	0.51
猪肉	千克	15.34	11.79	11.05	13.33	14.31
牛肉	千克	2.37	1.75	1.57	1.99	2.23

1997年城镇居民家庭购买主要商品数量(二)

(平均每人全年)

	单 位	中 等 收入户	中 等 偏上户	高 收 入 户	最 高 收入户
粮 食	千克	88.33	87.73	85.66	92.61
细 粮	千克	85.86	85.13	83.02	89.39
大 米	千克	48.89	48.16	46.73	49.31
糯 米	千克	0.77	0.86	0.87	0.96
普通或标准粉	千克	12.02	11.04	9.80	10.33
富强粉	千克	8.24	8.54	7.95	9.16
面 包	千克	0.87	1.01	1.14	1.23
馒 头	千克	5.84	6.15	6.60	7.60
其他细粮及制品	千克	9.21	9.37	9.94	10.80
粗粮合计	千克	2.47	2.60	2.64	3.21
粗 粮	千克	1.65	1.70	1.69	2.12
粗粮制品	千克	0.82	0.90	0.95	1.09
淀粉及薯类	千克	13.22	13.29	13.49	14.74
马铃薯	千克	8.36	8.10	8.15	8.80
红 薯	千克	2.17	2.43	2.45	2.75
其他薯类	千克	0.73	0.77	0.79	0.94
各类淀粉及制品	千克	1.95	1.99	2.11	2.24
大 豆	千克	0.28	0.31	0.34	0.32
杂 豆	千克	0.68	0.71	0.70	0.88
豆 腐	千克	5.77	5.99	6.99	7.40
油脂类	千克	7.72	7.68	7.71	7.81
花生油	千克	1.20	1.22	1.23	1.28
菜籽油	千克	2.10	2.06	2.12	2.08
芝麻油	千克	0.19	0.20	0.23	0.26
豆 油	千克	2.40	2.22	2.18	2.22
卫生油	千克	0.16	0.15	0.16	0.14
其他植物油	千克	1.18	1.31	1.32	1.34
动物油	千克	0.49	0.51	0.48	0.50
猪 肉	千克	15.56	16.64	17.75	19.25
牛 肉	千克	2.34	2.63	2.80	3.07

1997年城镇居民家庭购买主要商品数量(三)

(平均每人全年)

	单 位	总 计	最 低 收入户	其中: 困难户	低 收 入 户	中 等 偏下户
羊 肉	千克	1.33	0.78	0.66	1.02	1.19
其他肉及肉制品	千克	2.10	1.21	1.09	1.58	1.83
白条鸡	千克	1.91	1.39	1.28	1.62	1.79
活 鸡	千克	2.33	1.52	1.39	1.86	2.10
活 鸭	千克	0.70	0.49	0.43	0.57	0.67
其他禽类及禽制品	千克	1.57	0.97	0.87	1.20	1.41
蛋 类	千克	11.73	9.47	9.03	10.57	11.25
鸡 蛋	千克	10.52	8.63	8.25	9.56	10.16
鸭 蛋	千克	0.61	0.48	0.45	0.54	0.58
其他蛋类及蛋制品	千克	0.59	0.36	0.32	0.47	0.51
黄花鱼	千克	0.17	0.12	0.09	0.13	0.16
带 鱼	千克	0.94	0.74	0.64	0.81	0.90
草 鱼	千克	0.78	0.59	0.59	0.70	0.77
鲤 鱼	千克	0.86	0.52	0.44	0.66	0.78
鲢 鱼	千克	0.46	0.43	0.41	0.47	0.46
鲫 鱼	千克	0.67	0.47	0.43	0.55	0.60
虾 类	千克	0.86	0.54	0.50	0.69	0.77
菜 类	千克	115.24	98.86	96.68	104.39	110.55
鲜 菜	千克	113.34	97.34	95.24	102.76	108.82
白 菜	千克	19.88	18.70	19.01	18.53	19.82
洋白菜	千克	2.90	2.76	2.74	2.72	2.84
菠 菜	千克	1.89	1.70	1.67	1.73	1.81
油 菜	千克	4.82	4.32	4.43	4.51	4.57
芹 菜	千克	2.99	2.60	2.50	2.69	2.83
韭 菜	千克	2.11	1.83	1.77	1.92	2.03
空心菜	千克	1.09	1.04	1.02	0.99	1.03
大 葱	千克	5.17	4.46	4.35	4.59	4.96
菜 花	千克	1.45	1.25	1.19	1.30	1.38
萝 卜	千克	5.05	4.56	4.52	4.69	4.80
胡萝卜	千克	1.63	1.32	1.24	1.41	1.56

1997年城镇居民家庭购买主要商品数量(四)

(平均每人全年)

	单 位	中等收入户	中等偏上户	高收入户	最高收入户
羊 肉	千克	1.36	1.51	1.71	1.93
其他肉及肉制品	千克	2.12	2.44	2.72	3.11
白条鸡	千克	1.97	2.08	2.25	2.36
活 鸡	千克	2.45	2.63	2.78	3.12
活 鸭	千克	0.68	0.78	0.84	0.92
其他禽类及禽制品	千克	1.62	1.80	1.97	2.15
蛋 类	千克	11.92	12.53	12.99	13.81
鸡 蛋	千克	10.69	11.22	11.51	12.21
鸭 蛋	千克	0.63	0.65	0.70	0.74
其他蛋类及蛋制品	千克	0.60	0.66	0.78	0.86
黄花鱼	千克	0.18	0.18	0.21	0.20
带 鱼	千克	0.97	1.01	1.10	1.08
草 鱼	千克	0.78	0.82	0.92	0.90
鲤 鱼	千克	0.90	0.97	1.06	1.22
鲢 鱼	千克	0.44	0.44	0.52	0.52
鲫 鱼	千克	0.68	0.76	0.85	0.90
虾 类	千克	0.83	0.98	1.12	1.24
菜 类	千克	113.92	121.26	128.10	138.82
鲜 菜	千克	112.01	119.22	125.81	136.40
白 菜	千克	19.35	20.34	21.43	22.04
洋白菜	千克	2.91	2.96	2.96	3.24
菠 菜	千克	1.84	1.99	2.04	2.25
油 菜	千克	4.82	5.05	5.31	5.50
芹 菜	千克	2.97	3.16	3.31	3.59
韭 菜	千克	2.12	2.20	2.30	2.51
空心菜	千克	1.06	1.10	1.24	1.29
大 葱	千克	5.11	5.32	5.85	6.51
菜 花	千克	1.46	1.55	1.63	1.64
萝 卜	千克	4.97	5.29	5.38	6.08
胡萝卜	千克	1.59	1.73	1.86	2.16

1997年城镇居民家庭购买主要商品数量(五)

(平均每人全年)

	单 位	总 计	最 低 收入户	其中: 困难户	低 收 入 户	中 等 偏下户
葱 头	千克	0.81	0.64	0.62	0.72	0.79
生 姜	千克	0.62	0.46	0.44	0.52	0.57
莴 笋	千克	1.63	1.39	1.34	1.51	1.60
蒜 苔	千克	1.31	1.01	0.96	1.11	1.25
蒜 头	千克	1.23	0.91	0.89	1.06	1.11
黄 瓜	千克	6.62	5.33	5.01	5.74	6.32
冬 瓜	千克	2.35	2.03	1.90	2.07	2.23
丝 瓜	千克	0.72	0.58	0.55	0.64	0.68
西红柿	千克	7.48	6.00	5.87	6.81	7.03
茄 子	千克	4.32	3.67	3.61	3.96	4.18
青 椒	千克	4.04	3.40	3.34	3.64	3.92
豆 角	千克	5.88	4.94	4.85	5.34	5.59
莲 藕	千克	1.08	0.84	0.78	0.94	1.01
豆芽菜	千克	2.17	2.02	2.00	2.08	2.12
其他鲜菜	千克	24.10	19.60	18.63	21.52	22.77
干 菜	千克	0.37	0.29	0.29	0.32	0.35
菜制品	千克	1.53	1.23	1.14	1.31	1.38
食 糖	千克	1.63	1.46	1.39	1.54	1.60
糖 果	千克	0.59	0.37	0.33	0.41	0.51
卷 烟	盒	28.17	23.25	20.44	26.46	27.65
烟 叶	千克	0.02	0.03	0.03	0.02	0.02
白 酒	千克	2.70	2.38	2.14	2.59	2.65
果 酒	千克	0.10	0.05	0.04	0.06	0.07
啤 酒	千克	6.09	3.60	3.15	4.72	5.43
其他酒	千克	0.66	0.58	0.49	0.64	0.76
汽水、可乐	千克	1.59	0.95	0.75	1.21	1.39

1997年城镇居民家庭购买主要商品数量(六)

(平均每人全年)

	单 位	中 等 收入户	中 等 偏上户	高 收 入 户	最 高 收入户
葱 头	千克	0.80	0.87	0.87	1.03
生 姜	千克	0.62	0.68	0.72	0.83
莴 笋	千克	1.58	1.66	1.82	2.05
蒜 苔	千克	1.33	1.43	1.52	1.65
蒜 头	千克	1.19	1.26	1.37	2.07
黄 瓜	千克	6.53	7.11	7.64	8.24
冬 瓜	千克	2.29	2.46	2.69	2.91
丝 瓜	千克	0.72	0.76	0.83	0.88
西红柿	千克	7.57	7.99	8.39	9.18
茄 子	千克	4.24	4.54	4.78	5.27
青 椒	千克	4.04	4.19	4.42	4.95
豆 角	千克	5.73	6.21	6.69	7.26
莲 藕	千克	1.07	1.14	1.27	1.39
豆芽菜	千克	2.16	2.18	2.26	2.47
其他鲜菜	千克	23.92	26.04	27.25	29.39
干 菜	千克	0.38	0.39	0.44	0.48
菜制品	千克	1.53	1.65	1.84	1.94
食 糖	千克	1.66	1.70	1.67	1.79
糖 果	千克	0.58	0.67	0.76	0.97
卷 烟	盒	27.88	29.49	30.32	33.66
烟 叶	千克	0.02	0.02	0.02	0.01
白 酒	千克	2.76	2.80	2.79	2.96
果 酒	千克	0.09	0.12	0.14	0.18
啤 酒	千克	6.05	7.03	7.93	8.75
其他酒	千克	0.61	0.66	0.72	0.64
汽水、可乐	千克	1.52	1.82	2.18	2.33

1997年城镇居民家庭购买主要商品数量(七)

(平均每人全年)

	单 位	总 计	最 低 收入户	其中: 困难户	低 收 入 户	中 等 偏下户
茶 叶	千克	0.24	0.22	0.21	0.22	0.23
咖啡、可可粉	千克	0.01	0.00	0.00	0.00	0.00
干鲜瓜果类	千克	52.55	32.88	29.59	40.83	47.43
苹 果	千克	9.20	6.68	6.13	7.78	8.88
桔 子	千克	4.92	3.28	3.03	4.05	4.55
柑 橙	千克	1.41	0.78	0.77	1.03	1.22
桃 子	千克	2.72	1.63	1.43	2.10	2.38
梨	千克	3.45	2.05	1.80	2.56	3.08
香 蕉	千克	2.82	1.43	1.25	2.03	2.44
葡 萄	千克	1.19	0.59	0.50	0.80	1.01
西 瓜	千克	19.77	12.59	11.22	15.58	17.71
其他鲜瓜果及制品	千克	6.65	3.61	3.24	4.59	5.79
各种干果	千克	0.43	0.23	0.21	0.31	0.36
坚果及果仁	千克	2.78	1.78	1.62	2.08	2.47
坚果和果仁	千克	2.52	1.61	1.46	1.90	2.25
坚果和果仁制品	千克	0.26	0.17	0.15	0.19	0.22
糕点类	千克	3.05	1.84	1.65	2.35	2.72
鲜乳品	千克	5.07	2.62	2.54	3.49	4.10
奶 粉	千克	0.41	0.23	0.20	0.34	0.37
酸 奶	千克	0.44	0.15	0.12	0.27	0.34
购自单位食堂主食品	千克	2.73	1.41	1.36	2.20	2.26
购自饮食业主食品	千克	7.94	4.69	4.27	6.21	6.92
服 装	件	5.64	3.07	2.69	4.01	4.97
男士服装	件	2.00	1.07	0.94	1.39	1.80
毛皮大衣	件	0.01	0.00	0.00	0.00	0.01
呢大衣	件	0.01	0.00	0.00	0.01	0.01
风雨衣	件	0.01	0.00	0.00	0.00	0.01
西 服	件	0.09	0.04	0.03	0.05	0.07
中山装	件	0.00	0.00	0.00	0.00	0.00
茄克衫	件	0.08	0.04	0.04	0.06	0.07

1997年城镇居民家庭购买主要商品数量(八)

(平均每人全年)

	单位	中等收入户	中等偏上户	高收入户	最高收入户
茶叶	千克	0.25	0.25	0.24	0.28
咖啡、可可粉	千克	0.01	0.01	0.01	0.02
干鲜瓜果类	千克	53.90	59.69	65.79	72.78
苹果	千克	9.37	10.20	10.65	11.07
桔子	千克	5.04	5.52	5.90	6.46
柑橙	千克	1.45	1.62	1.90	2.10
桃子	千克	2.74	3.10	3.55	3.99
梨	千克	3.45	4.05	4.50	4.83
香蕉	千克	2.84	3.37	3.75	4.27
葡萄	千克	1.21	1.42	1.62	1.90
西瓜	千克	20.74	22.16	24.35	27.12
其他鲜瓜果及制品	千克	6.63	7.76	9.04	10.35
各种干果	千克	0.44	0.50	0.53	0.70
坚果及果仁	千克	2.82	3.12	3.47	4.17
坚果和果仁	千克	2.56	2.83	3.13	3.78
坚果和果仁制品	千克	0.26	0.28	0.34	0.39
糕点类	千克	3.09	3.55	3.87	4.22
鲜乳品	千克	4.97	6.18	6.38	9.02
奶粉	千克	0.40	0.46	0.52	0.61
酸奶	千克	0.44	0.58	0.61	0.78
购自单位食堂主食品	千克	2.86	3.10	3.88	3.85
购自饮食业主食品	千克	8.16	9.39	9.76	11.26
服装	件	5.80	6.62	7.37	8.23
男士服装	件	2.05	2.30	2.65	2.95
毛皮大衣	件	0.01	0.01	0.01	0.02
呢大衣	件	0.01	0.01	0.01	0.01
风雨衣	件	0.01	0.01	0.01	0.02
西服	件	0.09	0.11	0.13	0.14
中山装	件	0.00	0.00	0.00	0.00
茄克衫	件	0.08	0.09	0.10	0.12

1997年城镇居民家庭购买主要商品数量(九)

(平均每人全年)

	单位	总计	最低收入户	其中:困难户	低收入户	中等偏下户
羽绒衣	件	0.01	0.00	0.00	0.01	0.01
毛线衣	件	0.11	0.04	0.03	0.06	0.08
衬衫	件	0.29	0.14	0.12	0.20	0.25
裤子	件	0.36	0.19	0.17	0.25	0.32
其他男士服装	件	1.03	0.61	0.54	0.76	0.99
女士服装	件	2.64	1.36	1.18	1.84	2.23
毛皮大衣	件	0.01	0.00	0.00	0.00	0.00
呢大衣	件	0.04	0.01	0.01	0.02	0.03
风雨衣	件	0.02	0.00	0.00	0.01	0.01
西服	件	0.07	0.04	0.03	0.05	0.06
茄克衫	件	0.03	0.02	0.01	0.02	0.02
羽绒衣	件	0.02	0.01	0.01	0.01	0.01
毛线衣	件	0.23	0.09	0.08	0.14	0.19
衬衫	件	0.22	0.12	0.10	0.15	0.18
连衣裙	件	0.13	0.04	0.03	0.07	0.09
单裙	件	0.12	0.05	0.04	0.07	0.10
裤了	件	0.36	0.21	0.18	0.27	0.32
其他女士服装	件	1.40	0.78	0.68	1.02	1.21
各式童装	件	1.00	0.63	0.56	0.77	0.94
棉布	米	0.36	0.21	0.19	0.26	0.28
棉花化纤混纺布	米	0.14	0.07	0.06	0.10	0.11
化纤布	米	0.85	0.44	0.39	0.61	0.77
呢绒	米	0.13	0.05	0.04	0.08	0.09
绸缎	米	0.09	0.03	0.03	0.06	0.07
毛线	千克	0.23	0.13	0.11	0.16	0.22
鞋类	双	2.49	1.75	1.60	2.04	2.30
皮鞋	双	0.77	0.44	0.39	0.58	0.67
旅游鞋	双	0.10	0.07	0.06	0.09	0.10
布鞋	双	0.25	0.25	0.24	0.23	0.24
雨鞋	双	0.02	0.02	0.02	0.02	0.02

1997年城镇居民家庭购买主要商品数量(十)

(平均每人全年)

	单位	中等收入户	中等偏上户	高收入户	最高收入户
羽绒衣	件	0.01	0.02	0.02	0.02
毛线衣	件	0.12	0.13	0.17	0.19
衬衫	件	0.31	0.34	0.41	0.44
裤子	件	0.37	0.42	0.48	0.52
其他男士服装	件	1.04	1.16	1.32	1.46
女士服装	件	2.72	3.16	3.56	3.98
毛皮大衣	件	0.01	0.01	0.01	0.02
呢大衣	件	0.04	0.05	0.05	0.06
风雨衣	件	0.02	0.03	0.03	0.04
西服	件	0.08	0.09	0.10	0.12
茄克衫	件	0.03	0.04	0.04	0.04
羽绒衣	件	0.02	0.02	0.03	0.03
毛线衣	件	0.23	0.30	0.34	0.41
衬衫	件	0.22	0.26	0.30	0.34
连衣裙	件	0.15	0.15	0.18	0.20
单裙	件	0.12	0.14	0.17	0.19
裤子	件	0.37	0.43	0.47	0.51
其他女士服装	件	1.44	1.65	1.84	2.03
各式童装	件	1.03	1.16	1.16	1.30
棉布	米	0.34	0.42	0.54	0.62
棉花化纤混纺布	米	0.13	0.16	0.19	0.25
化纤布	米	0.87	0.99	1.14	1.26
呢绒	米	0.14	0.16	0.20	0.25
绸缎	米	0.10	0.12	0.14	0.16
毛线	千克	0.25	0.28	0.30	0.30
鞋类	双	2.54	2.79	3.00	3.12
皮鞋	双	0.81	0.89	0.98	1.09
旅游鞋	双	0.10	0.11	0.12	0.10
布鞋	双	0.25	0.26	0.27	0.27
雨鞋	双	0.02	0.02	0.02	0.02

1997年城镇居民家庭购买主要商品数量(十一)

(平均每人全年)

	单位	总计	最低收入户	其中:困难户	低收入户	中等偏下户
凉鞋	双	0.27	0.19	0.17	0.22	0.25
拖鞋	双	0.54	0.34	0.30	0.42	0.50
其他鞋	双	0.54	0.44	0.42	0.48	0.53
各种袜子	双	2.31	1.41	1.27	1.79	2.02
各种帽子	顶	0.09	0.06	0.05	0.07	0.08
肥皂	块	3.73	3.21	3.22	3.46	3.89
洗衣粉	千克	1.10	0.91	0.84	1.03	1.08
水	吨	30.25	23.09	21.80	25.54	27.50
电	度	202.84	135.41	130.33	163.74	179.91
煤炭	千克	134.71	148.34	151.16	152.90	137.40
液化石油气	千克	14.72	10.93	10.44	12.59	13.73
管道煤气	立方米	28.51	18.65	17.13	23.71	25.12
手表	只	0.03	0.02	0.01	0.02	0.03

1997年城镇居民家庭购买主要商品数量(十二)

(平均每人全年)

	单位	中等收入户	中等偏上户	高收入户	最高收入户
凉鞋	双	0.27	0.30	0.30	0.32
拖鞋	双	0.53	0.63	0.70	0.73
其他鞋	双	0.56	0.58	0.60	0.58
各种袜子	双	2.47	2.60	2.86	3.30
各种帽子	顶	0.09	0.10	0.12	0.13
肥皂	块	4.04	3.64	3.54	4.03
洗衣粉	千克	1.10	1.15	1.21	1.26
水	吨	30.87	33.20	35.15	39.30
电	度	206.81	224.74	249.10	290.50
煤炭	千克	131.78	124.39	134.69	117.56
液化石油气	千克	15.05	15.90	17.16	19.07
管道煤气	立方米	28.25	32.91	35.74	38.22
手表	只	0.03	0.04	0.05	0.05

1997年城镇居民家庭购买主要商品数量(十三)

(平均每百户全年)

	单位	总计	最低收入户	其中:困难户	低收入户	中等偏下户
组合家具	套	1.22	0.29	0.34	0.63	0.82
沙发床	个	1.51	0.24	0.25	0.29	0.76
沙　发	个	6.78	1.90	2.11	3.24	3.43
大衣柜	个	0.61	0.11	0.12	0.28	0.45
写字台	张	0.66	0.29	0.25	0.23	0.62
地　毯	平方米	3.11	1.10	0.09	0.43	1.92
地板革	平方米	5.42	4.06	5.03	5.31	3.74
缝纫机	台	0.12	0.12	0.08	0.19	0.09
洗衣机	台	2.34	0.86	0.97	1.33	1.42
电风扇	台	6.19	3.51	3.42	3.38	5.79
电冰箱	台	1.96	0.74	0.63	0.83	1.39
冰　柜	台	0.39	0.23	0.21	0.33	0.20
微波炉	台	1.41	0.56	0.42	0.56	0.84
空调器	台	2.05	0.23	0.31	0.42	0.98
电炊具	台	5.90	3.49	3.41	3.72	5.53
淋浴热水器	台	2.62	0.79	0.82	1.40	2.21
排油烟机	台	1.74	0.83	0.90	0.48	1.22
排风扇	台	2.50	1.02	1.12	1.59	1.72
吸尘器	台	0.22	0.01	0.00	0.02	0.10
钟	个	5.68	3.90	4.03	3.93	5.27
毛　毯	条	2.18	0.92	0.33	1.56	2.27
床　单	条	10.95	6.51	6.54	7.24	0.81

1997年城镇居民家庭购买主要商品数量(十四)

(平均每百户全年)

	单位	中等收入户	中等偏上户	高收入户	最高收入户
组合家具	套	1.01	1.30	1.35	3.64
沙发床	个	1.43	1.63	2.73	4.23
沙　发	个	4.80	8.38	8.97	20.49
大衣柜	个	0.56	0.86	0.74	1.26
写字台	张	0.48	0.90	1.17	0.87
地　毯	平方米	3.44	3.35	5.02	7.09
地板革	平方米	4.12	8.12	5.20	7.73
缝纫机	台	0.09	0.12	0.02	0.31
洗衣机	台	2.23	2.67	3.98	4.62
电风扇	台	6.41	6.60	7.74	9.68
电冰箱	台	1.74	1.98	3.75	4.06
冰　柜	台	0.27	0.47	0.71	0.75
微波炉	台	1.28	1.36	2.46	3.60
空调器	台	1.88	2.42	3.73	5.56
电炊具	台	5.92	6.96	7.23	7.78
淋浴热水器	台	2.08	2.98	3.93	5.54
排油烟机	台	1.51	2.15	2.64	3.65
排风扇	台	1.80	2.17	3.04	7.94
吸尘器	台	0.17	0.26	0.42	0.72
钟	个	5.22	6.89	7.29	6.94
毛　毯	条	2.23	2.06	2.67	3.55
床　单	条	11.61	12.30	11.86	14.43

1997年城镇居民家庭购买主要商品数量(十五)

(平均每百户全年)

	单 位	总 计	最 低 收入户	其中: 困难户	低 收 入 户	中 等 偏下户
摩托车	辆	1.20	0.35	0.31	0.58	0.81
自行车	辆	9.52	5.16	4.15	7.16	8.87
家用汽车	辆	0.00	0.00	0.00	0.00	0.00
电 话	部	6.43	2.81	2.27	3.60	5.22
BP 机	部	1.42	0.38	0.36	0.63	0.97
彩色电视机	台	3.58	0.85	0.67	1.51	1.96
影碟机	台	3.37	0.29	0.21	0.96	1.66
录放像机	台	0.35	0.05	0.05	0.00	0.13
家用电脑	台	0.52	0.14	0.05	0.21	0.21
组合音响	台	0.93	0.04	0.03	0.34	0.49
录音机	台	2.82	1.08	0.73	1.95	2.65
摄像机	台	0.03	0.00	0.00	0.00	0.00
收音机	台	1.96	0.93	0.83	1.33	1.79
照相机	架	0.89	0.32	0.21	0.38	0.66
钢 琴	架	0.03	0.00	0.00	0.02	0.00
其他中高档乐器	件	0.00	0.00	0.00	0.00	0.00

1997年城镇居民家庭购买主要商品数量(十六)

(平均每百户全年)

	单 位	中 等 收入户	中 等 偏上户	高 收 入 户	最 高 收入户
摩托车	辆	0.83	1.38	2.19	2.80
自行车	辆	9.95	11.69	11.17	10.74
家用汽车	辆	0.00	0.01	0.00	0.00
电 话	部	7.33	7.67	8.55	8.91
BP 机	部	1.28	2.03	2.18	2.45
彩色电视机	台	3.22	4.14	6.20	8.64
影碟机	台	2.38	4.82	6.43	8.26
录放像机	台	0.32	0.61	0.63	0.65
家用电脑	台	0.40	0.66	1.03	1.31
组合音响	台	0.79	1.24	1.40	2.45
录音机	台	2.75	3.47	3.72	3.69
摄像机	台	0.00	0.05	0.01	0.18
收音机	台	2.03	2.24	2.86	2.32
照相机	架	0.80	0.97	1.48	1.84
钢 琴	架	0.02	0.12	0.02	0.02
其他中高档乐器	件	0.00	0.00	0.00	0.00

1997年城镇居民家庭年末主要消费品拥有量(一)

(平均每百户)

	单 位	总 计	最 低 收入户	其中: 困难户	低 收 入 户	中 等 偏下户
毛皮大衣	件	49.57	25.58	21.93	34.45	42.48
呢大衣	件	186.85	137.77	129.50	158.62	178.48
毛毯	条	139.92	99.41	92.02	115.86	127.96
地毯	平方米	126.60	58.15	48.46	89.09	110.58
组合家具	套	53.38	41.41	39.26	48.37	52.19
沙发床	个	41.62	26.75	25.43	32.28	37.07
沙发	个	205.37	144.61	138.59	170.96	192.17
大衣柜	个	83.42	77.88	77.31	77.46	80.77
写字台	张	85.14	72.21	69.74	76.28	81.86
摩托车	辆	11.60	5.86	5.28	8.58	10.68
自行车	辆	179.10	164.92	161.60	176.15	182.10
家用汽车	辆	0.19	0.09	0.14	0.23	0.07
缝纫机	台	57.48	56.24	55.34	55.91	55.82
洗衣机	台	89.12	77.72	75.47	83.88	87.19
电风扇	台	165.74	143.93	137.89	151.88	161.15
电冰箱	台	72.98	53.85	50.31	62.66	68.66
冰柜	台	4.46	3.19	2.62	3.56	3.45
彩色电视机	台	100.48	83.56	79.81	90.03	96.85
影碟机	台	7.87	2.32	1.59	3.78	4.89
录放像机	台	21.32	11.52	10.57	15.88	18.77
家用电脑	台	2.60	0.68	0.64	1.22	1.43
组合音响	套	15.32	7.16	6.45	10.75	13.54
录音机	台	57.20	46.98	44.60	52.33	56.57
摄像机	台	0.82	0.27	0.22	0.68	0.36
照相机	架	33.64	16.18	14.80	22.94	28.34
钢琴	架	0.93	0.34	0.42	0.38	0.58
其他中高档乐器	件	5.68	2.39	2.34	3.32	4.41
微波炉	台	5.40	1.68	1.51	2.53	3.76
空调器	台	16.29	5.46	5.35	8.26	11.69
电炊具	台	92.35	69.01	66.05	77.92	87.13
淋浴热水器	台	38.94	20.86	18.90	26.95	33.74
排油烟机	台	42.60	24.13	22.66	29.42	36.48
吸尘器	台	10.66	3.92	3.24	6.05	7.98
健身器材	件	2.28	0.60	0.61	0.83	1.40
移动电话	台	1.70	0.34	0.41	0.65	1.17

1997年城镇居民家庭年末主要消费品拥有量(二)

(平均每百户)

	单位	中等收入户	中等偏上户	高收入户	最高收入户
毛皮大衣	件	48.88	56.20	65.85	74.71
呢大衣	件	188.43	200.31	211.60	226.04
毛毯	条	143.82	153.54	161.31	171.96
地毯	平方米	139.70	137.44	165.21	178.11
组合家具	套	54.09	55.86	57.57	62.19
沙发床	个	43.04	45.60	49.69	56.05
沙发	个	206.07	224.82	235.00	256.96
大衣柜	个	83.97	84.62	87.29	92.88
写字台	张	85.49	89.84	94.22	94.30
摩托车	辆	11.31	13.40	14.63	16.21
自行车	辆	182.41	181.95	179.74	177.23
家用汽车	辆	0.16	0.14	0.32	0.54
缝纫机	台	56.81	58.06	60.26	61.03
洗衣机	台	90.35	92.26	93.71	96.28
电风扇	台	166.61	173.15	174.96	184.85
电冰箱	台	74.52	79.38	81.63	86.54
冰柜	台	4.00	4.79	5.97	7.35
彩色电视机	台	101.53	105.32	107.84	115.99
影碟机	台	6.64	10.29	12.07	16.86
录放像机	台	21.71	24.89	26.64	28.41
家用电脑	台	2.62	3.10	4.40	5.36
组合音响	套	14.72	18.19	19.25	23.16
录音机	台	58.37	61.03	59.61	61.17
摄像机	台	0.81	0.82	1.13	2.15
照相机	架	33.55	38.77	45.44	50.52
钢琴	架	1.08	1.04	1.59	1.63
其他中高档乐器	件	5.47	7.75	6.62	9.17
微波炉	台	5.12	6.02	8.48	11.45
空调器	台	15.82	19.79	23.35	31.27
电炊具	台	90.88	101.44	104.20	113.41
淋浴热水器	台	39.18	44.92	50.27	55.68
排油烟机	台	43.47	49.44	54.70	58.98
吸尘器	台	11.28	12.40	14.51	18.81
健身器材	件	2.09	2.98	3.27	5.11
移动电话	台	1.30	2.08	3.07	3.87

城镇居民家庭生活基本情况变化表

(平均每户)

	单　　位	1997年	1996年	1997年比上年增减
调 查 户 数	户	37890.00	36370.00	1520.00
一、家庭人口数	人	3.19	3.20	−0.01
(一)有收入者人数	人	2.19	2.20	−0.01
1.就业人口数	人	1.83	1.86	−0.03
(1)国有经济单位职工人数	人	1.42	1.46	−0.04
(2)集体经济单位职工人数	人	0.24	0.26	−0.01
(3)其他经济类型职工人数	人	0.04	0.03	0.01
(4)个体经营者人员数	人	0.05	0.04	0.01
(5)个体被雇人员数	人	0.02	0.01	0.01
(6)离退休再就业人员数	人	0.04	0.04	0.00
(7)其他就业人员数	人	0.01	0.01	0.00
2.离退休人数	人	0.35	0.33	0.02
3.其他有收入者人数	人	0.01	0.01	0.00
(二)无收入者人数	人	1.00	1.01	−0.01
二、期末家庭人口数	人	3.18	3.20	−0.02
非家庭人口经常在家用饭人数	人	0.08	0.09	−0.02

城镇居民家庭现金收入和支出变化表(一)

(平均每人全年)

单位: 元

	1997年	1996年	1997年比上年增减	1997年比上年增幅(%)
一、期初手存现金	236.97	258.70	−21.74	−8.40
二、可支配收入	5160.32	4838.90	321.41	6.64
三、现金收入	6196.09	5703.53	492.56	8.64
(一)实际收入	5188.54	4844.78	343.76	7.10
1. 国有经济单位职工收入 2. 集体经济单位职工收入	3602.44	3513.20	89.24	2.54
3. 其他经济类型职工收入	133.26	98.39	34.88	35.45
其中:奖金	23.54	11.35	12.19	107.40
4. 个体经营者的净收益	134.59	91.89	42.70	46.47
5. 个体被雇者收入	33.58	24.03	9.54	39.72
6. 离退休再就业人员收入	50.70	47.23	3.47	7.34
7. 其他就业者收入	11.73	9.59	2.14	22.30
8. 其他劳动收入	142.93	116.37	26.57	22.83
9. 财产性收入	124.39	111.98	12.41	11.08
(1) 利　息	58.44	61.11	−2.67	−4.37
(2) 红　利	13.34	17.35	−4.01	−23.09
(3) 其他财产租金收入	52.60	33.52	19.08	56.93

城镇居民家庭现金收入和支出变化表(二)

(平均每人全年)

单位: 元

	1997年	1996年	1997年比上年增减	1997年比上年增幅(%)
10. 转移收入	947.78	825.87	121.91	14.76
(1) 离退休金	697.75	604.47	93.28	15.43
(2) 价格补贴	2.72	3.59	−0.88	−24.38
(3) 赡养收入	51.80	47.97	3.84	7.99
(4) 赠送收入	118.71	98.15	20.55	20.94
(5) 亲友搭伙费	32.10	33.22	−1.11	−3.35
(6) 记账补贴	22.17	19.06	3.12	16.36
(7) 出售财物收入	8.76	6.23	2.53	40.61
(8) 其　他	13.76	13.18	0.59	4.45
11. 家庭副业生产收入	7.14	6.24	0.90	14.48
(二) 借贷收入	1007.55	858.74	148.80	17.33
1. 提取储蓄存款	730.09	620.91	109.18	17.58
2. 提取储金会款	10.73	9.17	1.55	16.94
3. 借入款	153.62	126.50	27.12	21.44
4. 收回借出款	33.83	30.51	3.32	10.89
5. 收回储蓄性保险本金	2.97	2.66	0.31	11.66
6. 兑售有价证券	20.18	22.43	−2.24	−10.00
7. 赊　购	0.68	0.53	0.15	27.40
8. 为购置房屋从银行贷款	11.55	5.19	6.36	122.68
9. 其他借贷收入	43.90	40.85	3.05	7.47
四、现金支出	6012.31	5566.74	445.57	8.00
(一) 实际支出	4945.87	4571.01	374.86	8.20
1. 消费性支出	4185.64	3919.47	266.17	6.79

城镇居民家庭现金收入和支出变化表(三)

(平均每人全年)

单位: 元

	1997 年	1996 年	1997年比上年增减	1997 年比上年增幅(%)
2. 非消费性支出	755.94	647.59	108.35	16.73
(1) 贷款利息	0.73	0.53	0.20	37.92
(2) 个人所得税	2.67	1.94	0.73	37.58
(3) 其他各种税金	2.14	1.99	0.15	7.55
(4) 各种非储蓄性保险支出	7.83	6.61	1.22	18.44
(5) 赡养支出	115.61	97.46	18.15	18.63
(6) 赠送支出	358.73	313.96	44.77	14.26
(7) 购房与建房支出	234.86	191.52	43.33	22.63
(8) 其他非消费性支出	33.38	33.58	−0.20	−0.61
3. 家庭副业生产支出	4.29	3.94	0.34	8.75
(二) 借贷支出	1066.44	995.74	70.70	7.10
1. 存入储蓄款	777.06	769.23	7.84	1.02
2. 存入储金会款	10.52	12.42	−1.91	−15.34
3. 归还借款	68.22	61.75	6.47	10.47
4. 借出款	34.82	31.02	3.81	12.27
5. 储蓄性保险支出	40.79	26.84	13.95	51.98
6. 购置有价证券	50.07	27.69	22.38	80.81
7. 预购	3.68	2.54	1.14	44.76
8. 归还为购置住房的银行款	6.69	4.74	1.95	41.22
9. 其他借贷支出	74.59	59.51	15.08	25.35
五、期末手存现金	420.75	395.49	25.26	6.39

城镇居民家庭消费支出变化表(一)

(平均每人全年)

单位:元

	1997年	1996年	1997年比上年增减	1997年比上年增幅(%)
消费性支出	4185.64	3919.47	266.17	6.79
一、食品	1942.59	1904.71	37.88	1.99
(一)粮食	238.11	271.54	−33.43	−12.31
(二)淀粉及薯类	20.37	21.87	−1.50	−6.87
(三)干豆类及豆制品	33.27	32.01	1.26	3.94
(四)油脂类	70.68	69.03	1.65	2.38
(五)肉禽及其制品	459.56	438.76	20.80	4.74
(六)蛋类	73.55	78.73	−5.18	−6.58
(七)水产品类	140.98	131.91	9.07	6.87
(八)菜类	203.89	206.65	−2.75	−1.33
(九)调味品	27.85	27.92	−0.07	−0.27
(十)糖类	24.24	24.88	−0.64	−2.58
(十一)烟草类	92.20	83.89	8.31	9.90
(十二)酒和饮料	91.04	84.97	6.06	7.13
(十三)干鲜瓜果类	127.03	117.69	9.34	7.94
(十四)坚果及果仁	22.41	22.24	0.17	0.77
(十五)糕点类	40.44	40.69	−0.25	−0.61
(十六)奶及奶制品	41.41	36.59	4.81	13.15
(十七)其他食品	31.35	28.43	2.91	10.25
(十八)在外用餐	203.44	186.21	17.23	9.25
(十九)食品加工服务费	0.79	0.69	0.09	13.66
二、衣着	520.91	527.95	−7.04	−1.33
(一)服装	328.17	323.85	4.33	1.34
(二)衣着材料	47.66	56.23	−8.57	−15.24
(三)鞋、袜、帽及其他衣着	129.38	132.26	−2.88	−2.18
(四)衣着加工服务费	15.69	15.61	0.08	0.52

城镇居民家庭消费支出变化表(二)

(平均每人全年)

单位:元

	1997年	1996年	1997年比上年增减	1997年比上年增幅(%)
三、家庭设备、用品及服务	316.89	298.15	18.73	6.28
(一)耐用消费品	173.35	161.27	12.08	7.49
(二)室内装饰品	12.14	12.39	−0.26	−2.08
(三)床上用品	19.32	20.18	−0.86	−4.27
(四)家庭日用杂品	78.67	73.09	5.58	7.63
(五)家具材料	4.98	5.13	−0.14	−2.79
(六)家庭服务	28.43	26.10	2.34	8.96
四、医疗保健	179.68	143.28	36.40	25.40
五、交通和通信	232.90	199.12	33.78	16.96
(一)交通	111.36	96.18	15.18	15.79
(二)通信	121.54	102.95	18.59	18.06
六、娱乐、教育、文化服务	448.38	374.95	73.43	19.59
(一)文娱用耐用消费品	112.50	89.80	22.71	25.29
(二)教育	237.61	204.00	33.62	16.48
(三)文化娱乐	98.26	81.15	17.11	21.08
七、居住	358.64	300.85	57.79	19.21
(一)住房	148.66	124.14	24.52	19.75
(二)水、电、燃料及其他	209.98	176.71	33.27	18.83
八、杂项商品	185.65	170.45	15.20	8.92
(一)个人消费	146.96	134.78	12.18	9.04
(二)其他商品	17.90	17.01	0.89	5.24
(三)其他服务	20.79	18.67	2.13	11.40

城镇居民家庭购买主要商品数量变化表(一)

(平均每人全年)

	单　位	1997年	1996年	1997年比上年增减	1997年比上年增幅(%)
粮　食	千克	88.59	94.68	-6.09	-6.43
细　粮	千克	86.08	92.25	-6.17	-6.69
大　米	千克	48.92	51.87	-2.95	-5.69
糯　米	千克	0.77	0.71	0.07	9.53
普通或标准粉	千克	12.19	13.76	-1.57	-11.40
富强粉	千克	8.55	9.69	-1.15	-11.83
面　包	千克	0.85	0.86	-0.01	-1.33
馒　头	千克	5.67	5.20	0.47	9.00
其他细粮及制品	千克	9.14	10.17	-1.03	-10.16
粗粮合计	千克	2.51	2.43	0.08	3.36
粗　粮	千克	1.66	1.54	0.11	7.41
粗粮制品	千克	0.86	0.89	-0.03	-3.67
淀粉及薯类	千克	13.29	14.19	-0.89	-6.29
马铃薯	千克	8.42	9.05	-0.64	-7.06
红　薯	千克	2.22	2.24	-0.02	-1.03
其他薯类	千克	0.74	0.81	-0.06	-7.74
各类淀粉及制品	千克	1.91	2.08	-0.17	-8.05
大　豆	千克	0.29	0.28	0.01	4.23
杂　豆	千克	0.66	0.63	0.03	4.46
豆　腐	千克	5.82	6.10	-0.29	-4.67
油脂类	千克	7.71	7.66	0.06	0.74
花生油	千克	1.16	1.23	-0.07	-5.35
菜籽油	千克	2.14	2.22	-0.08	-3.58
芝麻油	千克	0.18	0.18	0.01	5.07
豆　油	千克	2.36	2.30	0.05	2.35
卫生油	千克	0.18	0.19	-0.01	-5.40
其他植物油	千克	1.19	1.02	0.16	16.09
动物油	千克	0.51	0.52	-0.02	-2.96
猪　肉	千克	15.34	17.07	-1.73	-10.13
牛　肉	千克	2.37	2.01	0.36	18.16

城镇居民家庭购买主要商品数量变化表(二)

(平均每人全年)

	单　位	1997年	1996年	1997年比上年增减	1997年比上年增幅(%)
羊　肉	千克	1.33	1.29	0.04	3.24
其他肉及肉制品	千克	2.10	2.14	−0.04	−1.84
白条鸡	千克	1.91	1.70	0.21	12.44
活　鸡	千克	2.33	1.87	0.46	24.35
活　鸭	千克	0.70	0.40	0.30	73.80
其他禽类及禽制品	千克	1.57	1.40	0.18	12.62
蛋　类	千克	11.73	10.14	1.59	15.64
鸡　蛋	千克	10.52	9.12	1.40	15.38
鸭　蛋	千克	0.61	0.52	0.09	18.10
其他蛋类及蛋制品	千克	0.59	0.50	0.09	17.78
黄花鱼	千克	0.17	0.19	−0.02	−12.09
带　鱼	千克	0.94	0.95	−0.01	−1.05
草　鱼	千克	0.78	0.77	0.01	0.67
鲤　鱼	千克	0.86	0.96	−0.10	−10.38
鲢　鱼	千克	0.46	0.51	−0.05	−8.96
鲫　鱼	千克	0.67	0.66	0.01	2.13
虾　类	千克	0.86	0.73	0.13	18.04
菜　类	千克	115.24	120.47	−5.24	−4.35
鲜　菜	千克	113.34	118.51	−5.17	−4.36
白　菜	千克	19.88	22.32	−2.45	−10.97
洋白菜	千克	2.90	3.64	−0.74	−20.23
菠　菜	千克	1.89	1.91	−0.02	−1.30
油　菜	千克	4.82	5.42	−0.59	−10.97
芹　菜	千克	2.99	3.26	−0.27	−8.36
韭　菜	千克	2.11	2.21	−0.10	−4.48
空心菜	千克	1.09	1.35	−0.26	−19.19
大　葱	千克	5.17	5.04	0.14	2.71
菜　花	千克	1.45	1.62	−0.17	−10.37
萝　卜	千克	5.05	6.06	−1.01	−16.63
胡萝卜	千克	1.63	2.05	−0.41	−20.25

城镇居民家庭购买主要商品数量变化表(三)

(平均每人全年)

	单 位	1997年	1996年	1997年比上年增减	1997年比上年增幅(%)
葱 头	千克	0.81	0.91	−0.10	−10.70
生 姜	千克	0.62	0.66	−0.04	−5.98
莴 笋	千克	1.63	1.82	−0.19	−10.33
蒜 苔	千克	1.31	1.27	0.04	3.14
蒜 头	千克	1.23	1.17	0.07	5.63
黄 瓜	千克	6.62	6.42	0.20	3.18
冬 瓜	千克	2.35	2.84	−0.50	−17.45
丝 瓜	千克	0.72	0.95	−0.24	−24.68
西红柿	千克	7.48	7.69	−0.20	−2.63
茄 子	千克	4.32	4.50	−0.17	−3.80
青 椒	千克	4.04	4.23	−0.19	−4.60
豆 角	千克	5.88	5.85	0.02	0.42
莲 藕	千克	1.08	1.11	−0.03	−3.13
豆芽菜	千克	2.17	2.57	−0.40	−15.66
其他鲜菜	千克	24.10	21.65	2.44	11.27
干 菜	千克	0.37	0.39	−0.02	−4.58
菜制品	千克	1.53	1.58	−0.05	−3.24
食 糖	千克	1.63	1.71	−0.08	−4.52
糖 果	千克	0.59	0.64	−0.05	−7.94
卷 烟	盒	28.17	27.70	0.47	1.71
烟 叶	千克	0.02	0.02	0.00	0.00
白 酒	千克	2.70	2.85	−0.15	−5.24
果 酒	千克	0.10	0.10	0.00	0.00
啤 酒	千克	6.09	5.98	0.11	1.84
其他酒	千克	0.66	0.79	−0.13	−16.01
汽水、可乐	千克	1.59	1.40	0.19	13.28

城镇居民家庭购买主要商品数量变化表(四)

(平均每人全年)

	单 位	1997年	1996年	1997年比上年增减	1997年比上年增幅(%)
茶 叶	千克	0.24	0.24	0.00	0.00
咖啡、可可粉	千克	0.01	0.01	0.00	0.00
干鲜瓜果类	千克	52.55	46.59	5.97	12.81
苹 果	千克	9.20	9.91	-0.71	-7.12
桔 子	千克	4.92	3.95	0.97	24.51
柑 橙	千克	1.41	1.39	0.01	1.06
桃 子	千克	2.72	2.62	0.10	3.84
梨	千克	3.45	2.95	0.50	16.99
香 蕉	千克	2.82	1.70	1.12	65.75
葡 萄	千克	1.19	1.08	0.11	10.05
西 瓜	千克	19.77	17.12	2.65	15.49
其他鲜瓜果及制品	千克	6.65	5.48	1.17	21.37
各种干果	千克	0.43	0.39	0.04	10.10
坚果及果仁	千克	2.78	3.00	-0.22	-7.18
坚果和果仁	千克	2.52	2.72	-0.19	-7.16
坚果和果仁制品	千克	0.26	0.28	-0.02	-7.41
糕点类	千克	3.05	3.29	-0.24	-7.41
鲜乳品	千克	5.07	4.83	0.24	4.97
奶 粉	千克	0.41	0.41	0.00	0.00
酸 奶	千克	0.44	0.32	0.12	38.22
购自单位食堂主食品	千克	2.73	2.89	-0.17	-5.74
购自饮食业主食品	千克	7.94	8.07	-0.12	-1.52
服 装	件	5.64	5.54	0.10	1.80
男士服装	件	2.00	1.96	0.04	1.85
毛皮大衣	件	0.01	0.03	-0.02	-70.52
呢大衣	件	0.01	0.01	0.00	0.00
风雨衣	件	0.01	0.01	0.00	0.00
西服	件	0.09	0.07	0.02	21.20
中山装	件	0.00	0.00	0.00	0.00
茄克衫	件	0.08	0.08	0.00	0.00

城镇居民家庭购买主要商品数量变化表(五)

(平均每人全年)

	单　位	1997 年	1996 年	1997年比上年增减	1997年比上年增幅(%)
羽绒衣	件	0.01	0.01	0.00	0.00
毛线衣	件	0.11	0.11	0.00	0.00
衬　衫	件	0.29	0.28	0.01	3.35
裤　子	件	0.36	0.32	0.04	10.98
其他男士服装	件	1.03	1.03	0.00	0.00
女士服装	件	2.64	2.62	0.02	0.69
毛皮大衣	件	0.01	0.04	－0.03	－80.04
呢大衣	件	0.04	0.03	0.00	0.00
风雨衣	件	0.02	0.02	－0.00	－19.93
西　服	件	0.07	0.05	0.02	36.79
茄克衫	件	0.03	0.03	0.00	0.00
羽绒衣	件	0.02	0.02	0.00	0.00
毛线衣	件	0.23	0.24	－0.01	－2.11
衬　衫	件	0.22	0.22	0.00	0.00
连衣裙	件	0.13	0.10	0.02	19.67
单　裙	件	0.12	0.10	0.02	19.82
裤　子	件	0.36	0.35	0.01	3.20
其他女士服装	件	1.40	1.42	－0.02	－1.47
各式童装	件	1.00	0.95	0.05	4.75
棉　布	米	0.36	0.41	－0.05	－12.16
棉花化纤混纺布	米	0.14	0.18	－0.04	－22.46
化纤布	米	0.85	1.02	－0.17	－16.26
呢　绒	米	0.13	0.17	－0.03	－19.88
绸　缎	米	0.09	0.15	－0.05	－35.81
毛　线	千克	0.23	0.28	－0.05	－17.00
鞋　类	双	2.49	2.52	－0.03	－1.37
皮　鞋	双	0.77	0.82	－0.06	－6.72
旅游鞋	双	0.10	0.12	－0.02	－14.37
布　鞋	双	0.25	0.27	－0.01	－5.37
雨　鞋	双	0.02	0.02	0.00	0.00

城镇居民家庭购买主要商品数量变化表(六)

(平均每人全年)

	单　位	1997年	1996年	1997年比上年增减	1997年比上年增幅(%)
凉　鞋	双	0.27	0.24	0.02	9.70
拖　鞋	双	0.54	0.50	0.05	9.25
其他鞋	双	0.54	0.55	-0.01	-2.67
各种袜子	双	2.31	2.12	0.20	9.36
各种帽子	顶	0.09	0.08	0.01	13.68
肥　皂	块	3.73	3.30	0.43	12.93
洗衣粉	千克	1.10	1.12	-0.02	-1.99
水	吨	30.25	29.48	0.77	2.61
电	度	202.84	187.22	15.62	8.35
煤　炭	千克	134.71	126.50	8.21	6.49
液化石油气	千克	14.72	13.80	0.91	6.63
管道煤气	立方米	28.51	28.93	-0.42	-1.47
手　表	只	0.03	0.03	0.00	0.00

城镇居民家庭购买主要商品数量变化表(七)

(平均每百户全年)

	单　位	1997年	1996年	1997年比上年增减	1997年比上年增幅(%)
组合家具	套	1.22	1.31	-0.09	-6.99
沙发床	个	1.51	1.55	-0.03	-2.09
沙　发	个	6.78	7.41	-0.63	-8.47
大衣柜	个	0.61	0.45	0.17	37.28
写字台	张	0.66	0.60	0.05	9.10
地　毯	平方米	3.11	4.10	-1.00	-24.34
地板革	平方米	5.42	9.86	-4.43	-44.98
缝纫机	台	0.12	0.17	-0.05	-27.76
床　单	条	10.95	11.67	-0.72	-6.19
肥　皂	块	3.73	3.30	0.43	12.93
洗衣粉	千克	1.10	1.12	-0.02	0.00

城镇居民家庭购买主要商品数量变化表(八)

(平均每百户全年)

	单 位	1997年	1996年	1997年比上年增减	1997年比上年增幅(%)
摩托车	辆	1.20	0.92	0.27	29.38
自行车	辆	9.52	9.71	−0.19	−1.94
电 话	部	6.43	8.52	−2.08	−24.48
BP 机	部	1.42	0.96	0.46	47.30
彩色电视机	台	3.58	2.91	0.68	23.20
影碟机	台	3.37	–	–	–
录放像机	台	0.35	0.85	−0.50	−59.17
家用电脑	台	0.52	–	–	–
组合音响	台	0.93	0.67	0.26	38.43
录音机	台	2.82	0.70	2.12	304.08
摄像机	台	0.03	–	–	–
收音机	台	1.96	1.88	0.07	3.89
照相机	架	0.89	0.90	−0.01	−0.98
钢 琴	架	0.03	0.05	−0.02	−30.78
其他中高档乐器	件	0.00	0.00	0.00	0.00

城镇居民家庭年末主要消费品拥有量变化表

(平均每百户)

	单 位	1997年	1996年	1997年比上年增减	1997年比上年增幅(%)
毛皮大衣	件	49.57	47.11	2.46	5.22
呢大衣	件	186.85	207.48	−20.63	−9.94
毛毯	条	139.92	141.91	−1.99	−1.40
地毯	平方米	126.60	132.74	−6.14	−4.62
组合家具	套	53.38	49.51	3.87	7.82
沙发床	个	41.62	39.49	2.13	5.40
沙发	个	205.37	213.84	−8.48	−3.96
大衣柜	个	83.42	87.21	−3.79	−4.34
写字台	张	85.14	87.89	−2.76	−3.14
摩托车	辆	11.60	7.94	3.66	46.11
自行车	辆	179.10	193.23	−14.13	−7.31
家用汽车	辆	0.19	—	—	—
缝纫机	台	57.48	62.65	−5.17	−8.25
洗衣机	台	89.12	90.06	−0.95	−1.05
电风扇	台	165.74	168.07	−2.32	−1.38
电冰箱	台	72.98	69.67	3.31	4.75
冰柜	台	4.46	3.48	0.97	27.94
彩色电视机	台	100.48	93.50	6.98	7.47
影碟机	台	7.87	—	—	
录放像机	台	21.32	20.15	1.17	5.81
家用电脑	台	2.60	—	—	—
组合音响	套	15.32	12.20	3.12	25.57
录音机	台	57.20	72.66	−15.46	−21.28
摄像机	台	0.82	—	—	—
照相机	架	33.64	32.13	1.51	4.70
钢琴	架	0.93	0.85	0.09	10.50
其他中高档乐器	件	5.68	6.92	−1.24	−17.94
微波炉	台	5.40	—	—	—
空调器	台	16.29	11.61	4.68	40.27
电炊具	台	92.35	91.10	1.24	1.36
淋浴热水器	台	38.94	34.16	4.78	14.00
排油烟机	台	42.60	38.42	4.18	10.89
吸尘器	台	10.66	10.35	0.31	3.03
健身器材	件	2.28	—	—	—
移动电话	台	1.70	—	—	—

（二）分省、自治区、直辖市调查资料

1997年各地区城镇居民家庭人口就业情况(一)

(平均每百户)

单位:人

	调查户数	家庭人口数	(一)有收入者人数	1.就业人口数	(1)国有经济单位职工人数
全　国	37890.00	318.91	218.91	183.09	142.30
北　京	500.00	305.73	232.10	176.68	134.84
天　津	500.00	310.22	230.94	169.76	133.42
河　北	1640.00	312.36	216.87	178.02	153.52
山　西	1410.00	327.42	217.11	180.72	155.14
内蒙古	2050.00	323.08	208.29	171.51	138.46
辽　宁	3350.00	314.93	226.45	187.14	129.92
吉　林	1350.00	312.29	215.90	177.03	139.86
黑龙江	1350.00	314.61	213.48	165.26	122.72
上　海	500.00	307.55	231.70	158.46	100.18
江　苏	2120.10	314.23	231.49	180.05	119.33
浙　江	1590.00	300.53	220.62	187.46	125.88
安　徽	1450.00	315.30	220.04	191.15	137.60
福　建	1250.00	328.07	231.32	195.85	131.86
江　西	1180.00	312.81	220.97	189.62	159.15
山　东	2100.00	316.84	216.79	200.69	165.76
河　南	2440.00	328.66	227.59	192.49	162.75
湖　北	1790.00	322.69	219.91	189.42	154.38
湖　南	1000.00	313.96	208.62	192.36	166.44
广　东	1600.00	360.40	240.82	207.87	137.04
广　西	1100.00	322.34	212.73	187.78	158.35
海　南	200.00	396.25	228.47	200.39	174.39
重　庆	300.00	305.77	216.52	192.33	160.83
四　川	1450.00	308.97	209.29	184.91	148.22
贵　州	850.00	305.12	210.16	176.51	149.99
云　南	950.00	312.35	214.56	188.17	155.48
西　藏					
陕　西	1400.00	317.61	212.83	171.09	150.27
甘　肃	880.00	312.43	202.89	165.34	146.87
青　海	450.00	342.82	195.65	168.28	149.09
宁　夏	550.00	319.68	199.57	158.60	126.46
新　疆	590.00	322.71	203.11	175.12	157.70

1997年各地区城镇居民家庭人口就业情况(二)

(平均每百户)

单位:人

	(2)集体经济单位职工人数	(3)其它经济类型职工人数	(4)个体经营者人数	(5)个体被雇人员数	(6)离退休再就业人员数
全国	24.49	3.65	5.41	1.99	4.08
北京	12.75	8.60	1.17	0.10	18.12
天津	15.92	8.52	1.20	0.99	9.50
河北	16.86	1.02	2.19	1.13	2.67
山西	16.64	0.25	2.54	0.97	4.95
内蒙古	16.92	1.95	8.34	2.07	1.93
辽宁	44.27	2.73	2.94	1.52	4.30
吉林	24.40	0.91	6.63	1.71	2.03
黑龙江	21.65	2.21	6.73	4.94	3.51
上海	19.55	15.25	3.35	1.45	18.63
江苏	43.05	6.26	2.39	0.82	7.78
浙江	35.93	6.74	5.25	2.64	9.93
安徽	38.03	4.51	6.08	1.45	3.17
福建	31.49	7.61	11.22	7.80	3.87
江西	20.33	0.42	5.67	1.16	1.28
山东	29.96	2.72	0.36	0.23	1.43
河南	18.02	1.18	5.44	1.78	2.84
湖北	24.72	1.45	3.96	1.09	2.92
湖南	19.04	2.49	2.74	0.55	0.83
广东	31.62	13.18	14.18	6.44	2.65
广西	11.78	0.75	10.56	3.13	1.05
海南	12.60	2.10	7.13	1.90	2.05
重庆	23.28	2.56	1.33	0.58	3.75
四川	24.54	3.74	4.60	1.59	0.85
贵州	13.85	0.94	7.10	1.35	2.28
云南	23.33	1.69	5.87	0.77	0.87
西藏					
陕西	11.78	0.84	3.00	0.66	3.92
甘肃	14.31	0.41	1.24	1.02	0.85
青海	12.09	0.02	4.02	1.28	1.07
宁夏	16.40	1.30	10.42	1.69	2.33
新疆	7.25	0.28	7.15	1.03	1.71

1997年各地区城镇居民家庭人口就业情况(三)

(平均每百户)

单位:人

	(7)其它就业人员数	2.离退休人员数	其它有收入者人数	(二)无收入者人数
全国	1.19	35.19	0.64	100.00
北京	1.12	53.87	1.55	73.63
天津	0.22	59.20	1.98	79.29
河北	0.63	38.70	0.15	95.49
山西	0.23	35.41	0.98	110.31
内蒙古	1.83	36.26	0.52	114.79
辽宁	1.46	38.47	0.84	88.48
吉林	1.48	38.22	0.65	96.38
黑龙江	3.51	48.15	0.07	101.13
上海	0.00	73.39	0.00	75.94
江苏	0.41	50.97	0.47	82.74
浙江	1.07	32.16	1.01	79.90
安徽	0.32	28.16	0.73	95.26
福建	1.99	34.19	1.29	96.74
江西	1.61	31.24	0.11	91.84
山东	0.23	15.51	0.59	100.05
河南	0.48	34.75	0.34	101.07
湖北	0.90	30.14	0.35	102.79
湖南	0.25	15.78	0.48	105.35
广东	2.77	32.07	0.88	119.58
广西	2.16	24.33	0.63	109.61
海南	0.23	27.79	0.30	167.78
重庆	0.00	23.86	0.33	89.25
四川	1.38	23.92	0.46	99.68
贵州	1.02	33.16	0.48	94.96
云南	0.17	24.68	1.71	97.79
西藏				
陕西	0.63	41.53	0.21	104.78
甘肃	0.64	36.98	0.58	109.54
青海	0.70	25.58	1.80	147.16
宁夏	0.00	39.50	1.46	120.11
新疆	0.00	27.71	0.28	119.59

1997年各地区城镇居民家庭人口就业情况(四)

(平均每百户)

单位:人

	期末家庭人口数	附:非家庭人口经常在家用饭人数
全　国	318.23	7.69
北　京	304.60	10.53
天　津	309.60	3.58
河　北	311.68	6.53
山　西	327.00	3.93
内蒙古	321.84	3.54
辽　宁	314.79	4.39
吉　林	311.85	0.75
黑龙江	314.55	2.02
上　海	306.60	7.15
江　苏	313.68	20.96
浙　江	299.70	10.95
安　徽	315.02	10.61
福　建	327.20	13.99
江　西	311.86	11.34
山　东	316.70	1.99
河　南	328.38	8.90
湖　北	322.36	9.73
湖　南	313.85	5.87
广　东	359.67	12.41
广　西	319.91	13.67
海　南	395.30	19.51
重　庆	304.33	12.86
四　川	308.89	10.05
贵　州	303.88	15.79
云　南	310.56	10.26
西　藏		
陕　西	315.46	4.62
甘　肃	312.11	7.03
青　海	342.22	0.59
宁　夏	318.02	14.38
新　疆	323.26	1.84

1997年各地区城镇居民家庭现金收入和支出(一)

(平均每人全年)

单位:元

	一、期初手存现金	二、可支配收入	三、现金收入	(一)实际收入
全　国	236.97	5160.32	6196.09	5188.54
北　京	173.68	7813.16	8741.71	7861.74
天　津	322.28	6608.39	7812.26	6621.47
河　北	179.64	4958.67	6489.23	4982.43
山　西	228.08	3989.92	4972.12	4007.86
内蒙古	134.12	3944.67	4792.08	3968.09
辽　宁	240.81	4518.10	5461.18	4547.23
吉　林	218.81	4190.58	4899.28	4206.04
黑龙江	136.05	4090.72	4646.19	4110.08
上　海	785.26	8438.89	9551.23	8475.50
江　苏	232.25	5765.20	6995.72	5807.35
浙　江	403.71	7358.72	9411.26	7366.19
安　徽	180.56	4599.27	5496.42	4619.95
福　建	302.14	6143.64	7089.79	6201.00
江　西	214.84	4071.32	4973.54	4090.74
山　东	253.69	5190.79	6302.75	5217.18
河　南	191.20	4093.62	4861.47	4111.54
湖　北	122.34	4673.15	5676.06	4693.82
湖　南	249.56	5209.74	6349.63	5248.93
广　东	570.58	8561.71	10233.78	8615.86
广　西	153.18	5110.29	6635.23	5139.52
海　南	160.29	4849.93	5509.22	4917.55
重　庆	164.66	5322.66	6437.47	5343.12
四　川	164.74	4763.26	5991.43	4787.86
贵　州	128.36	4441.91	5169.64	4458.29
云　南	130.24	5558.29	7054.93	5616.21
西　藏				
陕　西	210.26	4001.30	4834.81	4022.20
甘　肃	84.58	3592.43	4344.28	3613.43
青　海	106.39	3999.36	4626.82	4015.50
宁　夏	87.52	3836.54	4877.57	3863.65
新　疆	146.31	4844.72	5851.85	4878.52

1997年各地区城镇居民家庭现金收入和支出(二)

(平均每人全年)

单位:元

	1. 国有经济单位职工工资	(1) 工资性收入	其中:奖金	(2) 非工资性收入
全国	3221.49	2994.48	380.81	227.01
北京	4564.41	4286.80	720.71	277.61
天津	3717.96	3447.38	543.80	270.58
河北	3334.64	3147.22	338.46	187.42
山西	2671.12	2521.25	176.70	149.87
内蒙古	2326.93	2173.95	68.64	152.98
辽宁	2624.50	2434.10	217.90	190.40
吉林	2735.76	2593.50	118.29	142.26
黑龙江	2368.69	2232.49	128.84	136.20
上海	3987.13	3606.41	827.80	380.73
江苏	3071.83	2847.09	420.82	224.74
浙江	4208.20	3921.69	1048.76	286.51
安徽	2847.94	2606.56	266.17	241.39
福建	3374.60	3142.08	563.00	232.53
江西	2787.22	2539.08	219.21	248.13
山东	3900.54	3679.54	366.49	221.00
河南	2784.72	2651.12	225.87	133.60
湖北	3139.38	2897.06	231.78	242.32
湖南	3928.46	3612.32	504.05	316.14
广东	4816.65	4409.23	956.47	407.43
广西	3450.16	3227.63	655.87	222.53
海南	3306.13	3124.75	261.07	181.38
重庆	3914.15	3552.46	744.25	361.69
四川	3265.72	3085.36	480.21	180.37
贵州	2967.83	2574.89	252.10	392.94
云南	3970.36	3623.52	364.10	346.86
西藏				
陕西	2634.10	2486.07	239.28	148.02
甘肃	2500.58	2378.44	129.29	122.14
青海	2961.86	2838.20	77.52	123.65
宁夏	2371.39	2189.79	144.34	181.60
新疆	3574.40	3294.10	182.68	280.30

1997年各地区城镇居民家庭现金收入和支出(三)

(平均每人全年)

单位:元

	1. 集体经济单位职工工资	(1) 工资性收入	其中:奖金	(2) 非工资性收入	2.其他经济类型职工收入
全国	380.95	361.06	40.58	19.89	133.26
北京	358.25	345.89	47.49	12.35	397.08
天津	202.93	193.29	15.13	9.64	286.67
河北	227.86	218.02	12.35	9.83	23.09
山西	178.15	171.65	9.77	6.49	3.43
内蒙古	166.02	157.09	3.41	8.93	27.61
辽宁	547.07	514.60	32.76	32.48	91.88
吉林	281.57	274.58	4.85	6.99	19.00
黑龙江	218.52	208.27	6.28	10.25	42.82
上海	503.09	460.88	96.95	42.21	905.57
江苏	738.02	694.17	83.59	43.85	166.23
浙江	797.44	755.61	158.50	41.84	249.08
安徽	492.43	469.76	37.03	22.67	129.99
福建	587.59	565.23	83.80	22.35	193.19
江西	259.27	243.96	17.44	15.31	8.28
山东	538.17	518.27	61.50	19.90	81.13
河南	201.14	196.15	7.72	4.98	21.79
湖北	337.49	320.85	13.88	16.63	30.42
湖南	351.20	323.61	33.68	27.59	40.17
广东	819.11	776.38	149.63	42.73	577.63
广西	202.77	192.98	30.94	9.79	17.24
海南	144.51	139.86	5.30	4.64	34.35
重庆	434.99	415.60	41.24	19.39	85.26
四川	349.09	330.86	45.54	18.23	102.46
贵州	165.77	152.31	10.90	13.46	17.81
云南	409.29	379.71	42.44	29.58	41.23
西藏					
陕西	136.89	131.35	7.73	5.54	17.02
甘肃	158.57	152.15	5.83	6.42	6.31
青海	130.48	121.38	1.67	9.10	0.16
宁夏	170.89	166.27	9.72	4.62	15.30
新疆	116.05	107.78	0.22	8.28	10.08

1997年各地区城镇居民家庭现金收入和支出(四)

(平均每人全年)

单位:元

	其中:奖金	4.个体经营者的净收益	5.个体被雇者收入	6.离退休再就业人员收入
全国	23.54	134.59	33.58	50.70
北京	55.57	35.12	3.21	245.21
天津	51.42	51.06	20.21	111.72
河北	3.25	47.60	15.46	37.21
山西	0.01	55.29	8.38	38.10
内蒙古	2.43	213.61	19.89	16.68
辽宁	14.56	78.53	21.39	39.32
吉林	1.51	158.53	29.66	22.67
黑龙江	3.47	167.74	74.16	29.25
上海	141.46	150.07	61.13	309.02
江苏	24.69	69.76	10.96	68.33
浙江	70.31	209.19	75.23	150.92
安徽	23.57	142.86	17.57	28.02
福建	35.77	334.76	161.15	52.63
江西	1.03	105.50	15.78	11.54
山东	14.68	7.20	3.09	21.01
河南	3.16	86.84	19.13	24.75
湖北	1.82	74.65	11.71	26.03
湖南	0.91	30.05	5.13	12.92
广东	125.49	448.40	141.01	57.13
广西	3.57	262.07	41.80	11.22
海南	0.91	120.96	17.07	73.04
重庆	35.07	33.97	5.21	42.92
四川	15.95	98.54	23.35	10.00
贵州	2.66	130.74	25.48	24.08
云南	4.76	100.61	15.44	16.10
西藏				
陕西	0.04	45.14	9.75	43.90
甘肃	0.26	17.07	4.47	9.09
青海	0.00	84.61	13.03	9.93
宁夏	0.84	230.07	19.52	21.79
新疆	4.56	165.51	22.71	18.38

1997年各地区城镇居民家庭现金收入和支出(五)

(平均每人全年)

单位:元

	7.其它就业者收入	8.其它劳动收入	9.财产性收入	(1)利息	(2)红利
全国	11.73	142.93	124.39	58.44	13.34
北京	10.75	167.43	103.93	60.05	12.75
天津	0.59	318.06	119.77	101.99	5.49
河北	7.06	121.20	136.72	104.31	20.59
山西	1.90	94.08	85.87	59.80	6.36
内蒙古	9.55	263.56	100.69	45.39	4.05
辽宁	13.45	238.37	46.63	25.21	11.47
吉林	9.66	103.16	21.38	9.67	2.00
黑龙江	22.49	164.13	34.76	13.30	3.64
上海	6.12	216.08	68.72	32.94	5.86
江苏	4.49	136.24	145.92	84.65	20.24
浙江	16.38	206.17	192.79	143.78	29.59
安徽	2.97	167.19	61.79	41.18	1.55
福建	33.34	170.16	187.63	61.53	31.68
江西	11.55	78.42	143.39	47.10	4.84
山东	2.44	61.71	118.93	68.88	15.44
河南	3.12	43.78	181.96	64.71	7.35
湖北	10.36	164.33	144.59	77.85	18.03
湖南	3.79	86.13	112.03	74.72	9.55
广东	42.63	150.18	421.09	148.25	46.81
广西	25.49	117.29	289.24	93.40	29.47
海南	1.23	281.79	86.10	39.13	15.25
重庆	0.00	162.29	51.30	29.79	1.58
四川	23.15	131.73	145.58	74.46	13.00
贵州	6.55	126.63	45.39	14.21	6.84
云南	2.42	106.58	138.86	36.50	14.16
西藏					
陕西	2.68	68.06	172.51	35.42	4.19
甘肃	1.95	60.48	21.05	13.86	3.74
青海	4.34	121.90	21.17	12.27	8.25
宁夏	0.00	127.83	41.64	18.44	0.25
新疆	0.00	41.50	77.06	52.35	9.73

1997年各地区城镇居民家庭现金收入和支出(六)

(平均每人全年)

单位:元

	(3)其它财产租金收入	10.转移收入	(1)离退休金	(2)价格补贴	(3)赡养收入
全　国	52.60	947.78	697.75	2.72	51.80
北　京	31.13	1976.35	1591.98	23.02	87.43
天　津	12.29	1792.48	1376.37	0.30	155.50
河　北	11.82	1028.69	800.69	0.00	62.86
山　西	19.71	866.07	670.26	0.17	58.77
内蒙古	51.25	808.10	606.90	3.00	39.66
辽　宁	9.95	843.25	608.43	9.12	25.94
吉　林	9.71	823.99	689.39	0.13	16.37
黑龙江	17.82	981.19	818.01	0.56	44.78
上　海	29.91	2268.56	1953.82	12.12	128.02
江　苏	41.03	1386.23	1078.96	6.76	37.52
浙　江	19.42	1260.13	909.73	0.09	45.35
安　徽	19.06	722.32	514.35	0.04	37.62
福　建	94.43	1091.25	649.85	0.69	74.72
江　西	91.44	665.06	465.02	0.99	38.42
山　东	34.61	473.62	339.18	0.20	21.80
河　南	109.91	739.91	594.12	0.00	40.38
湖　北	48.71	746.36	504.83	1.00	29.45
湖　南	27.76	668.10	285.37	0.33	23.50
广　东	226.03	1138.60	625.43	2.14	120.78
广　西	166.36	709.72	421.98	0.00	29.70
海　南	31.72	756.45	404.52	1.39	88.92
重　庆	19.93	613.03	417.62	0.00	14.79
四　川	58.12	638.18	377.17	0.16	50.94
贵　州	24.34	947.46	692.26	1.92	46.76
云　南	88.19	805.21	506.15	5.71	44.73
西　藏					
陕　西	132.90	890.28	698.24	0.67	82.31
甘　肃	3.45	833.04	701.13	7.78	51.26
青　海	0.65	663.81	572.29	0.47	41.54
宁　夏	22.96	859.71	676.91	0.00	67.11
新　疆	14.99	850.27	685.50	0.44	51.26

1997年各地区城镇居民家庭现金收入和支出(七)

(平均每人全年)

单位:元

	(4) 赠送收入	(5) 亲友搭伙费	(6) 记帐补贴	(7) 出售财物收入	(8) 其它
全　国	118.71	32.10	22.17	8.76	13.76
北　京	90.21	70.99	43.65	7.80	61.28
天　津	178.55	18.37	9.66	46.49	7.24
河　北	86.63	20.24	16.16	26.17	15.93
山　西	108.35	8.65	12.71	5.13	2.04
内蒙古	99.58	4.63	13.82	17.26	23.25
辽　宁	138.27	12.59	24.76	5.56	18.61
吉　林	85.15	0.78	14.29	2.59	15.28
黑龙江	87.41	3.31	16.27	6.55	4.31
上　海	92.60	34.94	17.71	2.44	26.91
江　苏	145.89	64.42	34.08	7.34	11.27
浙　江	172.38	70.35	29.09	7.23	25.93
安　徽	98.53	37.10	17.69	14.90	2.08
福　建	204.81	82.42	48.27	5.63	24.85
江　西	86.84	43.07	14.85	4.03	11.83
山　东	64.67	10.12	21.85	11.64	4.18
河　南	62.64	11.55	14.06	2.85	14.32
湖　北	146.85	36.60	17.20	8.09	2.33
湖　南	275.74	35.28	31.15	7.70	9.03
广　东	251.88	79.09	43.05	7.94	8.29
广　西	137.54	83.50	19.02	15.97	2.01
海　南	150.25	73.37	17.13	12.49	8.37
重　庆	71.05	73.10	19.58	2.43	14.44
四　川	131.27	40.76	22.77	7.50	7.62
贵　州	111.24	53.72	12.24	6.73	22.58
云　南	106.03	44.84	39.55	10.69	47.51
西　藏					
陕　西	63.04	15.64	19.78	6.71	3.88
甘　肃	35.22	12.44	18.51	2.07	4.62
青　海	30.32	1.30	15.14	1.53	1.22
宁　夏	64.56	16.31	17.64	8.37	8.80
新　疆	75.58	1.56	21.32	10.00	4.60

1997年各地区城镇居民家庭现金收入和支出(八)

(平均每人全年)

单位:元

	11.家庭副业生产收入	(二)借贷收入	1.提取储蓄存款	2.提取储金会款	3.借入款
全国	7.14	1007.55	730.09	10.73	153.62
北京	0.00	879.97	754.75	9.99	53.88
天津	0.00	1190.79	914.30	6.72	129.38
河北	2.89	1506.80	1079.57	15.12	272.15
山西	5.48	964.25	586.17	6.16	251.21
内蒙古	15.45	823.99	546.79	2.91	200.87
辽宁	2.83	913.96	678.41	10.27	121.97
吉林	0.65	693.24	595.23	4.18	86.17
黑龙江	6.32	536.11	408.98	4.04	75.32
上海	0.00	1075.73	955.47	0.04	11.85
江苏	9.32	1188.37	912.36	10.28	148.51
浙江	0.65	2045.07	1288.76	37.53	185.56
安徽	6.86	876.47	612.58	20.85	167.66
福建	14.70	888.79	683.63	31.76	97.77
江西	4.72	882.80	667.71	4.62	140.70
山东	9.35	1085.58	785.21	5.65	198.45
河南	4.40	749.93	528.07	1.14	191.79
湖北	8.49	982.24	735.81	9.92	141.61
湖南	10.95	1100.71	716.96	22.46	267.78
广东	3.44	1617.92	1214.99	31.23	150.22
广西	12.53	1495.71	1120.48	17.54	234.84
海南	95.92	591.67	441.28	16.25	93.55
重庆	0.00	1094.35	862.68	2.98	169.22
四川	0.05	1203.57	793.61	7.18	233.24
贵州	0.54	711.36	555.53	7.35	97.75
云南	10.11	1438.72	845.47	40.41	316.39
西藏					
陕西	1.87	812.62	583.04	4.55	167.59
甘肃	0.81	730.85	473.58	6.81	145.25
青海	4.21	611.32	510.48	2.27	84.99
宁夏	5.50	1013.92	679.91	2.66	191.26
新疆	2.55	973.32	763.37	5.15	136.00

1997年各地区城镇居民家庭现金收入和支出(九)

(平均每人全年)

单位:元

	4.收回借出款	5.收回储蓄性保险本金	6.兑售有价证券	7.赊购	8.为购置房屋从银行贷款
全国	33.83	2.97	20.18	0.68	11.55
北京	27.49	3.51	15.51	0.00	0.00
天津	20.28	5.89	33.07	0.00	0.00
河北	65.60	4.32	22.33	0.11	12.13
山西	71.68	3.64	15.44	7.39	7.21
内蒙古	30.37	0.99	12.65	2.41	10.06
辽宁	35.64	8.03	17.72	0.00	0.00
吉林	5.99	0.38	0.97	0.00	0.00
黑龙江	11.78	0.84	1.57	0.02	28.68
上海	6.05	0.86	22.43	0.37	0.00
江苏	41.19	0.72	22.68	0.00	7.61
浙江	67.51	7.12	41.72	0.68	7.32
安徽	42.02	0.03	30.99	0.02	0.00
福建	27.70	6.75	17.67	2.33	9.75
江西	22.10	3.12	19.28	1.92	2.00
山东	33.96	0.70	13.40	0.01	3.17
河南	8.59	1.35	13.93	0.00	0.00
湖北	47.05	5.33	19.00	3.66	7.92
湖南	45.36	2.55	10.14	0.08	0.00
广东	39.53	3.52	73.75	0.00	1.15
广西	72.85	2.59	7.77	0.00	22.89
海南	8.43	6.58	3.46	0.00	18.17
重庆	17.74	4.11	17.44	0.00	0.00
四川	56.57	3.75	57.45	0.00	33.95
贵州	18.93	0.71	10.97	0.00	13.33
云南	59.90	6.03	47.16	2.51	48.25
西藏					
陕西	15.63	1.68	6.05	0.09	4.50
甘肃	18.33	1.88	2.75	0.00	50.33
青海	10.86	0.79	0.00	0.00	0.00
宁夏	35.34	2.55	8.60	1.89	81.14
新疆	31.67	6.93	3.48	0.66	17.18

1997年各地区城镇居民家庭现金收入和支出(十)

(平均每人全年)

单位:元

	9.其它借贷收入	四、现金支出	(一)实际支出	1.消费性支出	2.非消费性支出
全　国	43.90	6012.31	4945.87	4185.64	755.94
北　京	14.83	8124.37	7091.32	6531.81	559.51
天　津	81.15	7222.39	6029.06	5204.15	824.91
河　北	35.48	6261.22	4988.26	4003.71	978.94
山　西	15.35	4919.51	4028.91	3228.71	795.40
内蒙古	16.94	4629.33	3581.82	3032.30	540.09
辽　宁	41.92	5321.28	4558.17	3719.91	838.03
吉　林	0.33	4888.63	4012.08	3408.03	603.18
黑龙江	4.89	4443.55	3838.55	3213.42	622.85
上　海	78.65	9122.23	7377.22	6819.94	557.28
江　苏	45.01	6670.95	5424.99	4533.57	885.32
浙　江	408.88	9082.80	7116.64	6170.14	945.10
安　徽	2.33	5386.04	4404.61	3693.55	709.63
福　建	11.42	6864.99	5867.49	4935.95	924.90
江　西	21.35	4789.91	3824.06	3199.61	620.11
山　东	45.04	6193.67	4773.11	4040.63	730.71
河　南	5.06	4740.19	3945.82	3378.02	565.01
湖　北	11.94	5617.06	4549.71	3855.59	690.96
湖　南	35.39	6276.31	5301.71	4317.16	977.92
广　东	103.53	10056.62	7984.89	6853.48	1128.02
广　西	16.75	6496.99	5522.48	4452.70	1060.93
海　南	3.94	5179.51	4550.58	3908.57	591.69
重　庆	20.18	6351.45	5430.71	4937.75	492.44
四　川	17.83	5887.93	5023.64	4092.59	930.29
贵　州	6.78	5036.38	4275.17	3555.69	715.49
云　南	72.59	6791.69	5681.28	4537.08	1126.40
西　藏					
陕　西	29.49	4795.05	3954.92	3462.33	492.17
甘　肃	31.92	4152.93	3392.17	2946.27	443.66
青　海	1.93	4606.72	3781.08	3300.49	480.43
宁　夏	10.58	4804.97	3966.77	3271.32	687.49
新　疆	8.90	5680.29	4580.71	3887.06	685.59

1997年各地区城镇居民家庭现金收入和支出(十一)

(平均每人全年)

单位:元

	(1)借款利息	(2)个人所得税	(3)其它各种税金	(4)各种非储蓄性保险支出	(5)赡养支出
全国	0.73	2.67	2.14	7.83	115.61
北京	0.00	4.94	2.15	10.62	136.80
天津	0.00	3.42	2.15	5.37	164.05
河北	1.31	1.97	1.11	7.80	143.15
山西	0.53	0.44	1.61	6.50	104.32
内蒙古	0.92	0.17	2.28	5.86	72.52
辽宁	0.04	4.14	1.89	15.96	109.66
吉林	0.49	0.29	0.72	4.88	50.45
黑龙江	0.49	0.82	1.63	5.09	63.01
上海	0.00	18.90	2.95	5.09	105.71
江苏	0.07	1.98	2.23	10.02	72.77
浙江	1.23	6.07	4.45	9.31	160.16
安徽	0.75	1.57	1.23	2.29	129.00
福建	3.44	2.45	5.39	3.36	159.55
江西	0.40	0.23	1.71	5.06	92.02
山东	0.03	2.76	1.33	23.53	100.34
河南	1.06	1.07	0.31	2.31	99.32
湖北	0.52	0.31	0.80	4.46	133.49
湖南	0.02	1.41	0.77	2.45	146.21
广东	0.26	7.71	4.65	11.33	194.51
广西	1.60	1.36	1.24	6.06	188.66
海南	0.00	0.17	2.22	12.97	205.97
重庆	0.00	0.36	0.40	21.20	98.18
四川	1.42	1.07	6.57	7.45	153.08
贵州	0.01	0.16	1.11	1.23	129.15
云南	1.97	0.57	2.75	13.53	223.45
西藏					
陕西	0.94	0.68	0.27	3.63	120.41
甘肃	0.18	0.25	0.01	1.66	66.30
青海	1.80	0.84	0.19	4.10	103.12
宁夏	4.89	1.52	0.22	3.40	135.49
新疆	0.37	4.43	1.29	6.57	134.23

1997年各地区城镇居民家庭现金收入和支出(十二)

(平均每人全年)

单位:元

	(6)赠送支出	(7)购房与建房支出	(8)其它非消费支出	3.家庭副业生产支出	(二)借贷支出
全国	358.73	234.86	33.38	4.29	1066.44
北京	245.31	128.87	30.82	0.00	1033.05
天津	305.59	322.16	22.17	0.00	1193.33
河北	281.50	517.50	24.61	5.61	1272.96
山西	343.31	317.16	21.54	4.79	890.60
内蒙古	269.84	174.08	14.43	9.43	1047.51
辽宁	384.44	291.65	30.25	0.23	763.11
吉林	349.06	167.90	29.40	0.87	876.55
黑龙江	388.27	137.97	25.58	2.28	605.00
上海	388.02	14.56	22.04	0.00	1745.01
江苏	434.53	334.71	29.01	6.09	1245.96
浙江	425.24	301.09	37.54	1.41	1966.15
安徽	315.38	235.25	24.18	1.42	981.44
福建	491.48	222.82	36.41	6.64	997.50
江西	273.93	195.56	51.20	4.34	965.85
山东	305.63	250.70	46.40	1.77	1420.55
河南	269.96	169.88	21.10	2.79	794.37
湖北	415.49	87.34	48.55	3.16	1067.36
湖南	650.35	134.33	42.37	6.62	974.61
广东	449.93	414.67	44.97	3.39	2071.73
广西	341.62	473.67	46.72	8.85	974.51
海南	214.42	72.05	83.88	50.33	628.93
重庆	297.71	45.41	29.17	0.52	920.74
四川	298.46	431.17	31.06	0.75	864.29
贵州	430.46	123.43	29.94	3.98	761.21
云南	363.39	497.79	22.96	17.80	1110.41
西藏					
陕西	194.41	149.04	22.78	0.43	840.13
甘肃	165.06	175.05	35.15	2.24	760.76
青海	171.18	164.28	34.92	0.16	825.64
宁夏	255.53	263.78	22.65	7.96	838.21
新疆	330.00	167.59	41.11	8.06	1099.58

1997年各地区城镇居民家庭现金收入和支出(十三)

(平均每人全年)

单位:元

	1.存入储蓄款	2.存入储金会款	3.归还借款	4.借出款	5.储蓄性保险支出
全国	777.06	10.52	68.22	34.82	40.79
北京	833.07	3.84	11.81	3.11	26.84
天津	841.18	2.52	49.27	51.12	58.81
河北	979.96	8.09	98.60	54.78	23.44
山西	520.33	4.67	127.34	85.66	12.73
内蒙古	826.68	1.74	98.56	39.45	11.38
辽宁	525.60	16.72	38.76	33.51	29.41
吉林	792.08	0.19	38.32	12.01	9.66
黑龙江	484.94	1.62	36.52	18.97	16.50
上海	1072.13	0.29	10.89	5.65	206.73
江苏	905.75	4.40	71.69	50.74	45.05
浙江	1415.38	51.84	81.94	58.60	78.79
安徽	570.40	47.01	83.67	44.13	38.81
福建	707.62	43.71	64.46	22.19	45.06
江西	754.95	6.52	71.09	19.33	19.72
山东	1039.37	2.98	66.33	64.83	32.47
河南	575.52	2.91	88.20	27.38	23.85
湖北	728.88	7.56	113.82	48.47	36.16
湖南	561.27	11.55	97.93	29.39	52.23
广东	1713.59	6.42	58.68	21.37	67.63
广西	780.02	10.31	47.65	35.30	25.51
海南	536.28	5.64	23.03	10.22	20.09
重庆	648.38	6.21	36.07	8.40	22.21
四川	526.22	16.46	64.50	70.14	55.96
贵州	562.81	17.04	75.88	11.80	31.42
云南	675.81	35.01	180.08	31.27	46.53
西藏					
陕西	540.52	18.88	77.97	24.89	39.90
甘肃	532.72	7.83	97.68	26.39	15.94
青海	665.92	5.37	80.45	14.62	18.50
宁夏	587.51	7.05	92.68	38.53	28.65
新疆	823.94	8.54	83.77	22.16	75.77

1997年各地区城镇居民家庭现金收入和支出(十四)

(平均每人全年)

单位:元

	6.购置有价证券	7.预　购	8.归还为购房的银行贷款	9.其它借贷支出	五、期末手存现金
全　国	50.07	3.68	6.69	74.59	420.75
北　京	84.34	1.38	0.05	68.61	791.02
天　津	29.21	0.00	0.00	161.22	912.15
河　北	37.78	0.28	7.91	62.13	407.65
山　西	73.01	6.35	3.26	57.26	280.69
内蒙古	17.95	0.00	1.24	50.51	296.87
辽　宁	30.99	1.12	1.09	85.90	380.72
吉　林	11.66	0.08	0.12	12.43	229.46
黑龙江	15.72	0.57	1.48	28.69	338.69
上　海	151.39	0.00	0.05	297.87	1214.25
江　苏	57.02	35.43	7.27	68.59	557.03
浙　江	111.13	0.00	21.08	147.39	732.18
安　徽	145.40	2.43	12.25	37.33	290.94
福　建	62.23	0.24	10.98	41.00	526.95
江　西	19.65	1.22	3.85	69.51	398.47
山　东	93.47	0.31	0.24	120.56	362.78
河　南	18.87	13.18	0.70	43.77	315.47
湖　北	59.71	22.83	6.66	43.26	181.33
湖　南	115.52	0.00	0.28	106.44	322.88
广　东	59.70	0.23	23.14	120.97	747.75
广　西	20.87	0.94	3.71	50.19	291.43
海　南	0.00	0.00	21.01	12.65	489.99
重　庆	137.29	0.00	0.00	62.19	250.68
四　川	56.38	0.35	13.82	60.45	268.24
贵　州	18.00	0.14	5.16	38.97	261.63
云　南	47.27	0.06	39.31	55.08	393.49
西　藏					
陕　西	15.17	1.30	1.23	120.26	250.03
甘　肃	17.61	9.37	32.31	20.91	275.93
青　海	8.01	0.28	7.96	24.54	126.49
宁　夏	9.11	0.00	11.25	63.42	160.12
新　疆	27.25	0.00	1.58	56.57	317.86

1997年各地区城镇居民家庭消费支出(一)

(平均每人全年)

单位:元

	消费性支出	一、食品	(一)粮食	1.细粮	2.粗粮
全　国	4185.64	1942.59	238.11	231.34	6.76
北　京	6531.81	2854.35	267.36	255.69	11.66
天　津	5204.15	2428.37	264.60	257.59	7.01
河　北	4003.71	1679.58	247.23	237.91	9.32
山　西	3228.71	1397.69	291.20	270.52	20.67
内蒙古	3032.30	1318.38	253.38	239.92	13.47
辽　宁	3719.91	1787.94	242.77	232.56	10.21
吉　林	3408.03	1600.72	245.93	234.94	10.99
黑龙江	3213.42	1474.15	241.12	230.19	10.93
上　海	6819.94	3510.04	254.26	245.88	8.38
江　苏	4533.57	2161.18	207.15	203.64	3.51
浙　江	6170.14	2709.07	212.24	207.46	4.78
安　徽	3693.55	1934.03	222.73	220.94	1.79
福　建	4935.95	2606.53	317.74	314.85	2.89
江　西	3199.61	1618.10	213.92	213.00	0.92
山　东	4040.63	1654.94	193.04	186.68	6.36
河　南	3378.02	1506.25	291.49	286.86	4.63
湖　北	3855.59	1773.55	197.35	195.57	1.78
湖　南	4317.16	1972.77	209.65	208.23	1.42
广　东	6853.48	3151.63	281.20	273.73	7.48
广　西	4452.70	2112.76	221.25	214.64	6.62
海　南	3908.57	2229.08	208.40	206.22	2.18
重　庆	4937.75	2297.86	224.38	215.94	8.43
四　川	4092.59	2009.29	226.97	222.64	4.33
贵　州	3555.69	1815.74	222.40	218.57	3.83
云　南	4537.08	2109.53	250.54	248.87	1.67
西　藏					
陕　西	3462.33	1487.97	232.60	228.08	4.53
甘　肃	2946.27	1439.30	254.64	250.92	3.73
青　海	3300.49	1593.43	297.11	295.08	2.03
宁　夏	3271.32	1419.61	247.75	245.92	1.84
新　疆	3887.06	1681.77	254.89	250.76	4.13

1997年各地区城镇居民家庭消费支出(二)

(平均每人全年)

单位:元

	(二)淀粉及薯类	(三)干豆类及豆制品	(四)油脂类	(五)肉禽及其制品	1. 猪肉
全国	20.37	33.27	70.68	459.56	220.48
北京	23.67	40.72	69.59	617.95	239.61
天津	29.17	45.02	76.61	503.92	237.96
河北	20.13	27.53	88.36	350.22	165.16
山西	32.64	33.22	61.78	241.79	138.79
内蒙古	24.23	17.86	53.49	280.32	125.71
辽宁	24.81	34.00	57.41	387.24	197.47
吉林	29.99	38.22	59.39	343.39	156.54
黑龙江	26.64	32.41	64.65	301.85	141.29
上海	23.10	60.27	84.67	744.91	315.42
江苏	19.18	49.31	67.75	551.43	280.32
浙江	17.79	53.21	51.69	529.27	239.55
安徽	13.31	48.17	93.72	481.76	281.19
福建	13.37	30.63	102.81	635.45	308.42
江西	11.71	39.78	86.68	439.56	274.87
山东	18.37	24.64	49.30	349.39	153.54
河南	24.05	30.77	61.51	300.55	150.71
湖北	17.34	36.35	77.35	393.42	246.27
湖南	12.26	37.15	92.24	495.84	263.21
广东	13.19	26.81	90.31	950.80	401.61
广西	12.63	31.34	82.17	755.72	303.31
海南	9.66	11.73	76.64	755.74	375.18
重庆	24.68	38.45	96.99	579.55	281.00
四川	20.22	25.24	89.87	569.73	316.69
贵州	12.99	31.10	65.98	489.73	308.35
云南	21.30	27.89	64.64	498.93	276.28
西藏					
陕西	23.37	32.08	64.52	263.57	143.74
甘肃	22.86	22.63	66.61	261.92	136.38
青海	24.12	10.02	54.35	324.81	133.34
宁夏	21.83	20.60	77.92	289.19	87.16
新疆	17.85	14.72	74.74	462.19	69.22

1997年各地区城镇居民家庭消费支出(三)

(平均每人全年)

单位:元

	2.牛肉	3.羊肉	(六)蛋类	(七)水产品类	(八)菜类
全　　国	31.83	19.25	73.55	140.98	203.89
北　　京	63.35	58.41	82.23	130.09	260.86
天　　津	44.66	46.03	118.18	214.80	208.62
河　　北	43.42	22.40	94.43	80.01	190.99
山　　西	8.95	18.42	77.87	29.59	171.93
内 蒙 古	39.23	43.05	55.55	34.89	122.99
辽　　宁	44.06	22.61	80.72	128.49	254.40
吉　　林	54.50	13.53	78.68	84.13	207.36
黑 龙 江	44.79	15.38	77.48	76.79	181.64
上　　海	26.07	8.64	80.84	562.63	306.68
江　　苏	24.06	6.97	81.39	226.43	210.02
浙　　江	20.23	3.26	60.25	445.88	255.95
安　　徽	34.11	7.21	101.84	112.90	198.38
福　　建	27.95	10.01	76.25	410.16	250.95
江　　西	16.01	0.64	59.32	99.93	185.76
山　　东	18.15	11.75	93.77	99.76	150.38
河　　南	11.53	22.67	93.25	36.86	150.70
湖　　北	27.48	5.55	61.50	92.92	212.48
湖　　南	28.57	4.70	58.63	97.89	205.06
广　　东	34.60	7.37	55.74	370.67	299.99
广　　西	41.21	5.19	52.46	145.38	193.79
海　　南	23.42	12.41	28.69	302.96	240.57
重　　庆	25.85	4.28	86.44	100.79	223.99
四　　川	32.18	3.05	71.51	56.04	205.84
贵　　州	17.73	1.67	60.78	37.24	200.76
云　　南	33.19	2.19	55.91	62.24	236.78
西　　藏					
陕　　西	14.95	14.01	61.59	34.08	159.20
甘　　肃	19.97	19.62	53.22	35.51	175.99
青　　海	29.51	90.56	55.48	34.97	165.51
宁　　夏	39.76	75.77	44.36	38.01	171.20
新　　疆	51.80	220.71	57.67	48.91	185.24

1997年各地区城镇居民家庭消费支出(四)

(平均每人全年)

单位:元

	1.鲜菜	2.干菜	3.菜制品	(九)调味品	(十)糖类
全　国	189.54	8.42	5.94	27.85	24.24
北　京	243.13	7.80	9.93	56.33	38.88
天　津	193.10	9.67	5.85	43.94	24.65
河　北	178.49	6.79	5.71	23.24	25.93
山　西	167.79	2.19	1.96	22.18	16.23
内蒙古	117.97	2.52	2.50	21.81	17.36
辽　宁	242.48	7.71	4.20	28.19	22.63
吉　林	198.45	4.90	4.01	25.38	20.01
黑龙江	174.47	4.50	2.67	22.92	19.21
上　海	276.45	16.90	13.33	40.80	43.04
江　苏	193.15	7.80	9.07	32.23	25.14
浙　江	224.66	14.49	16.81	31.59	28.71
安　徽	184.52	9.33	4.54	28.57	18.28
福　建	214.60	28.32	8.03	31.94	19.41
江　西	166.55	12.83	6.37	26.99	18.05
山　东	143.27	2.90	4.20	21.67	20.49
河　南	141.37	5.76	3.56	24.56	17.73
湖　北	201.30	5.89	5.30	26.02	22.27
湖　南	192.20	7.89	4.98	21.07	23.71
广　东	264.06	23.93	12.00	29.22	35.88
广　西	168.73	12.22	12.84	18.31	25.22
海　南	227.15	6.90	6.51	33.64	21.55
重　庆	206.33	12.92	4.74	42.10	42.21
四　川	194.63	7.44	3.77	37.12	33.73
贵　州	186.29	9.70	4.77	29.42	30.33
云　南	224.91	6.56	5.31	25.38	19.35
西　藏					
陕　西	151.64	4.17	3.39	24.68	18.35
甘　肃	168.92	4.50	2.58	29.65	20.49
青　海	159.71	2.36	3.43	27.11	28.39
宁　夏	166.73	2.94	1.53	20.94	19.76
新　疆	178.45	3.67	3.12	20.93	30.51

1997年各地区城镇居民家庭消费支出(五)

(平均每人全年)

单位:元

	(十一)烟草类	(十二)酒和饮料	(十三)干鲜瓜果类	(十四)坚果及果仁	(十五)糕点类
全　国	92.20	91.04	127.03	22.41	40.44
北　京	94.45	172.38	225.26	47.53	87.06
天　津	109.54	110.35	163.65	38.68	60.47
河　北	77.86	114.72	126.67	28.03	34.87
山　西	100.96	63.15	88.42	10.78	31.12
内蒙古	75.41	70.08	85.34	14.63	21.44
辽　宁	86.99	100.44	148.40	25.64	34.83
吉　林	57.85	81.20	131.80	21.38	25.70
黑龙江	61.13	81.88	118.04	17.35	21.99
上　海	154.18	140.09	223.15	41.98	107.96
江　苏	104.53	90.61	112.81	23.75	46.12
浙　江	175.13	124.82	181.30	37.14	59.34
安　徽	137.21	140.39	99.33	17.85	35.52
福　建	124.17	139.96	200.56	16.60	36.10
江　西	60.10	50.16	85.15	20.09	27.62
山　东	56.26	102.90	124.58	21.61	54.47
河　南	86.59	106.94	96.82	20.56	32.90
湖　北	102.25	79.78	77.44	16.84	33.65
湖　南	93.20	66.56	134.73	19.47	33.62
广　东	63.54	62.84	180.11	22.70	57.51
广　西	45.34	49.10	126.81	17.07	28.91
海　南	55.96	45.70	87.05	3.79	38.59
重　庆	113.20	80.03	153.41	20.90	46.55
四　川	125.28	89.12	107.51	19.65	33.02
贵　州	135.78	78.66	108.20	22.75	36.39
云　南	197.88	70.11	137.07	18.93	54.20
西　藏					
陕　西	77.88	64.28	104.00	20.29	38.89
甘　肃	92.57	93.00	98.20	19.88	21.05
青　海	123.68	120.65	82.99	15.11	26.33
宁　夏	85.31	61.02	101.22	18.00	22.75
新　疆	51.01	62.86	112.36	25.91	34.50

1997年各地区城镇居民家庭消费支出(六)

(平均每人全年)

单位:元

	(十六)奶及奶制品	(十七)其它食品	(十八)在外用餐	(十九)食品加工服务费	二、衣着
全国	41.41	31.35	203.44	0.79	520.91
北京	100.54	94.47	444.34	0.64	760.72
天津	62.49	46.58	306.16	0.94	536.91
河北	44.94	14.70	88.61	1.12	567.90
山西	35.24	26.62	61.61	1.35	573.45
内蒙古	38.84	16.87	112.86	1.04	481.99
辽宁	41.59	16.17	72.68	0.57	597.08
吉林	31.70	32.34	85.66	0.62	572.92
黑龙江	33.67	13.13	81.80	0.48	519.76
上海	134.74	91.16	415.52	0.06	551.58
江苏	41.64	42.37	227.06	2.26	517.49
浙江	44.95	32.68	366.74	0.38	638.44
安徽	28.87	15.58	139.34	0.27	441.03
福建	51.57	12.51	136.22	0.12	525.81
江西	23.78	27.33	141.70	0.47	317.16
山东	46.11	29.75	197.33	1.14	674.40
河南	31.35	9.54	88.88	1.22	491.33
湖北	22.21	20.37	283.20	0.80	564.38
湖南	24.02	34.70	312.65	0.32	497.63
广东	37.80	85.52	487.36	0.43	427.73
广西	25.20	20.06	261.84	0.17	347.53
海南	28.87	12.12	267.40	0.04	214.94
重庆	66.14	20.02	337.41	0.62	589.62
四川	45.54	15.96	235.78	1.14	502.27
贵州	30.49	32.43	189.09	1.22	433.80
云南	28.02	19.85	320.28	0.25	567.07
西藏					
陕西	37.20	24.34	206.08	0.98	413.16
甘肃	35.16	33.84	100.55	1.53	404.23
青海	53.02	22.72	126.41	0.63	437.29
宁夏	32.11	22.81	124.50	0.35	542.01
新疆	54.20	29.81	142.66	0.82	599.42

1997年各地区城镇居民家庭消费支出(七)

(平均每人全年)

单位:元

	(一)服装	1.男士服装	2.女士服装	3.各式童装	(二)衣着材料
全　国	328.17	131.96	166.54	29.67	47.66
北　京	470.22	179.09	258.08	33.05	76.05
天　津	333.31	144.49	157.65	31.18	49.12
河　北	324.01	132.87	164.68	26.45	77.73
山　西	383.34	138.15	203.07	42.11	54.60
内蒙古	274.58	106.60	142.76	25.22	61.93
辽　宁	372.21	152.45	196.88	22.88	42.05
吉　林	362.16	146.58	191.54	24.03	46.45
黑龙江	319.42	134.19	162.01	23.22	43.33
上　海	356.89	150.26	179.83	26.81	40.04
江　苏	320.57	142.45	153.81	24.31	52.45
浙　江	405.03	175.13	192.45	37.46	60.84
安　徽	278.48	120.12	126.55	31.81	45.26
福　建	377.58	151.37	186.11	40.10	29.10
江　西	179.54	69.89	90.73	18.93	39.45
山　东	383.50	154.14	193.52	35.83	98.31
河　南	306.57	122.64	151.74	32.19	58.23
湖　北	374.23	154.05	187.45	32.74	38.91
湖　南	306.60	114.72	169.37	22.51	42.24
广　东	315.04	127.25	156.52	31.27	11.18
广　西	228.53	88.35	111.21	28.97	31.03
海　南	169.31	65.79	75.82	27.70	3.28
重　庆	424.40	152.56	239.35	32.49	14.86
四　川	347.06	125.46	185.39	36.22	23.93
贵　州	278.55	94.30	153.95	30.30	25.61
云　南	394.74	137.76	205.21	51.77	28.20
西　藏					
陕　西	244.26	98.43	123.23	22.60	52.32
甘　肃	218.48	71.00	127.54	19.93	59.14
青　海	268.16	104.16	136.20	27.81	41.26
宁　夏	319.62	115.07	163.31	41.24	69.38
新　疆	355.31	132.85	187.01	35.45	70.24

1997年各地区城镇居民家庭消费支出(八)

(平均每人全年)

单位:元

	(三)鞋袜帽及其它衣着	(四)衣着加工服务费	三、家庭设备用品及服务	(一)耐用消费品	1. 家具
全　国	129.38	15.69	316.89	173.35	44.75
北　京	188.39	26.06	652.35	413.97	84.62
天　津	140.38	14.10	555.48	402.79	95.85
河　北	145.23	20.93	379.93	261.94	77.41
山　西	121.81	13.71	237.72	124.89	34.28
内蒙古	127.22	18.27	196.01	90.46	31.31
辽　宁	165.37	17.45	200.15	103.19	25.03
吉　林	151.04	13.27	177.95	79.73	15.53
黑龙江	145.07	11.94	185.87	93.97	27.80
上　海	135.39	19.25	590.15	359.49	80.92
江　苏	122.44	22.03	401.57	234.60	32.24
浙　江	143.46	29.11	648.57	375.99	40.80
安　徽	104.80	12.49	209.11	103.35	15.67
福　建	98.41	20.72	317.89	154.49	48.18
江　西	83.93	14.25	169.94	66.44	16.32
山　东	161.83	30.76	383.17	236.28	63.72
河　南	108.51	18.03	256.77	134.89	36.07
湖　北	138.83	12.41	250.55	119.21	27.83
湖　南	131.91	16.89	327.77	149.64	39.65
广　东	96.75	4.75	507.82	273.19	106.28
广　西	78.29	9.67	322.52	166.24	55.11
海　南	40.76	1.59	227.27	90.82	38.94
重　庆	146.08	4.27	474.74	285.63	56.48
四　川	125.60	5.68	310.18	153.55	58.23
贵　州	121.24	8.41	272.52	122.47	29.99
云　南	139.03	5.10	312.46	161.62	57.58
西　藏					
陕　西	100.29	16.29	317.33	180.01	41.88
甘　肃	106.03	20.58	194.02	79.46	33.93
青　海	110.57	17.30	188.23	91.12	22.97
宁　夏	133.24	19.77	247.92	131.26	51.40
新　疆	150.89	22.98	288.59	140.35	37.89

1997年各地区城镇居民家庭消费支出(九)

(平均每人全年)

单位:元

	2.住房装饰	3.家庭设备	(二)室内装饰品	(三)床上用品	(四)家庭日用杂品
全　国	35.88	92.72	12.14	19.32	78.67
北　京	52.91	276.44	16.65	28.57	151.19
天　津	67.97	238.97	13.51	17.90	80.49
河　北	53.66	130.87	14.28	18.52	63.78
山　西	37.39	53.23	15.85	16.97	60.96
内蒙古	12.43	46.73	10.82	14.04	53.03
辽　宁	28.08	50.09	6.80	14.46	48.99
吉　林	18.62	45.58	5.47	12.29	61.05
黑龙江	30.92	35.25	5.67	12.73	50.65
上　海	65.08	213.49	11.14	28.38	104.57
江　苏	71.34	131.02	12.00	23.56	100.05
浙　江	147.20	188.00	26.95	33.28	99.94
安　徽	16.51	71.16	5.96	8.16	75.15
福　建	23.55	82.77	16.38	28.03	75.39
江　西	9.52	40.59	7.85	14.38	69.09
山　东	38.87	133.68	17.87	21.60	84.50
河　南	30.20	68.62	12.04	19.11	57.48
湖　北	18.67	72.71	9.97	12.67	91.30
湖　南	41.79	68.21	14.24	23.21	101.48
广　东	32.26	134.65	10.56	31.87	141.54
广　西	35.06	76.08	8.44	19.56	80.29
海　南	0.91	50.98	8.17	18.66	89.90
重　庆	93.43	135.73	24.84	19.50	78.36
四　川	33.00	62.32	16.73	19.61	83.53
贵　州	36.49	55.98	20.47	19.63	78.87
云　南	40.26	63.77	30.48	35.17	66.88
西　藏					
陕　西	47.40	90.73	8.75	20.03	68.74
甘　肃	8.73	36.80	13.08	12.00	65.62
青　海	22.32	45.82	11.26	19.64	57.47
宁　夏	25.04	54.82	15.31	18.28	52.34
新　疆	40.13	62.34	19.18	21.31	76.18

1997年各地区城镇居民家庭消费支出(十)

(平均每人全年)

单位:元

	(五)家具材料	(六)家庭服务	四、医疗保健	(一)医疗器具	(二)保健用品
全　国	4.98	28.43	179.68	1.36	4.23
北　京	3.37	38.60	297.68	7.87	21.33
天　津	3.69	37.10	193.09	0.78	7.80
河　北	4.62	16.79	212.35	3.67	6.80
山　西	4.27	14.78	167.41	1.68	5.23
内蒙古	5.64	22.01	173.09	0.96	2.58
辽　宁	11.31	15.41	179.89	1.45	4.43
吉　林	1.81	17.60	160.49	1.54	3.43
黑龙江	2.74	20.11	207.30	1.33	6.03
上　海	14.39	72.18	197.09	3.99	5.20
江　苏	2.87	28.49	141.67	1.17	6.65
浙　江	21.91	90.49	311.36	2.34	6.56
安　徽	1.20	15.28	92.99	0.17	1.66
福　建	2.33	41.28	119.37	0.33	3.55
江　西	2.57	9.61	100.68	0.30	1.55
山　东	3.94	18.99	179.88	1.54	3.96
河　南	5.56	27.70	159.64	1.01	1.79
湖　北	2.78	14.62	148.57	0.67	4.96
湖　南	11.12	28.07	161.16	0.47	2.40
广　东	2.83	47.83	320.13	1.02	3.68
广　西	3.54	44.45	135.24	0.33	1.80
海　南	1.56	18.16	140.16	1.14	0.74
重　庆	7.49	58.93	164.19	0.19	2.06
四　川	4.08	32.69	141.86	0.56	2.39
贵　州	3.81	27.27	125.43	0.60	4.22
云　南	2.78	15.53	209.63	2.01	1.60
西　藏					
陕　西	5.13	34.67	178.56	2.31	2.48
甘　肃	7.82	16.03	155.79	0.65	1.45
青　海	1.33	7.42	211.90	0.53	1.78
宁　夏	7.69	23.04	232.69	1.37	4.29
新　疆	2.07	29.49	188.80	0.65	6.85

1997年各地区城镇居民家庭消费支出(十一)

(平均每人全年)

单位:元

	(三)医药费	(四)滋补药品	(五)医疗保健服务	(六)其它	五、交通和通信
全　国	140.19	12.50	19.33	2.07	232.90
北　京	195.12	33.19	27.04	13.13	348.94
天　津	152.98	10.78	15.61	5.15	267.03
河　北	182.79	7.17	10.02	1.89	259.73
山　西	131.59	5.46	21.86	1.59	166.02
内蒙古	139.14	2.99	25.02	2.40	179.03
辽　宁	153.88	6.27	12.18	1.68	162.28
吉　林	133.69	4.40	16.38	1.06	158.85
黑龙江	168.53	8.43	21.18	1.80	165.25
上　海	96.59	71.88	16.38	3.04	379.19
江　苏	104.40	15.22	12.93	1.31	265.23
浙　江	214.94	57.40	27.80	2.31	384.30
安　徽	78.62	3.47	7.54	1.53	225.30
福　建	87.14	11.89	14.04	2.42	297.99
江　西	84.32	5.84	7.96	0.70	161.02
山　东	141.23	8.24	24.13	0.78	221.85
河　南	125.30	2.54	27.30	1.70	171.60
湖　北	123.13	5.60	12.88	1.34	186.25
湖　南	128.73	7.94	20.35	1.27	276.72
广　东	237.32	27.26	45.40	5.45	484.26
广　西	102.61	7.60	21.39	1.50	265.03
海　南	97.52	4.75	32.31	3.70	226.29
重　庆	125.95	12.78	22.60	0.61	290.91
四　川	116.39	6.50	15.58	0.44	180.54
贵　州	101.92	1.31	16.65	0.73	176.84
云　南	189.07	4.39	11.96	0.60	237.68
西　藏					
陕　西	131.23	4.55	36.10	1.90	195.05
甘　肃	138.85	3.38	9.98	1.48	131.28
青　海	197.30	4.12	5.31	2.85	180.72
宁　夏	173.61	6.95	44.58	1.88	183.96
新　疆	138.22	6.73	35.14	1.20	207.52

1997年各地区城镇居民家庭消费支出(十二)

(平均每人全年)

单位:元

	(一)交通	1.家庭交通工具	2.燃料充电费	3.交通费	4.交通工具维修服务费
全国	111.36	42.46	2.77	54.47	11.66
北京	145.98	29.76	1.11	89.52	25.59
天津	135.77	47.89	0.91	73.80	13.18
河北	124.01	72.57	5.28	34.70	11.47
山西	90.59	50.76	1.18	33.74	4.91
内蒙古	98.12	46.20	3.59	34.36	13.97
辽宁	67.35	14.00	0.17	46.05	7.13
吉林	72.68	11.97	0.25	55.72	4.74
黑龙江	69.19	12.26	0.25	50.64	6.04
上海	163.65	26.83	2.99	124.94	8.89
江苏	138.95	79.14	4.56	40.80	14.45
浙江	193.90	88.80	5.58	80.57	18.94
安徽	99.26	30.67	1.66	50.83	16.10
福建	112.74	48.10	4.76	45.81	14.07
江西	71.07	29.98	0.66	32.20	8.23
山东	120.11	66.80	2.90	40.38	10.03
河南	80.86	37.98	1.67	32.94	8.27
湖北	80.47	17.05	0.38	56.21	6.82
湖南	135.89	44.71	1.27	80.91	8.99
广东	244.23	115.54	13.95	79.61	35.13
广西	167.38	93.43	8.95	33.04	31.96
海南	117.35	56.31	9.46	45.89	5.70
重庆	124.87	0.00	0.60	124.05	0.23
四川	86.58	17.00	0.57	65.19	3.82
贵州	93.71	23.96	1.98	65.82	1.96
云南	112.31	48.68	2.10	48.72	12.81
西藏					
陕西	84.61	23.98	0.91	52.93	6.80
甘肃	57.46	12.05	0.14	36.27	9.01
青海	106.22	32.27	0.18	71.83	1.93
宁夏	70.67	30.55	1.04	33.09	6.00
新疆	102.14	18.40	1.46	74.49	7.79

1997年各地区城镇居民家庭消费支出(十三)

(平均每人全年)

单位:元

	(二)通信	1.通信工具	2.电信费	3. 邮费	4.其它
全　国	121.54	20.26	83.26	3.38	14.65
北　京	202.96	28.73	109.93	7.24	57.07
天　津	131.26	21.46	94.83	5.45	9.52
河　北	135.72	21.56	82.56	2.93	28.66
山　西	75.43	19.54	45.63	2.05	8.21
内蒙古	80.90	14.85	55.04	2.49	8.53
辽　宁	94.93	20.92	63.19	1.59	9.23
吉　林	86.17	10.22	69.71	2.23	4.01
黑龙江	96.06	9.74	75.08	2.25	8.98
上　海	215.53	32.77	124.69	5.15	52.92
江　苏	126.28	17.49	86.55	3.38	18.85
浙　江	190.41	61.35	109.14	4.07	15.83
安　徽	126.04	9.36	99.64	2.61	14.43
福　建	185.25	22.23	148.85	2.56	11.61
江　西	89.95	8.80	62.40	4.41	14.36
山　东	101.74	34.40	58.46	3.76	5.13
河　南	90.74	20.87	59.24	2.54	8.09
湖　北	105.78	10.81	81.70	4.92	8.35
湖　南	140.82	25.84	94.99	5.00	14.99
广　东	240.03	29.14	191.35	4.84	14.70
广　西	97.64	15.44	67.67	2.78	11.75
海　南	108.94	7.71	97.70	2.09	1.44
重　庆	166.03	8.85	118.26	4.42	34.51
四　川	93.96	36.19	47.69	3.68	6.40
贵　州	83.12	17.31	57.65	4.96	3.21
云　南	125.37	28.11	86.66	4.25	6.35
西　藏					
陕　西	110.44	15.10	56.91	2.83	35.60
甘　肃	73.82	13.98	52.51	3.26	4.06
青　海	74.50	13.38	51.78	6.13	3.21
宁　夏	113.28	14.65	82.71	1.71	14.21
新　疆	105.38	11.82	72.73	6.55	14.28

1997年各地区城镇居民家庭消费支出(十四)

(平均每人全年)

单位:元

	六、娱乐教育文化服务费	(一)文娱用耐用消费品	(二)教　育	1.教材及参考书	2.学杂费
全　国	448.38	112.50	237.61	21.98	167.95
北　京	890.30	301.83	332.46	25.45	201.21
天　津	553.97	144.57	282.17	37.67	158.75
河　北	403.66	115.49	219.70	17.20	152.69
山　西	322.08	72.98	193.85	17.17	139.59
内蒙古	290.33	41.45	180.08	10.20	140.72
辽　宁	363.15	76.58	230.54	22.19	149.16
吉　林	308.83	59.20	177.14	12.33	130.66
黑龙江	275.03	59.08	158.08	19.78	114.86
上　海	784.04	301.11	309.96	67.46	182.28
江　苏	448.85	101.75	232.26	12.19	165.87
浙　江	670.24	201.97	320.70	55.50	188.28
安　徽	358.83	55.35	238.93	21.64	159.77
福　建	465.03	123.84	247.34	15.20	187.20
江　西	353.08	72.61	215.59	12.70	163.72
山　东	453.14	106.18	239.38	20.18	176.09
河　南	299.00	65.46	164.30	15.73	122.82
湖　北	449.62	88.80	266.18	18.83	194.63
湖　南	576.38	130.28	342.95	23.65	265.85
广　东	758.64	196.00	396.80	28.63	296.78
广　西	548.34	141.68	305.74	28.01	237.89
海　南	381.56	42.67	257.43	17.70	213.47
重　庆	626.21	152.69	298.63	21.98	198.68
四　川	460.13	120.33	232.47	32.07	174.83
贵　州	337.46	106.56	154.87	8.11	113.71
云　南	502.63	165.59	225.12	28.26	156.34
西　藏					
陕　西	383.63	102.82	198.60	25.93	141.98
甘　肃	303.84	54.23	175.77	9.10	124.39
青　海	330.20	83.24	185.05	10.56	115.59
宁　夏	312.22	99.64	134.61	15.13	99.58
新　疆	461.23	129.98	212.46	13.06	145.11

1997年各地区城镇居民家庭消费支出(十五)

(平均每人全年)

单位:元

	3.托幼费	4.成人教育	5.其它	(三)文化娱乐	1.文娱用品
全　国	13.78	12.88	21.03	98.26	35.57
北　京	26.79	15.69	63.32	256.01	88.66
天　津	9.87	12.63	63.24	127.23	46.98
河　北	13.70	18.76	17.36	68.47	19.29
山　西	8.58	7.40	21.11	55.25	15.53
内蒙古	12.76	9.55	6.84	68.81	21.83
辽　宁	15.76	14.19	29.24	56.02	16.01
吉　林	16.93	8.85	8.37	72.48	26.41
黑龙江	12.98	5.59	4.87	57.87	21.89
上　海	15.20	10.57	34.45	172.98	65.01
江　苏	10.69	11.25	32.26	114.83	39.63
浙　江	16.98	15.97	43.97	147.57	55.07
安　徽	8.99	32.02	16.51	64.55	18.18
福　建	12.10	8.26	24.58	93.85	33.93
江　西	11.92	16.64	10.61	64.88	22.44
山　东	14.13	12.20	16.77	107.58	40.17
河　南	7.74	11.30	6.70	69.25	23.43
湖　北	9.71	13.54	29.46	91.64	32.68
湖　南	11.71	5.13	36.60	103.15	31.61
广　东	30.49	18.47	22.42	165.84	70.13
广　西	12.56	14.90	12.38	100.91	38.43
海　南	10.35	1.65	14.26	81.46	30.19
重　庆	29.12	15.78	33.08	174.90	71.62
四　川	9.21	11.69	4.67	107.34	38.65
贵　州	13.63	3.59	15.83	76.03	22.72
云　南	12.44	18.32	9.76	111.92	56.26
西　藏					
陕　西	7.78	16.40	6.52	82.21	28.00
甘　肃	10.48	16.54	15.25	73.85	22.10
青　海	11.47	19.40	28.01	61.91	15.04
宁　夏	8.00	9.69	2.22	77.97	29.99
新　疆	21.95	22.32	10.02	118.80	58.74

1997年各地区城镇居民家庭消费支出(十六)

(平均每人全年)

单位:元

	2.书报杂志	3.文娱费	七、居住	(一)住房	1.建筑材料
全　国	25.54	37.15	358.64	148.66	51.07
北　京	72.42	94.92	355.65	164.79	65.64
天　津	33.22	47.02	445.96	194.86	55.48
河　北	25.21	23.97	343.29	131.03	45.06
山　西	23.48	16.24	201.23	70.16	31.62
内蒙古	15.24	31.74	249.39	107.91	48.20
辽　宁	16.75	23.27	289.54	100.73	35.50
吉　林	20.52	25.56	301.22	95.49	26.05
黑龙江	14.71	21.26	266.76	65.42	15.40
上　海	44.67	63.30	539.79	177.33	82.20
江　苏	30.13	45.07	385.75	155.47	65.31
浙　江	33.94	58.56	522.53	248.51	67.46
安　徽	21.27	25.10	291.93	82.36	31.73
福　建	21.33	38.58	388.39	130.17	63.52
江　西	16.87	25.57	342.81	189.06	60.71
山　东	28.42	38.99	286.16	123.90	44.37
河　南	19.72	26.10	352.46	192.11	53.34
湖　北	26.42	35.53	329.78	129.80	48.37
湖　南	27.42	44.12	316.67	140.92	42.90
广　东	34.40	61.31	827.65	399.81	108.95
广　西	28.68	33.80	530.53	280.31	79.89
海　南	17.19	34.07	300.92	107.78	72.15
重　庆	40.88	62.39	295.20	86.11	20.19
四　川	29.96	38.73	335.55	144.79	57.15
贵　州	17.16	36.14	246.67	85.16	43.21
云　南	22.08	33.58	394.34	245.80	87.92
西　藏					
陕　西	17.71	36.49	328.57	183.02	28.84
甘　肃	20.21	31.54	166.83	39.43	19.28
青　海	24.07	22.80	214.15	93.37	50.89
宁　夏	15.11	32.87	179.00	45.98	15.41
新　疆	23.96	36.10	224.98	97.85	42.44

1997年各地区城镇居民家庭消费支出(十七)

(平均每人全年)

单位:元

	2.房租	3.维　修 服务费	(二)水、电、燃 料及其它	1.水	2.电
全　国	77.09	20.50	209.98	21.77	86.68
北　京	77.63	21.52	190.86	17.11	87.48
天　津	109.37	30.01	251.10	21.26	101.15
河　北	67.66	18.32	212.26	16.69	61.39
山　西	28.02	10.52	131.08	15.77	42.87
内蒙古	42.83	16.88	141.48	10.24	54.29
辽　宁	53.55	11.68	188.82	18.28	69.61
吉　林	61.96	7.48	205.74	18.03	72.38
黑龙江	45.97	4.04	201.34	16.24	70.30
上　海	68.45	26.69	362.46	40.97	180.70
江　苏	58.76	31.40	230.27	21.03	100.77
浙　江	140.86	40.20	274.01	32.71	142.18
安　徽	40.04	10.59	209.57	21.27	80.56
福　建	35.57	31.07	258.22	31.53	128.20
江　西	102.81	25.54	153.75	18.90	53.69
山　东	64.26	15.27	162.26	14.05	57.75
河　南	127.37	11.41	160.34	20.36	60.48
湖　北	56.04	25.39	199.98	22.11	77.30
湖　南	72.50	25.52	175.75	25.82	61.24
广　东	232.79	58.08	427.84	46.14	216.00
广　西	179.70	20.72	250.22	33.84	108.95
海　南	12.41	23.22	193.15	25.84	66.59
重　庆	64.98	0.93	209.09	23.47	100.74
四　川	74.33	13.31	190.76	24.17	91.76
贵　州	33.30	8.64	161.51	24.91	96.75
云　南	108.26	49.61	148.54	17.48	78.22
西　藏					
陕　西	146.41	7.78	145.55	14.07	48.33
甘　肃	15.19	4.96	127.40	9.78	32.81
青　海	8.35	34.13	120.78	12.46	36.41
宁　夏	22.60	7.97	133.02	14.88	51.46
新　疆	25.80	29.61	127.13	11.86	40.73

1997年各地区城镇居民家庭消费支出(十八)

(平均每人全年)

单位:元

	3.燃料	(1)煤炭	(2)液化石油气	八、杂项商品和服务	(一)个人消费
全国	92.04	27.14	39.02	185.65	146.96
北京	82.19	26.95	20.55	371.81	331.02
天津	95.18	9.31	11.23	223.34	157.84
河北	100.55	35.23	34.82	157.27	126.51
山西	62.05	14.91	12.58	163.12	126.37
内蒙古	64.04	41.37	11.32	144.08	113.89
辽宁	95.22	16.17	24.07	139.88	124.00
吉林	95.61	37.31	32.89	127.04	103.17
黑龙江	101.08	53.61	23.22	119.30	92.03
上海	140.76	0.19	15.53	268.06	221.40
江苏	100.30	23.12	55.72	211.84	155.48
浙江	94.31	6.07	75.53	285.63	234.47
安徽	106.09	38.90	40.82	140.33	112.85
福建	95.65	11.85	70.41	214.93	187.33
江西	80.40	16.31	49.79	136.81	102.74
山东	67.87	27.29	22.73	187.10	146.53
河南	75.03	44.27	18.95	140.97	107.38
湖北	99.59	26.99	56.24	152.89	116.00
湖南	87.52	21.19	60.05	188.06	130.17
广东	163.45	7.05	140.85	375.62	279.16
广西	105.41	5.06	95.79	190.76	141.30
海南	98.95	0.54	96.05	188.35	102.76
重庆	84.45	1.93	2.17	199.03	181.29
四川	73.85	21.66	10.28	152.76	126.07
贵州	39.71	19.10	12.48	147.24	125.69
云南	51.54	4.60	26.96	203.72	167.52
西藏					
陕西	70.86	29.69	32.15	158.05	120.44
甘肃	55.99	19.69	24.00	150.98	113.50
青海	60.72	23.30	32.27	144.57	111.01
宁夏	39.34	16.91	20.77	153.92	120.36
新疆	67.35	23.84	39.19	234.75	199.68

1997年各地区城镇居民家庭消费支出(十九)

(平均每人全年)

单位:元

	1.个人用品	2.理发美容用品	3.旅游	4.服务费
全　　国	55.70	25.99	46.22	19.04
北　　京	137.48	52.01	117.57	23.96
天　　津	67.68	32.64	39.66	17.87
河　　北	37.64	25.57	35.76	27.54
山　　西	36.19	21.88	43.80	24.50
内 蒙 古	42.09	24.52	29.63	17.66
辽　　宁	42.37	24.18	30.69	26.76
吉　　林	41.55	26.14	14.40	21.07
黑 龙 江	43.72	18.31	13.13	16.87
上　　海	100.84	29.67	69.22	21.67
江　　苏	62.21	21.37	45.48	26.42
浙　　江	86.54	28.18	92.00	27.75
安　　徽	29.29	28.33	21.12	34.11
福　　建	68.20	28.68	58.84	31.61
江　　西	40.98	16.12	36.21	9.43
山　　东	66.07	31.63	35.20	13.63
河　　南	37.89	26.81	28.95	13.73
湖　　北	49.23	19.02	34.24	13.51
湖　　南	58.68	26.19	35.62	9.68
广　　东	81.67	35.29	134.80	27.40
广　　西	51.66	26.26	55.05	8.34
海　　南	53.30	8.52	28.32	12.63
重　　庆	70.25	33.53	69.11	8.39
四　　川	53.33	28.35	33.41	10.98
贵　　州	49.09	15.64	32.43	28.53
云　　南	53.69	27.45	74.46	11.92
西　　藏				
陕　　西	49.22	24.59	31.23	15.40
甘　　肃	43.98	20.62	34.69	14.21
青　　海	36.38	16.79	30.59	27.26
宁　　夏	37.14	29.60	43.44	10.17
新　　疆	76.25	34.37	73.75	15.32

1997年各地区城镇居民家庭消费支出(二十)

(平均每人全年)

单位:元

	(二)其它商品	(三)其它服务
全　　国	17.90	20.79
北　　京	7.94	32.85
天　　津	38.94	26.56
河　　北	11.03	19.73
山　　西	20.71	16.04
内 蒙 古	12.41	17.78
辽　　宁	8.89	6.99
吉　　林	10.79	13.09
黑 龙 江	8.31	18.96
上　　海	18.52	28.14
江　　苏	27.40	28.95
浙　　江	16.93	34.22
安　　徽	8.11	19.36
福　　建	13.20	14.40
江　　西	20.20	13.88
山　　东	22.05	18.52
河　　南	6.78	26.81
湖　　北	15.78	21.10
湖　　南	23.01	34.88
广　　东	59.59	36.87
广　　西	26.66	22.80
海　　南	49.96	35.63
重　　庆	11.38	6.36
四　　川	12.31	14.38
贵　　州	14.65	6.89
云　　南	12.01	24.19
西　　藏		
陕　　西	16.16	21.45
甘　　肃	19.05	18.43
青　　海	14.75	18.81
宁　　夏	18.78	14.78
新　　疆	12.98	22.09

1997年各地区城镇居民家庭消费支出构成(一)

单位:%

	消费性支出	一、食品	(一)粮食	1.细粮	2.粗粮
全　国	100.00	46.41	5.69	5.53	0.16
北　京	100.00	43.70	4.09	3.91	0.18
天　津	100.00	46.66	5.08	4.95	0.13
河　北	100.00	41.95	6.18	5.94	0.23
山　西	100.00	43.29	9.02	8.38	0.64
内蒙古	100.00	43.48	8.36	7.91	0.44
辽　宁	100.00	48.06	6.53	6.25	0.27
吉　林	100.00	46.97	7.22	6.89	0.32
黑龙江	100.00	45.87	7.50	7.16	0.34
上　海	100.00	51.47	3.73	3.61	0.12
江　苏	100.00	47.67	4.57	4.49	0.08
浙　江	100.00	43.91	3.44	3.36	0.08
安　徽	100.00	52.36	6.03	5.98	0.05
福　建	100.00	52.81	6.44	6.38	0.06
江　西	100.00	50.57	6.69	6.66	0.03
山　东	100.00	40.96	4.78	4.62	0.16
河　南	100.00	44.59	8.63	8.49	0.14
湖　北	100.00	46.00	5.12	5.07	0.05
湖　南	100.00	45.70	4.86	4.82	0.03
广　东	100.00	45.99	4.10	3.99	0.11
广　西	100.00	47.45	4.97	4.82	0.15
海　南	100.00	57.03	5.33	5.28	0.06
重　庆	100.00	46.54	4.54	4.37	0.17
四　川	100.00	49.10	5.55	5.44	0.11
贵　州	100.00	51.07	6.25	6.15	0.11
云　南	100.00	46.50	5.52	5.49	0.04
西　藏					
陕　西	100.00	42.98	6.72	6.59	0.13
甘　肃	100.00	48.85	8.64	8.52	0.13
青　海	100.00	48.28	9.00	8.94	0.06
宁　夏	100.00	43.40	7.57	7.52	0.06
新　疆	100.00	43.27	6.56	6.45	0.11

1997年各地区城镇居民家庭消费支出构成(二)

单位: %

	(二)淀粉及薯类	(三)干豆类及豆制品	(四)油脂类	(五)肉禽及其制品	1.猪肉
全国	0.49	0.79	1.69	10.98	5.27
北京	0.36	0.62	1.07	9.46	3.67
天津	0.56	0.87	1.47	9.68	4.57
河北	0.50	0.69	2.21	8.75	4.13
山西	1.01	1.03	1.91	7.49	4.30
内蒙古	0.80	0.59	1.76	9.24	4.15
辽宁	0.67	0.91	1.54	10.41	5.31
吉林	0.88	1.12	1.74	10.08	4.59
黑龙江	0.83	1.01	2.01	9.39	4.40
上海	0.34	0.88	1.24	10.92	4.62
江苏	0.42	1.09	1.49	12.16	6.18
浙江	0.29	0.86	0.84	8.58	3.88
安徽	0.36	1.30	2.54	13.04	7.61
福建	0.27	0.62	2.08	12.87	6.25
江西	0.37	1.24	2.71	13.74	8.59
山东	0.45	0.61	1.22	8.65	3.80
河南	0.71	0.91	1.82	8.90	4.46
湖北	0.45	0.94	2.01	10.20	6.39
湖南	0.28	0.86	2.14	11.49	6.10
广东	0.19	0.39	1.32	13.87	5.86
广西	0.28	0.70	1.85	16.97	6.81
海南	0.25	0.30	1.96	19.34	9.60
重庆	0.50	0.78	1.96	11.74	5.69
四川	0.49	0.62	2.20	13.92	7.74
贵州	0.37	0.87	1.86	13.77	8.67
云南	0.47	0.61	1.42	11.00	6.09
西藏					
陕西	0.67	0.93	1.86	7.61	4.15
甘肃	0.78	0.77	2.26	8.89	4.63
青海	0.73	0.30	1.65	9.84	4.04
宁夏	0.67	0.63	2.38	8.84	2.66
新疆	0.46	0.38	1.92	11.89	1.78

1997年各地区城镇居民家庭消费支出构成(三)

单位: %

	2.牛肉	3.羊肉	(六) 蛋类	(七)水产品类	(八)菜类
全　国	0.76	0.46	1.76	3.37	4.87
北　京	0.97	0.89	1.26	1.99	3.99
天　津	0.86	0.88	2.27	4.13	4.01
河　北	1.08	0.56	2.36	2.00	4.77
山　西	0.28	0.57	2.41	0.92	5.33
内蒙古	1.29	1.42	1.83	1.15	4.06
辽　宁	1.18	0.61	2.17	3.45	6.84
吉　林	1.60	0.40	2.31	2.47	6.08
黑龙江	1.39	0.48	2.41	2.39	5.65
上　海	0.38	0.13	1.19	8.25	4.50
江　苏	0.53	0.15	1.80	4.99	4.63
浙　江	0.33	0.05	0.98	7.23	4.15
安　徽	0.92	0.20	2.76	3.06	5.37
福　建	0.57	0.20	1.54	8.31	5.08
江　西	0.50	0.02	1.85	3.12	5.81
山　东	0.45	0.29	2.32	2.47	3.72
河　南	0.34	0.67	2.76	1.09	4.46
湖　北	0.71	0.14	1.60	2.41	5.51
湖　南	0.66	0.11	1.36	2.27	4.75
广　东	0.50	0.11	0.81	5.41	4.38
广　西	0.93	0.12	1.18	3.26	4.35
海　南	0.60	0.32	0.73	7.75	6.15
重　庆	0.52	0.09	1.75	2.04	4.54
四　川	0.79	0.07	1.75	1.37	5.03
贵　州	0.50	0.05	1.71	1.05	5.65
云　南	0.73	0.05	1.23	1.37	5.22
西　藏					
陕　西	0.43	0.40	1.78	0.98	4.60
甘　肃	0.68	0.67	1.81	1.21	5.97
青　海	0.89	2.74	1.68	1.06	5.01
宁　夏	1.22	2.32	1.36	1.16	5.23
新　疆	1.33	5.68	1.48	1.26	4.77

1997年各地区城镇居民家庭消费支出构成(四)

单位: %

	1.鲜菜	1.干菜	3.菜制品	(九)调味品	(十)糖类
全　国	4.53	0.20	0.14	0.67	0.58
北　京	3.72	0.12	0.15	0.86	0.60
天　津	3.71	0.19	0.11	0.84	0.47
河　北	4.46	0.17	0.14	0.58	0.65
山　西	5.20	0.07	0.06	0.69	0.50
内蒙古	3.89	0.08	0.08	0.72	0.57
辽　宁	6.52	0.21	0.11	0.76	0.61
吉　林	5.82	0.14	0.12	0.74	0.59
黑龙江	5.43	0.14	0.08	0.71	0.60
上　海	4.05	0.25	0.20	0.60	0.63
江　苏	4.26	0.17	0.20	0.71	0.55
浙　江	3.64	0.23	0.27	0.51	0.47
安　徽	5.00	0.25	0.12	0.77	0.50
福　建	4.35	0.57	0.16	0.65	0.39
江　西	5.21	0.40	0.20	0.84	0.56
山　东	3.55	0.07	0.10	0.54	0.51
河　南	4.18	0.17	0.11	0.73	0.52
湖　北	5.22	0.15	0.14	0.67	0.58
湖　南	4.45	0.18	0.12	0.49	0.55
广　东	3.85	0.35	0.18	0.43	0.52
广　西	3.79	0.27	0.29	0.41	0.57
海　南	5.81	0.18	0.17	0.86	0.55
重　庆	4.18	0.26	0.10	0.85	0.85
四　川	4.76	0.18	0.09	0.91	0.82
贵　州	5.24	0.27	0.13	0.83	0.85
云　南	4.96	0.14	0.12	0.56	0.43
西　藏					
陕　西	4.38	0.12	0.10	0.71	0.53
甘　肃	5.73	0.15	0.09	1.01	0.70
青　海	4.84	0.07	0.10	0.82	0.86
宁　夏	5.10	0.09	0.05	0.64	0.60
新　疆	4.59	0.09	0.08	0.54	0.78

1997年各地区城镇居民家庭消费支出构成(五)

单位:%

	(十一)烟草类	(十二)酒和饮料	(十三)干鲜瓜果类	(十四)坚果及果仁	(十五)糕点类
全　国	2.20	2.17	3.03	0.54	0.97
北　京	1.45	2.64	3.45	0.73	1.33
天　津	2.10	2.12	3.14	0.74	1.16
河　北	1.94	2.87	3.16	0.70	0.87
山　西	3.13	1.96	2.74	0.33	0.96
内蒙古	2.49	2.31	2.81	0.48	0.71
辽　宁	2.34	2.70	3.99	0.69	0.94
吉　林	1.70	2.38	3.87	0.63	0.75
黑龙江	1.90	2.55	3.67	0.54	0.68
上　海	2.26	2.05	3.27	0.62	1.58
江　苏	2.31	2.00	2.49	0.52	1.02
浙　江	2.84	2.02	2.94	0.60	0.96
安　徽	3.71	3.80	2.69	0.48	0.96
福　建	2.52	2.84	4.06	0.34	0.73
江　西	1.88	1.57	2.66	0.63	0.86
山　东	1.39	2.55	3.08	0.53	1.35
河　南	2.56	3.17	2.87	0.61	0.97
湖　北	2.65	2.07	2.01	0.44	0.87
湖　南	2.16	1.54	3.12	0.45	0.78
广　东	0.93	0.92	2.63	0.33	0.84
广　西	1.02	1.10	2.85	0.38	0.65
海　南	1.43	1.17	2.23	0.10	0.99
重　庆	2.29	1.62	3.11	0.42	0.94
四　川	3.06	2.18	2.63	0.48	0.81
贵　州	3.82	2.21	3.04	0.64	1.02
云　南	4.36	1.55	3.02	0.42	1.19
西　藏					
陕　西	2.25	1.86	3.00	0.59	1.12
甘　肃	3.14	3.16	3.33	0.67	0.71
青　海	3.75	3.66	2.51	0.46	0.80
宁　夏	2.61	1.87	3.09	0.55	0.70
新　疆	1.31	1.62	2.89	0.67	0.89

1997年各地区城镇居民家庭消费支出构成(六)

单位:%

	(十六)奶及奶制品	(十七)其它食品	(十八)在外用餐	(十九)食品加工服务费	二、衣着
全　国	0.99	0.75	4.86	0.02	12.45
北　京	1.54	1.45	6.80	0.01	11.65
天　津	1.20	0.89	5.88	0.02	10.32
河　北	1.12	0.37	2.21	0.03	14.18
山　西	1.09	0.82	1.91	0.04	17.76
内蒙古	1.28	0.56	3.72	0.03	15.90
辽　宁	1.12	0.43	1.95	0.02	16.05
吉　林	0.93	0.95	2.51	0.02	16.81
黑龙江	1.05	0.41	2.55	0.01	16.17
上　海	1.98	1.34	6.09	0.00	8.09
江　苏	0.92	0.93	5.01	0.05	11.41
浙　江	0.73	0.53	5.94	0.01	10.35
安　徽	0.78	0.42	3.77	0.01	11.94
福　建	1.04	0.25	2.76	0.00	10.65
江　西	0.74	0.85	4.43	0.01	9.91
山　东	1.14	0.74	4.88	0.03	16.69
河　南	0.93	0.28	2.63	0.04	14.55
湖　北	0.58	0.53	7.35	0.02	14.64
湖　南	0.56	0.80	7.24	0.01	11.53
广　东	0.55	1.25	7.11	0.01	6.24
广　西	0.57	0.45	5.88	0.00	7.80
海　南	0.74	0.31	6.84	0.00	5.50
重　庆	1.34	0.41	6.83	0.01	11.94
四　川	1.11	0.39	5.76	0.03	12.27
贵　州	0.86	0.91	5.32	0.03	12.20
云　南	0.62	0.44	7.06	0.01	12.50
西　藏					
陕　西	1.07	0.70	5.95	0.03	11.93
甘　肃	1.19	1.15	3.41	0.05	13.72
青　海	1.61	0.69	3.83	0.02	13.25
宁　夏	0.98	0.70	3.81	0.01	16.57
新　疆	1.39	0.77	3.67	0.02	15.42

1997年各地区城镇居民家庭消费支出构成(七)

单位: %

	(一)服装	1.男士服装	2.女士服装	3.各式童装	(二)衣着材料
全　国	7.84	3.15	3.98	0.71	1.14
北　京	7.20	2.74	3.95	0.51	1.16
天　津	6.40	2.78	3.03	0.60	0.94
河　北	8.09	3.32	4.11	0.66	1.94
山　西	11.87	4.28	6.29	1.30	1.69
内蒙古	9.06	3.52	4.71	0.83	2.04
辽　宁	10.01	4.10	5.29	0.62	1.13
吉　林	10.63	4.30	5.62	0.71	1.36
黑龙江	9.94	4.18	5.04	0.72	1.35
上　海	5.23	2.20	2.64	0.39	0.59
江　苏	7.07	3.14	3.39	0.54	1.16
浙　江	6.56	2.84	3.12	0.61	0.99
安　徽	7.54	3.25	3.43	0.86	1.23
福　建	7.65	3.07	3.77	0.81	0.59
江　西	5.61	2.18	2.84	0.59	1.23
山　东	9.49	3.81	4.79	0.89	2.43
河　南	9.08	3.63	4.49	0.95	1.72
湖　北	9.71	4.00	4.86	0.85	1.01
湖　南	7.10	2.66	3.92	0.52	0.98
广　东	4.60	1.86	2.28	0.46	0.16
广　西	5.13	1.98	2.50	0.65	0.70
海　南	4.33	1.68	1.94	0.71	0.08
重　庆	8.60	3.09	4.85	0.66	0.30
四　川	8.48	3.07	4.53	0.88	0.58
贵　州	7.83	2.65	4.33	0.85	0.72
云　南	8.70	3.04	4.52	1.14	0.62
西　藏					
陕　西	7.05	2.84	3.56	0.65	1.51
甘　肃	7.42	2.41	4.33	0.68	2.01
青　海	8.12	3.16	4.13	0.84	1.25
宁　夏	9.77	3.52	4.99	1.26	2.12
新　疆	9.14	3.42	4.81	0.91	1.81

1997年各地区城镇居民家庭消费支出构成(八)

单位:%

	(三)鞋袜帽及其它衣着	(四)衣着加工服务费	三、家庭设备用品及服务	(一)耐用消费品	1.家具
全国	3.09	0.37	7.57	4.14	1.07
北京	2.88	0.40	9.99	6.34	1.30
天津	2.70	0.27	10.67	7.74	1.84
河北	3.63	0.52	9.49	6.54	1.93
山西	3.77	0.42	7.36	3.87	1.06
内蒙古	4.20	0.60	6.46	2.98	1.03
辽宁	4.45	0.47	5.38	2.77	0.67
吉林	4.43	0.39	5.22	2.34	0.46
黑龙江	4.51	0.37	5.78	2.92	0.87
上海	1.99	0.28	8.65	5.27	1.19
江苏	2.70	0.49	8.86	5.17	0.71
浙江	2.33	0.47	10.51	6.09	0.66
安徽	2.84	0.34	5.66	2.80	0.42
福建	1.99	0.42	6.44	3.13	0.98
江西	2.62	0.45	5.31	2.08	0.51
山东	4.01	0.76	9.48	5.85	1.58
河南	3.21	0.53	7.60	3.99	1.07
湖北	3.60	0.32	6.50	3.09	0.72
湖南	3.06	0.39	7.59	3.47	0.92
广东	1.41	0.07	7.41	3.99	1.55
广西	1.76	0.22	7.24	3.73	1.24
海南	1.04	0.04	5.81	2.32	1.00
重庆	2.96	0.09	9.61	5.78	1.14
四川	3.07	0.14	7.58	3.75	1.42
贵州	3.41	0.24	7.66	3.44	0.84
云南	3.06	0.11	6.89	3.56	1.27
西藏					
陕西	2.90	0.47	9.17	5.20	1.21
甘肃	3.60	0.70	6.59	2.70	1.15
青海	3.35	0.52	5.70	2.76	0.70
宁夏	4.07	0.60	7.58	4.01	1.57
新疆	3.88	0.59	7.42	3.61	0.97

1997年各地区城镇居民家庭消费支出构成(九)

单位:%

	2.住房装饰	3.家庭设备	(二)室内装饰品	(三)床上用品	(四)家庭日用杂品
全　国	0.86	2.22	0.29	0.46	1.88
北　京	0.81	4.23	0.25	0.44	2.31
天　津	1.31	4.59	0.26	0.34	1.55
河　北	1.34	3.27	0.36	0.46	1.59
山　西	1.16	1.65	0.49	0.53	1.89
内蒙古	0.41	1.54	0.36	0.46	1.75
辽　宁	0.75	1.35	0.18	0.39	1.32
吉　林	0.55	1.34	0.16	0.36	1.79
黑龙江	0.96	1.10	0.18	0.40	1.58
上　海	0.95	3.13	0.16	0.42	1.53
江　苏	1.57	2.89	0.26	0.52	2.21
浙　江	2.39	3.05	0.44	0.54	1.62
安　徽	0.45	1.93	0.16	0.22	2.03
福　建	0.48	1.68	0.33	0.57	1.53
江　西	0.30	1.27	0.25	0.45	2.16
山　东	0.96	3.31	0.44	0.53	2.09
河　南	0.89	2.03	0.36	0.57	1.70
湖　北	0.48	1.89	0.26	0.33	2.37
湖　南	0.97	1.58	0.33	0.54	2.35
广　东	0.47	1.96	0.15	0.46	2.07
广　西	0.79	1.71	0.19	0.44	1.80
海　南	0.02	1.30	0.21	0.48	2.30
重　庆	1.89	2.75	0.50	0.39	1.59
四　川	0.81	1.52	0.41	0.48	2.04
贵　州	1.03	1.57	0.58	0.55	2.22
云　南	0.89	1.41	0.67	0.78	1.47
西　藏					
陕　西	1.37	2.62	0.25	0.58	1.99
甘　肃	0.30	1.25	0.44	0.41	2.23
青　海	0.68	1.39	0.34	0.60	1.74
宁　夏	0.77	1.68	0.47	0.56	1.60
新　疆	1.03	1.60	0.49	0.55	1.96

1997年各地区城镇居民家庭消费支出构成(十)

单位:%

	(五)家具材料	(六)家庭服务	四、医疗保健	(一)医疗器具	(二)保健用品
全　国	0.12	0.68	4.29	0.03	0.10
北　京	0.05	0.59	4.56	0.12	0.33
天　津	0.07	0.71	3.71	0.01	0.15
河　北	0.12	0.42	5.30	0.09	0.17
山　西	0.13	0.46	5.18	0.05	0.16
内蒙古	0.19	0.73	5.71	0.03	0.09
辽　宁	0.30	0.41	4.84	0.04	0.12
吉　林	0.05	0.52	4.71	0.05	0.10
黑龙江	0.09	0.63	6.45	0.04	0.19
上　海	0.21	1.06	2.89	0.06	0.08
江　苏	0.06	0.63	3.12	0.03	0.15
浙　江	0.36	1.47	5.05	0.04	0.11
安　徽	0.03	0.41	2.52	0.00	0.04
福　建	0.05	0.84	2.42	0.01	0.07
江　西	0.08	0.30	3.15	0.01	0.05
山　东	0.10	0.47	4.45	0.04	0.10
河　南	0.16	0.82	4.73	0.03	0.05
湖　北	0.07	0.38	3.85	0.02	0.13
湖　南	0.26	0.65	3.73	0.01	0.06
广　东	0.04	0.70	4.67	0.01	0.05
广　西	0.08	1.00	3.04	0.01	0.04
海　南	0.04	0.46	3.59	0.03	0.02
重　庆	0.15	1.19	3.33	0.00	0.04
四　川	0.10	0.80	3.47	0.01	0.06
贵　州	0.11	0.77	3.53	0.02	0.12
云　南	0.06	0.34	4.62	0.04	0.04
西　藏					
陕　西	0.15	1.00	5.16	0.07	0.07
甘　肃	0.27	0.54	5.29	0.02	0.05
青　海	0.04	0.22	6.42	0.02	0.05
宁　夏	0.24	0.70	7.11	0.04	0.13
新　疆	0.05	0.76	4.86	0.02	0.18

1997年各地区城镇居民家庭消费支出构成(十一)

单位:%

	(三)医药费	(四)滋补药品	(五)医疗保健服务	(六)其它	五、交通和通信
全国	3.35	0.30	0.46	0.05	5.56
北京	2.99	0.51	0.41	0.20	5.34
天津	2.94	0.21	0.30	0.10	5.13
河北	4.57	0.18	0.25	0.05	6.49
山西	4.08	0.17	0.68	0.05	5.14
内蒙古	4.59	0.10	0.83	0.08	5.90
辽宁	4.14	0.17	0.33	0.05	4.36
吉林	3.92	0.13	0.48	0.03	4.66
黑龙江	5.24	0.26	0.66	0.06	5.14
上海	1.42	1.05	0.24	0.04	5.56
江苏	2.30	0.34	0.29	0.03	5.85
浙江	3.48	0.93	0.45	0.04	6.23
安徽	2.13	0.09	0.20	0.04	6.10
福建	1.77	0.24	0.28	0.05	6.04
江西	2.64	0.18	0.25	0.02	5.03
山东	3.50	0.20	0.60	0.02	5.49
河南	3.71	0.08	0.81	0.05	5.08
湖北	3.19	0.15	0.33	0.03	4.83
湖南	2.98	0.18	0.47	0.03	6.41
广东	3.46	0.40	0.66	0.08	7.07
广西	2.30	0.17	0.48	0.03	5.95
海南	2.50	0.12	0.83	0.09	5.79
重庆	2.55	0.26	0.46	0.01	5.89
四川	2.84	0.16	0.38	0.01	4.41
贵州	2.87	0.04	0.47	0.02	4.97
云南	4.17	0.10	0.26	0.01	5.24
西藏					
陕西	3.79	0.13	1.04	0.05	5.63
甘肃	4.71	0.11	0.34	0.05	4.46
青海	5.98	0.12	0.16	0.09	5.48
宁夏	5.31	0.21	1.36	0.06	5.62
新疆	3.56	0.17	0.90	0.03	5.34

1997年各地区城镇居民家庭消费支出构成(十二)

单位:%

	(一)交　通	1.家庭交通工具	2.燃料充电费	3.交通费	4.交通工具维修服务费
全　国	2.66	1.01	0.07	1.30	0.28
北　京	2.23	0.46	0.02	1.37	0.39
天　津	2.61	0.92	0.02	1.42	0.25
河　北	3.10	1.81	0.13	0.87	0.29
山　西	2.81	1.57	0.04	1.05	0.15
内蒙古	3.24	1.52	0.12	1.13	0.46
辽　宁	1.81	0.38	0.00	1.24	0.19
吉　林	2.13	0.35	0.01	1.64	0.14
黑龙江	2.15	0.38	0.01	1.58	0.19
上　海	2.40	0.39	0.04	1.83	0.13
江　苏	3.06	1.75	0.10	0.90	0.32
浙　江	3.14	1.44	0.09	1.31	0.31
安　徽	2.69	0.83	0.05	1.38	0.44
福　建	2.28	0.97	0.10	0.93	0.29
江　西	2.22	0.94	0.02	1.01	0.26
山　东	2.97	1.65	0.07	1.00	0.25
河　南	2.39	1.12	0.05	0.98	0.24
湖　北	2.09	0.44	0.01	1.46	0.18
湖　南	3.15	1.04	0.03	1.87	0.21
广　东	3.56	1.69	0.20	1.16	0.51
广　西	3.76	2.10	0.20	0.74	0.72
海　南	3.00	1.44	0.24	1.17	0.15
重　庆	2.53	0.00	0.01	2.51	0.00
四　川	2.12	0.42	0.01	1.59	0.09
贵　州	2.64	0.67	0.06	1.85	0.05
云　南	2.48	1.07	0.05	1.07	0.28
西　藏					
陕　西	2.44	0.69	0.03	1.53	0.20
甘　肃	1.95	0.41	0.00	1.23	0.31
青　海	3.22	0.98	0.01	2.18	0.06
宁　夏	2.16	0.93	0.03	1.01	0.18
新　疆	2.63	0.47	0.04	1.92	0.20

1997年各地区城镇居民家庭消费支出构成(十三)

单位：%

	(二)通信	1.通信工具	2.电信费	3.邮　费	4.其　它
全　国	2.90	0.48	1.99	0.08	0.35
北　京	3.11	0.44	1.68	0.11	0.87
天　津	2.52	0.41	1.82	0.10	0.18
河　北	3.39	0.54	2.06	0.07	0.72
山　西	2.34	0.61	1.41	0.06	0.25
内蒙古	2.67	0.49	1.82	0.08	0.28
辽　宁	2.55	0.56	1.70	0.04	0.25
吉　林	2.53	0.30	2.05	0.07	0.12
黑龙江	2.99	0.30	2.34	0.07	0.28
上　海	3.16	0.48	1.83	0.08	0.78
江　苏	2.79	0.39	1.91	0.07	0.42
浙　江	3.09	0.99	1.77	0.07	0.26
安　徽	3.41	0.25	2.70	0.07	0.39
福　建	3.75	0.45	3.02	0.05	0.24
江　西	2.81	0.27	1.95	0.14	0.45
山　东	2.52	0.85	1.45	0.09	0.13
河　南	2.69	0.62	1.75	0.08	0.24
湖　北	2.74	0.28	2.12	0.13	0.22
湖　南	3.26	0.60	2.20	0.12	0.35
广　东	3.50	0.43	2.79	0.07	0.21
广　西	2.19	0.35	1.52	0.06	0.26
海　南	2.79	0.20	2.50	0.05	0.04
重　庆	3.36	0.18	2.40	0.09	0.70
四　川	2.30	0.88	1.17	0.09	0.16
贵　州	2.34	0.49	1.62	0.14	0.09
云　南	2.76	0.62	1.91	0.09	0.14
西　藏					
陕　西	3.19	0.44	1.64	0.08	1.03
甘　肃	2.51	0.47	1.78	0.11	0.14
青　海	2.26	0.41	1.57	0.19	0.10
宁　夏	3.46	0.45	2.53	0.05	0.43
新　疆	2.71	0.30	1.87	0.17	0.37

1997年各地区城镇居民家庭消费支出构成(十四)

单位:%

	六、娱乐教育文化服务费	(一)文娱用耐用消费品	(二)教　育	1. 教材及参考书	2.学杂费
全　国	10.71	2.69	5.68	0.53	4.01
北　京	13.63	4.62	5.09	0.39	3.08
天　津	10.64	2.78	5.42	0.72	3.05
河　北	10.08	2.88	5.49	0.43	3.81
山　西	9.98	2.26	6.00	0.53	4.32
内蒙古	9.57	1.37	5.94	0.34	4.64
辽　宁	9.76	2.06	6.20	0.60	4.01
吉　林	9.06	1.74	5.20	0.36	3.83
黑龙江	8.56	1.84	4.92	0.62	3.57
上　海	11.50	4.42	4.54	0.99	2.67
江　苏	9.90	2.24	5.12	0.27	3.66
浙　江	10.86	3.27	5.20	0.90	3.05
安　徽	9.72	1.50	6.47	0.59	4.33
福　建	9.42	2.51	5.01	0.31	3.79
江　西	11.04	2.27	6.74	0.40	5.12
山　东	11.21	2.63	5.92	0.50	4.36
河　南	8.85	1.94	4.86	0.47	3.64
湖　北	11.66	2.30	6.90	0.49	5.05
湖　南	13.35	3.02	7.94	0.55	6.16
广　东	11.07	2.86	5.79	0.42	4.33
广　西	12.31	3.18	6.87	0.63	5.34
海　南	9.76	1.09	6.59	0.45	5.46
重　庆	12.68	3.09	6.05	0.45	4.02
四　川	11.24	2.94	5.68	0.78	4.27
贵　州	9.49	3.00	4.36	0.23	3.20
云　南	11.08	3.65	4.96	0.62	3.45
西　藏					
陕　西	11.08	2.97	5.74	0.75	4.10
甘　肃	10.31	1.84	5.97	0.31	4.22
青　海	10.00	2.52	5.61	0.32	3.50
宁　夏	9.54	3.05	4.11	0.46	3.04
新　疆	11.87	3.34	5.47	0.34	3.73

1997年各地区城镇居民家庭消费支出构成(十五)

单位:%

	3. 托幼费	4. 成人教育	5.其　它	(三)文化娱乐	1.文娱用品
全　　国	0.33	0.31	0.50	2.35	0.85
北　　京	0.41	0.24	0.97	3.92	1.36
天　　津	0.19	0.24	1.22	2.44	0.90
河　　北	0.34	0.47	0.43	1.71	0.48
山　　西	0.27	0.23	0.65	1.71	0.48
内 蒙 古	0.42	0.31	0.23	2.27	0.72
辽　　宁	0.42	0.38	0.79	1.51	0.43
吉　　林	0.50	0.26	0.25	2.13	0.77
黑 龙 江	0.40	0.17	0.15	1.80	0.68
上　　海	0.22	0.16	0.51	2.54	0.95
江　　苏	0.24	0.25	0.71	2.53	0.87
浙　　江	0.28	0.26	0.71	2.39	0.89
安　　徽	0.24	0.87	0.45	1.75	0.49
福　　建	0.25	0.17	0.50	1.90	0.69
江　　西	0.37	0.52	0.33	2.03	0.70
山　　东	0.35	0.30	0.41	2.66	0.99
河　　南	0.23	0.33	0.20	2.05	0.69
湖　　北	0.25	0.35	0.76	2.15	0.85
湖　　南	0.27	0.12	0.85	2.39	0.73
广　　东	0.44	0.27	0.33	2.42	1.02
广　　西	0.28	0.33	0.28	2.27	0.86
海　　南	0.26	0.04	0.36	2.08	0.77
重　　庆	0.59	0.32	0.67	3.54	1.45
四　　川	0.23	0.29	0.11	2.62	0.94
贵　　州	0.38	0.10	0.45	2.14	0.64
云　　南	0.27	0.40	0.22	2.47	1.24
西　　藏					
陕　　西	0.22	0.47	0.19	2.37	0.81
甘　　肃	0.36	0.56	0.52	2.51	0.75
青　　海	0.35	0.59	0.85	1.88	0.46
宁　　夏	0.24	0.30	0.07	2.38	0.92
新　　疆	0.56	0.57	0.26	3.06	1.51

1997年各地区城镇居民家庭消费支出构成(十六)

单位:%

	2.书报杂志	3.文娱费	七、居住	(一)住房	1.建筑材料
全　国	0.61	0.89	8.57	3.55	1.22
北　京	1.11	1.45	5.44	2.52	1.00
天　津	0.64	0.90	8.57	3.74	1.07
河　北	0.63	0.60	8.57	3.27	1.13
山　西	0.73	0.50	6.23	2.17	0.98
内蒙古	0.50	1.05	8.22	3.56	1.59
辽　宁	0.45	0.63	7.78	2.71	0.95
吉　林	0.60	0.75	8.84	2.80	0.76
黑龙江	0.46	0.66	8.30	2.04	0.48
上　海	0.66	0.93	7.91	2.60	1.21
江　苏	0.66	0.99	8.51	3.43	1.44
浙　江	0.55	0.95	8.47	4.03	1.09
安　徽	0.58	0.68	7.90	2.23	0.86
福　建	0.43	0.78	7.87	2.64	1.29
江　西	0.53	0.80	10.71	5.91	1.90
山　东	0.70	0.96	7.08	3.07	1.10
河　南	0.58	0.77	10.43	5.69	1.58
湖　北	0.69	0.92	8.55	3.37	1.25
湖　南	0.64	1.02	7.34	3.26	0.99
广　东	0.50	0.89	12.08	5.83	1.59
广　西	0.64	0.76	11.91	6.30	1.79
海　南	0.44	0.87	7.70	2.76	1.85
重　庆	0.83	1.26	5.98	1.74	0.41
四　川	0.73	0.95	8.20	3.54	1.40
贵　州	0.48	1.02	6.94	2.39	1.22
云　南	0.49	0.74	8.69	5.42	1.94
西　藏					
陕　西	0.51	1.05	9.49	5.29	0.83
甘　肃	0.69	1.07	5.66	1.34	0.65
青　海	0.73	0.69	6.49	2.83	1.54
宁　夏	0.46	1.00	5.47	1.41	0.47
新　疆	0.62	0.93	5.79	2.52	1.09

1997年各地区城镇居民家庭消费支出构成(十七)

单位:%

	2. 房租	3. 维 修 服务费	(二)水、电、燃料及其它	1.水	2.电
全 国	1.84	0.49	5.02	0.52	2.07
北 京	1.19	0.33	2.92	0.26	1.34
天 津	2.10	0.58	4.83	0.41	1.94
河 北	1.69	0.46	5.30	0.42	1.53
山 西	0.87	0.33	4.06	0.49	1.33
内 蒙 古	1.41	0.56	4.67	0.34	1.79
辽 宁	1.44	0.31	5.08	0.49	1.87
吉 林	1.82	0.22	6.04	0.53	2.12
黑 龙 江	1.43	0.13	6.27	0.51	2.19
上 海	1.00	0.39	5.31	0.60	2.65
江 苏	1.30	0.69	5.08	0.46	2.22
浙 江	2.28	0.65	4.44	0.53	2.30
安 徽	1.08	0.29	5.67	0.58	2.18
福 建	0.72	0.63	5.23	0.64	2.60
江 西	3.21	0.80	4.81	0.59	1.68
山 东	1.59	0.38	4.02	0.35	1.43
河 南	3.77	0.34	4.75	0.60	1.79
湖 北	1.45	0.66	5.19	0.57	2.00
湖 南	1.68	0.59	4.07	0.60	1.42
广 东	3.40	0.85	6.24	0.67	3.15
广 西	4.04	0.47	5.62	0.76	2.45
海 南	0.32	0.59	4.94	0.66	1.70
重 庆	1.32	0.02	4.23	0.48	2.04
四 川	1.82	0.33	4.66	0.59	2.24
贵 州	0.94	0.24	4.54	0.70	2.72
云 南	2.39	1.09	3.27	0.39	1.72
西 藏					
陕 西	4.23	0.22	4.20	0.41	1.40
甘 肃	0.52	0.17	4.32	0.33	1.11
青 海	0.25	1.03	3.66	0.38	1.10
宁 夏	0.69	0.24	4.07	0.45	1.57
新 疆	0.66	0.76	3.27	0.31	1.05

1997年各地区城镇居民家庭消费支出构成(十八)

单位:%

	3.燃料	(1)煤　炭	(2)液　化 石油气	八、杂项商品 和 服 务	(一)个人消费
全　国	2.20	0.65	0.93	4.44	3.51
北　京	1.26	0.41	0.31	5.69	5.07
天　津	1.83	0.18	0.22	4.29	3.03
河　北	2.51	0.88	0.87	3.93	3.16
山　西	1.92	0.46	0.39	5.05	3.91
内蒙古	2.11	1.36	0.37	4.75	3.76
辽　宁	2.56	0.43	0.65	3.76	3.33
吉　林	2.81	1.09	0.96	3.73	3.03
黑龙江	3.15	1.67	0.72	3.71	2.86
上　海	2.06	0.00	0.23	3.93	3.25
江　苏	2.21	0.51	1.23	4.67	3.43
浙　江	1.53	0.10	1.22	4.63	3.80
安　徽	2.87	1.05	1.11	3.80	3.06
福　建	1.94	0.24	1.43	4.35	3.80
江　西	2.51	0.51	1.56	4.28	3.21
山　东	1.68	0.68	0.56	4.63	3.63
河　南	2.22	1.31	0.56	4.17	3.18
湖　北	2.58	0.70	1.46	3.97	3.01
湖　南	2.03	0.49	1.39	4.36	3.02
广　东	2.38	0.10	2.06	5.48	4.07
广　西	2.37	0.11	2.15	4.28	3.17
海　南	2.53	0.01	2.46	4.82	2.63
重　庆	1.71	0.04	0.04	4.03	3.67
四　川	1.80	0.53	0.25	3.73	3.08
贵　州	1.12	0.54	0.35	4.14	3.53
云　南	1.14	0.10	0.59	4.49	3.69
西　藏					
陕　西	2.05	0.86	0.93	4.56	3.48
甘　肃	1.90	0.67	0.81	5.12	3.85
青　海	1.84	0.71	0.98	4.38	3.36
宁　夏	1.20	0.52	0.64	4.71	3.68
新　疆	1.73	0.61	1.01	6.04	5.14

1997年各地区城镇居民家庭消费支出构成(十九)

单位:%

	1.个人用品	2.理发美发用品	3.旅　游	4.服务费
全　国	1.33	0.62	1.10	0.45
北　京	2.10	0.80	1.80	0.37
天　津	1.30	0.63	0.76	0.34
河　北	0.94	0.64	0.89	0.69
山　西	1.12	0.68	1.36	0.76
内蒙古	1.39	0.81	0.98	0.58
辽　宁	1.14	0.65	0.82	0.72
吉　林	1.22	0.77	0.42	0.62
黑龙江	1.36	0.57	0.41	0.53
上　海	1.48	0.44	1.01	0.32
江　苏	1.37	0.47	1.00	0.58
浙　江	1.40	0.46	1.49	0.45
安　徽	0.79	0.77	0.57	0.92
福　建	1.38	0.58	1.19	0.64
江　西	1.28	0.50	1.13	0.29
山　东	1.64	0.78	0.87	0.34
河　南	1.12	0.79	0.86	0.41
湖　北	1.28	0.49	0.89	0.35
湖　南	1.36	0.61	0.83	0.22
广　东	1.19	0.51	1.97	0.40
广　西	1.16	0.59	1.24	0.19
海　南	1.36	0.22	0.72	0.32
重　庆	1.42	0.68	1.40	0.17
四　川	1.30	0.69	0.82	0.27
贵　州	1.38	0.44	0.91	0.80
云　南	1.18	0.60	1.64	0.26
西　藏				
陕　西	1.42	0.71	0.90	0.44
甘　肃	1.49	0.70	1.18	0.48
青　海	1.10	0.51	0.93	0.83
宁　夏	1.14	0.90	1.33	0.31
新　疆	1.96	0.88	1.90	0.39

1997年各地区城镇居民家庭消费支出构成(二十)

单位：%

	(二)其它商品	(三)其它服务
全　　国	0.43	0.50
北　　京	0.12	0.50
天　　津	0.75	0.51
河　　北	0.28	0.49
山　　西	0.64	0.50
内 蒙 古	0.41	0.59
辽　　宁	0.24	0.19
吉　　林	0.32	0.38
黑 龙 江	0.26	0.59
上　　海	0.27	0.41
江　　苏	0.60	0.64
浙　　江	0.27	0.55
安　　徽	0.22	0.52
福　　建	0.27	0.29
江　　西	0.63	0.43
山　　东	0.55	0.46
河　　南	0.20	0.79
湖　　北	0.41	0.55
湖　　南	0.53	0.81
广　　东	0.87	0.54
广　　西	0.60	0.51
海　　南	1.28	0.91
重　　庆	0.23	0.13
四　　川	0.30	0.35
贵　　州	0.41	0.19
云　　南	0.26	0.53
西　　藏		
陕　　西	0.47	0.62
甘　　肃	0.65	0.63
青　　海	0.45	0.57
宁　　夏	0.57	0.45
新　　疆	0.33	0.57

1997年各地区城镇居民家庭年末主要消费品拥有量(一)

(平均每百户)

	毛皮大衣(件)	呢大衣(件)	毛毯(条)	地毯(平方米)	组合家具(套)
全国	49.57	186.85	139.92	126.60	53.38
北京	78.40	214.80	132.60	148.20	69.40
天津	57.20	279.60	144.40	60.40	65.40
河北	49.51	181.80	133.60	103.18	63.33
山西	54.81	180.64	158.32	111.40	61.20
内蒙古	61.21	178.11	135.48	160.67	49.87
辽宁	55.52	195.61	102.99	233.16	43.78
吉林	63.10	188.61	102.30	172.32	45.92
黑龙江	58.67	173.86	109.29	216.10	40.22
上海	23.20	270.20	172.40	230.72	25.20
江苏	37.42	249.42	137.38	108.40	35.91
浙江	46.73	228.30	161.57	164.53	41.19
安徽	39.34	168.53	128.01	49.51	31.74
福建	41.36	140.56	130.72	35.44	44.08
江西	34.15	174.83	144.24	61.36	38.47
山东	53.86	216.86	154.39	166.21	65.81
河南	50.04	170.93	113.10	83.91	55.75
湖北	36.73	243.39	133.92	113.56	60.43
湖南	52.45	192.01	147.54	78.67	68.44
广东	43.96	93.16	180.83	23.31	64.03
广西	17.70	91.14	109.09	52.97	73.58
海南	37.50	40.80	120.20	8.20	54.80
重庆	45.33	200.00	159.67	47.67	78.67
四川	49.87	191.55	151.03	54.28	94.54
贵州	48.40	189.92	155.41	101.85	50.88
云南	59.58	116.34	198.03	90.47	52.75
西藏					
陕西	28.66	180.43	137.59	69.71	49.89
甘肃	61.11	178.31	195.75	156.29	50.09
青海	71.11	208.89	224.44	245.11	42.22
宁夏	53.74	180.69	161.68	183.85	36.73
新疆	58.20	223.48	197.73	569.45	50.36

1997年各地区城镇居民家庭年末主要消费品拥有量(二)

(平均每百户)

	沙发床(个)	沙　发(个)	大衣柜(个)	写字台(张)	摩托车(辆)
全　国	41.62	205.37	83.42	85.14	11.60
北　京	65.80	148.40	80.80	96.00	4.20
天　津	40.60	117.80	75.40	65.40	10.60
河　北	41.54	246.74	80.16	85.91	21.21
山　西	27.13	231.90	67.78	86.95	13.54
内蒙古	25.85	262.85	61.27	59.61	14.26
辽　宁	40.51	115.67	57.49	56.81	4.54
吉　林	36.56	152.75	52.79	47.20	2.88
黑龙江	37.34	148.18	55.84	46.96	5.01
上　海	28.20	118.20	93.80	60.20	1.20
江　苏	29.73	139.23	91.05	97.34	15.57
浙　江	23.77	160.69	88.68	99.62	8.68
安　徽	17.52	138.93	86.18	100.18	8.44
福　建	30.64	172.24	77.84	93.28	22.88
江　西	40.93	239.92	87.63	106.69	7.88
山　东	60.57	317.73	87.20	96.97	20.61
河　南	44.33	235.20	91.54	93.44	12.06
湖　北	38.15	209.59	88.11	104.85	4.43
湖　南	34.44	192.73	99.18	106.07	7.93
广　东	65.19	143.46	166.07	123.63	37.23
广　西	35.71	167.16	91.20	94.26	24.27
海　南	36.70	84.00	108.70	103.70	25.50
重　庆	21.33	122.00	80.67	75.33	0.67
四　川	50.45	295.14	83.57	100.59	6.20
贵　州	30.75	247.64	89.48	92.92	7.04
云　南	41.80	375.75	85.86	104.20	9.71
西　藏					
陕　西	55.81	183.12	73.09	82.18	4.79
甘　肃	63.10	279.33	84.79	86.25	5.06
青　海	51.33	381.11	74.00	102.00	8.44
宁　夏	54.81	353.24	78.49	90.16	8.82
新　疆	88.43	558.31	85.48	79.99	8.54

1997年各地区城镇居民家庭年末主要消费品拥有量(三)

(平均每百户)

	自行车(辆)	家用三轮车(辆)	缝纫机(台)	洗衣机(台)	电风扇(台)
全国	179.10	0.19	57.48	89.12	165.74
北京	209.40	0.80	48.80	100.60	137.60
天津	225.80	0.00	70.80	94.40	127.60
河北	234.49	0.19	67.01	91.71	153.41
山西	203.78	0.23	64.63	93.07	71.74
内蒙古	203.63	0.90	38.65	83.02	37.51
辽宁	164.01	0.16	47.26	86.77	62.26
吉林	173.06	0.17	49.05	88.87	52.06
黑龙江	149.71	0.00	43.20	82.22	36.90
上海	125.40	0.00	70.20	86.80	228.00
江苏	225.32	0.00	65.89	94.98	254.62
浙江	220.63	0.19	76.54	87.30	274.59
安徽	162.20	0.14	54.19	86.23	232.27
福建	175.44	0.16	61.92	92.56	227.12
江西	165.08	0.08	61.95	81.69	241.27
山东	228.65	0.05	64.44	86.51	196.26
河南	219.13	0.03	63.89	87.31	217.58
湖北	153.03	0.15	58.58	90.27	229.18
湖南	137.20	0.00	58.05	94.03	253.04
广东	212.26	0.30	80.15	99.16	330.11
广西	216.11	0.18	79.91	87.56	303.03
海南	111.00	0.00	63.10	75.50	179.20
重庆	10.33	0.00	51.00	89.67	205.67
四川	112.99	0.44	37.75	92.68	184.27
贵州	34.99	0.00	46.27	92.74	101.18
云南	180.27	0.00	54.00	92.38	35.55
西藏					
陕西	173.85	0.00	59.84	92.23	144.61
甘肃	176.10	0.17	47.85	85.38	32.68
青海	152.00	0.00	46.00	99.56	1.11
宁夏	195.48	0.17	45.84	88.28	61.30
新疆	169.93	0.99	46.81	88.12	40.38

1997年各地区城镇居民家庭年末主要消费品拥有量(四)

(平均每百户)

	电冰箱 (台)	冰　柜 (台)	彩　色 电视机 (台)	黑　白 电视机 (台)	录放像机 (台)
全　国	72.98	4.46	100.48	7.87	21.32
北　京	104.20	16.60	123.80	10.40	56.00
天　津	97.00	17.00	110.60	4.00	33.00
河　北	81.45	11.48	100.11	5.55	19.32
山　西	66.46	5.29	99.54	3.93	12.56
内蒙古	53.86	5.85	93.34	2.20	7.16
辽　宁	72.66	5.55	98.21	4.20	21.44
吉　林	54.87	3.77	92.46	3.16	18.24
黑龙江	52.56	5.85	91.23	3.54	16.35
上　海	101.60	1.80	118.60	15.20	52.00
江　苏	77.68	2.05	101.11	5.98	24.84
浙　江	97.42	1.82	111.01	12.20	32.45
安　徽	75.37	1.54	90.92	2.90	15.31
福　建	84.48	1.84	109.44	14.00	20.08
江　西	73.22	2.88	91.53	6.27	12.20
山　东	82.24	14.01	100.67	5.62	24.52
河　南	67.08	4.24	95.84	5.13	10.84
湖　北	81.70	3.82	93.96	6.55	13.83
湖　南	81.38	2.63	95.14	8.55	19.60
广　东	78.16	2.65	119.13	24.28	37.82
广　西	73.96	1.87	98.63	14.62	20.75
海　南	48.60	0.30	101.40	7.30	18.90
重　庆	98.67	1.33	107.00	13.67	26.00
四　川	78.38	0.78	104.87	11.76	21.56
贵　州	71.92	2.26	100.90	9.52	18.46
云　南	61.04	1.85	101.33	12.98	26.35
西　藏					
陕　西	67.51	1.79	102.02	4.56	13.36
甘　肃	58.26	1.91	99.52	6.01	8.25
青　海	57.33	2.00	100.89	3.78	12.44
宁　夏	64.54	2.12	101.83	5.52	15.25
新　疆	74.11	2.17	97.74	5.99	20.33

1997年各地区城镇居民家庭年末主要消费品拥有量(五)

(平均每百户)

	家用电脑 (台)	组合音响 (套)	录音机 (台)	摄像机 (台)	照相机 (架)
全　国	2.60	15.32	57.20	0.82	33.64
北　京	12.20	19.40	65.00	3.60	88.20
天　津	5.00	12.40	73.80	1.00	54.40
河　北	1.57	11.93	58.68	0.71	36.57
山　西	1.35	11.96	52.24	0.43	29.15
内蒙古	1.13	13.42	50.74	0.81	17.98
辽　宁	1.45	12.77	64.12	0.67	35.72
吉　林	0.84	13.79	54.74	1.27	26.10
黑龙江	0.86	16.20	51.76	0.59	23.34
上　海	8.60	18.20	82.40	1.40	53.60
江　苏	2.22	13.11	55.54	0.41	32.83
浙　江	3.08	14.21	69.62	1.07	44.84
安　徽	1.05	8.51	51.44	0.58	21.47
福　建	2.24	19.44	54.88	0.32	30.56
江　西	1.78	12.80	47.12	0.42	24.92
山　东	1.77	13.80	68.03	1.08	42.43
河　南	1.09	10.66	54.67	0.27	23.37
湖　北	1.36	12.85	52.99	0.46	32.01
湖　南	2.68	12.96	49.14	0.21	31.53
广　东	9.05	39.67	69.23	2.22	43.41
广　西	1.58	18.33	55.47	0.56	30.29
海　南	1.60	11.30	58.30	0.60	14.40
重　庆	4.00	15.33	43.67	0.67	53.33
四　川	1.80	17.07	48.53	0.49	36.48
贵　州	1.20	14.84	34.59	0.15	27.36
云　南	1.58	15.46	63.33	1.36	40.00
西　藏					
陕　西	0.91	7.32	56.08	0.62	29.82
甘　肃	2.20	25.33	52.24	0.17	23.01
青　海	1.78	9.56	68.89	0.22	34.44
宁　夏	1.06	13.09	48.89	0.34	28.34
新　疆	0.99	15.71	69.83	1.46	36.66

1997年各地区城镇居民家庭年末主要消费品拥有量(六)

(平均每百户)

	钢　琴 (架)	其它中高档乐器 (件)	微波炉 (台)	空调器 (台)	电炊具 (架)
全　国	0.93	5.68	5.40	16.29	92.35
北　京	2.80	13.00	25.80	27.20	54.00
天　津	0.60	5.40	5.20	25.20	41.60
河　北	1.07	4.93	1.95	13.66	42.98
山　西	0.85	4.72	0.18	2.35	28.14
内蒙古	0.51	6.43	0.72	0.30	112.15
辽　宁	1.60	6.70	1.74	0.57	72.96
吉　林	0.72	5.28	1.16	0.00	127.81
黑龙江	0.92	5.23	0.73	0.13	142.89
上　海	2.00	6.80	54.80	62.20	147.00
江　苏	0.63	2.57	7.59	22.89	129.20
浙　江	0.94	6.73	8.49	35.22	98.18
安　徽	0.38	3.49	1.08	14.95	74.87
福　建	1.20	4.72	5.68	20.24	104.00
江　西	0.76	5.34	1.27	12.37	69.49
山　东	1.95	7.17	3.57	11.35	64.72
河　南	0.76	3.68	1.15	18.86	38.23
湖　北	0.60	5.91	1.32	20.68	78.69
湖　南	0.96	7.33	1.98	18.13	48.17
广　东	1.05	8.12	10.37	63.68	103.55
广　西	0.45	4.02	2.20	10.21	129.02
海　南	0.90	0.90	1.80	6.60	129.60
重　庆	0.67	8.00	8.00	59.33	79.00
四　川	0.39	6.78	2.29	5.12	122.37
贵　州	0.29	4.66	2.87	0.87	93.47
云　南	1.04	5.11	1.47	0.07	172.32
西　藏					
陕　西	0.34	3.39	2.28	14.81	58.79
甘　肃	0.33	2.32	0.41	0.00	25.01
青　海	0.89	5.33	0.22	0.22	10.67
宁　夏	0.34	4.85	0.51	0.17	119.55
新　疆	0.71	8.45	1.70	2.41	83.77

1997年各地区城镇居民家庭年末主要消费品拥有量(七)

(平均每百户)

	淋浴热水器(台)	排油烟机(台)	吸尘器(台)	健身器材(件)	移动电话(台)
全国	38.94	42.60	10.66	2.28	1.70
北京	58.40	56.40	24.00	10.20	1.20
天津	43.00	47.60	15.20	1.40	1.20
河北	36.38	45.49	10.71	2.29	1.28
山西	15.81	37.60	5.78	1.91	0.91
内蒙古	12.29	24.38	7.79	2.04	2.09
辽宁	38.95	54.09	22.77	1.79	1.25
吉林	27.55	50.23	16.27	1.99	0.76
黑龙江	15.38	47.68	18.06	1.91	1.43
上海	50.60	47.80	41.80	1.60	2.40
江苏	43.79	48.73	12.82	2.15	1.79
浙江	60.06	59.56	17.80	2.14	2.45
安徽	31.97	34.98	4.89	0.84	1.06
福建	69.12	37.68	2.40	2.80	4.16
江西	43.64	36.19	4.15	1.61	1.53
山东	35.78	56.36	12.79	3.83	1.32
河南	18.40	26.90	3.59	1.73	1.15
湖北	35.99	36.89	4.05	2.25	2.25
湖南	42.47	36.29	3.60	2.94	2.00
广东	88.84	66.59	4.52	3.49	7.30
广西	67.95	45.91	2.93	1.20	1.00
海南	43.70	23.10	0.00	3.00	0.90
重庆	76.33	33.33	7.33	4.67	2.00
四川	57.84	35.01	5.12	1.22	0.59
贵州	25.15	36.84	5.57	0.65	0.00
云南	40.28	51.39	5.80	1.40	1.76
西藏					
陕西	28.86	37.94	3.96	1.32	0.18
甘肃	16.80	30.73	4.06	0.66	0.58
青海	9.56	36.67	6.22	0.67	8.44
宁夏	28.79	35.31	8.01	0.17	0.00
新疆	39.64	50.32	16.53	0.99	0.00